另類日本文化史

另類日本文化史

姜建強 著

JPC

風吹落了盛開的櫻花，但自然之美依舊存在。

目錄

第三章 61

何以生出貧寒的鄉愁與童心？——濕氣文化的青苔綠墨

第四章 83

青春女子的神秘世界如何打造？——藝伎文化的浮生歡世

第五章 109

為什麼不割喉不刺胸？——切腹文化的心緒告白

第六章 137

不在墓前哭泣的含義何在？——死生文化的明暗顯幽

前言

花兒最盛時何
必月正圓

——文化是什麼？

㈠

文化是什麼？

這個問題可以轉換為春夜的語言是什麼？

那麼，什麼是春夜的語言？

芥川龍之介說是「小安屙了一泡綠苔尿」。

㈡

堀口大學的詩。《歎息》：

豈不可悲麼？薔薇的花。

花散落了；花的香卻還餘留地熏着。

豈非無常麼？人間的戀。

戀消失了；想起來時，長在心裏留着。

這就令人想起一句話：

鬢髮的散亂，這是枕頭的磨折。

面容的消瘦是你的磨折。

有人說，這是文化的。

㈢

夏目漱石是日本的大文豪。更是日本人的驕傲。

但他不知道米飯從稻穀中來。

那麼，夏目漱石還文化嗎？或者文化還配夏目漱石嗎？

更甚者，這是否就是文化的得意之處——任何人休想一網打盡？

㈣

院子裏。結紅果的樹上有蟬蛻。

仔細一看，一旁有剛蛻殼的明蟬。一動不動地歇息。

它通體嬌嫩，淺色。翅膀如白珊瑚與翡翠的組合，承托着水晶貼在那裏。沐浴着朝露，寧靜安詳。

日本人說這就是幽玄的誕生。更意味着發生的瞬間。

這當然是文化的。

㊄

爭奪二〇二〇年奧運會主辦權。作為申奧大使，日本美女主播滝川雅美用流利的法語，向國際奧委會委員們講述了這樣一個故事：

這是一個拾金不昧的國家。如果一個外國遊客在日本丟失了錢包，基本都能找回來。去年民眾撿到後向東京警方上交的現金超過了三千萬美金。

在抓小偷都還來不及的歐洲，委員們聽了是否有天方夜譚之感？或者委員們聽了真是被誠實與善良所打動？不得而知。但最終主辦權落到了東京手裏。是否也是因果律的一個小小驗證？

顯然，這裏講的是道德力。但道德力的背後不就是文化力嗎？

㊅

《好色一代男》中寫：

一位名叫飛入的俳諧高手詠出俳句的首句：

涼爽呵，昨夜吉田陪我坐。

這位江戶吉原遊廓的吉田遊女，即興配句：

螢火蟲呀，飛進我的被子裏。

毫無疑問，這位遊女是知風情為何物的。

《源氏物語》說了萬語千言，最要緊的一句話就是女人要懂風情。

那麼，這個風情，從哪裏來？是否與文化有關？

㊆

江戶時代的小說家井原西鶴，在一六八五年完成《西鶴諸國奇聞》。裏面有一篇名為《大年夜對不上賬》

的故事。讀來生趣：

原田內助是一個經濟拮据的浪人，當醫生的義兄送了他十個金幣給他過年。內助非常高興，就在家中請客好友。內助當着所有客人的面出示了金幣，藉此顯示義兄的慷慨。宴請結束後，再清點金幣時發現少了一枚。為了避免客人的尷尬，內助連忙說那一枚是自己先前花掉的。客人們自然不信，紛紛叫嚷着搜身檢查。大家都自動掏口袋，抖衣服，表示自己的清白。

巧合的是，在座的客人中正好有一位帶着金幣來赴宴的。這就有理講不清了。他只好決定用切腹的方式洗脱嫌疑，大夥手忙腳亂地安慰他。就在這時，有客人在角落中發現了一枚金幣。大家這才安心下來。可偏偏沒幾分鐘，內助的妻子又在先前存放金幣的盒蓋內層發現了一枚金幣。金幣一下變成十一枚了。

很顯然，那多出的一枚一定是某位客人為了化解丟失的風波，悄悄放上去的。沒有人承認那枚金幣是自己放的，內助只好將所有的金幣都放進洗手盆裏。客人一個一個地回去了，那多出來的一枚金幣，就在不知不覺中被它的主人拿了回去。

仔細想想，這是一種怎樣的心象？

這種心象如果是文化的話，那麼是一種怎樣的文化呢？

㈧

文化有時也是一塊招牌，可以掛在任何想掛的地方。

如，日本偶爾還能聽到暴力團（ヤクザ）火拚的槍聲。有人説這是日本的暴力團文化。

如，日本從城市到鄉村都有「扒金庫」（パチンコ）賭博机的轟鳴聲。有人説這是日本的「扒金庫」文化。

如，日本每年有超三萬人自殺。有人説這是日本的自殺文化。

確實有泛文化之嫌。受到挑戰的是文化的公信力。但從細部分析的話，又難以否認的一個事實是，在這些行為模式的背後，確實有文化因子在活躍其中。

因此，萬事從文化着手，有時倒也是一個民族的智慧。

㈨

五月的鯉魚旗。風中飄飄。

家家戶戶的屋頂上，夏日之光，閃閃爍爍。

這便是對孩子們的祝福。以天空為河，五月的魚，不可思議地鼓滿各種慾望：健康、勇氣、天才、騰達、名譽。幼小的心靈，隨着迎風鼓動的鯉魚旗，催生着未來之夢。儘管有時在無風的深夜，屋頂上的魚尾疲軟地耷拉着，顯得有氣無力。

多少年了，這個風俗在日本一直延續至今。

這就是一種傳承。意念的傳承。更是文化的傳承。

㈩

日本電影《楢山節考》。並不遙遠。二十世紀的八十年代。

百年前的日本信州（今長野）。一個荒僻貧瘠的小村落，遇上了饑荒。兒子將自己六十九歲的母親，揹上山遺棄。

兒子是個孝子。當然捨不得送母親上山等死。於是還健壯的母親敲掉自己的門牙，讓自己顯老。並告訴兒子自己是個沒用的人。把生留給年輕的兒孫，比自己活着更好。再是孝子，面對如此執着的母親，也是無奈，最後揹着老母親上了楢山。漫天的大雪，舞動着的是生命的鮮活。而老母親在雪中靜待，確是期望死神快點到來。

從表面看，日本的老人，如同西洋意義上的「old」，意味着無人祝福，遠離人間熱情的一團死灰。但是暗地裏湧動着的是一股生死文化之泉：對生命的眷戀，只能放在年輕人的「生」這點上。

⑪

岡倉天心在《茶書》中，講了個寓言：

釋迦牟尼、孔子和老子三人，站在同一個醋壇前。每個人都用手指蘸醋之後，放在嘴裏品嚐。注重實際的孔子說，醋是酸的；佛祖說，醋是苦的；老子說，醋是甜的。

三人三味，強調的都是本土性。

這時，站在一旁的日本人説，我再加上一味：醋不酸不苦不甜。

這位日本人的智慧要比上面三大聖人高嗎？可能性好像沒有。但是這位日本人確實是説出了文化上的一個新概念：無臭性。

⑫

日本人用「山水」、「風月」，或「天地」、「乾坤」等，代替我們所説的那個大自然。

日本人用春鶯鳴叫、藤松懸掛、夏日杜鵑、收割秋田、紅葉滿山等表現造型藝術中的那個大自然。

「藤之間」、「楓之間」、「櫻之間」、「菊之間」，這是代替數字序號的賓館宴會廳之名。

顯然思路來自於鎌倉時代的《庭園記》。南庭之池，浮動小島。而小島的種類有山島、野島、杜島、璣島、運島、霞島。

人的一般認識是從具體到抽象。如：

庭園之梅—梅—木—植物—生物—有機物—自然—存在。

但日本人一般不深入到「存在」這個抽象的最後階段。他們總是在形象的入口處徘徊。

這是他們審美認知的一個特點。永遠停留在具象性上。

這也是他們感性文化特別發達的一個主要出處。

⑬

多田道太郎著有《舉止的日本文化》一書。裏面寫了做鬼臉、臉紅、微笑、乾咳、哭泣、噴嚏、哈氣、躡手躡腳、蹲下、躺下、坐姿、直立不動、低姿態等人所共有的舉止。

他有一段寫模仿的，舉了日本私小説代表作家上林曉氏的《在聖約翰醫院》作品中的一個情景：

一天晚上，正吃着飯，電燈突然滅了。一片漆黑，什麼都看不見。我坐在黑暗中，拿起筷子，端着碗，夾着盤裏的蘿蔔，仍繼續用餐。我故意不點蠟燭，就是想體驗一下妻子所處的那種既無日光又無燈光的世界。這是個令人恐懼的世界。我猛然間覺得頭暈腦脹，心跳加速。那種境地想起來都讓人毛骨悚然。我立刻點亮了蠟燭，瞬間便得到了解脱。這時我的腦海裏突然閃現出妻子那完全沒有解脱希望的那個世界。儘管如此，平時我為什麼還要對她破口大罵，大發其火呢？我不禁為自己深深的罪孽感到自責。

多田道太郎説這真是一篇好小説。或許，上林曉氏在小説中所暗示的正是我們所謂的宗教感情的核心吧。

而這個宗教感情的核心又與什麼有關呢？

太郎説絕對與文化有關。

⑭

這是一首英國詩人丁尼森的詩：

在牆上的裂縫中有一朵花
我把它連根一起拔下。
手中的這朵小花呀，
假如我能懂得你是什麼，
根鬚和一切，一切中的一切，
那我也就知道了什麼是上帝和人。

這是一首松尾芭蕉的俳句：

凝神細細望，
籬笆牆下一簇花，
悄然正開放。

不同之處何在？很顯然丁尼森是想佔有這朵花。於是他將這朵花連根拔起。他對花的興趣所導致的後果就是扼殺了這朵花的生命。芭蕉的反應則完全不同。他不想去摘取，甚至連動它一下的慾望都沒有。為了看這朵「悄然正開放」的花，他能做的只是「凝神細細望」。

鈴木大拙在講《論禪宗》時，引用過這段非常「文化的」小插曲。結論是什麼呢？當然也是非常文化的。

⑮ 德國作家，諾貝爾文學獎獲得者黑塞說：

一個人在讀過日本詩之後不可馬上讀現代德國詩，否則我們的詩就會顯得臃腫、笨拙、無可救藥。日本詩人發明了十七俳句之類的奇妙詩體，他們時刻牢記，藝術不會來自輕鬆，而是相反。曾經有位日本詩人寫了一首只有兩行的詩：大雪蓋疏林，梅開兩三枝。他將詩交予一位行家品評。行家卻告訴他，一枝梅足也。

詩人感到人家完全正確，自己離真正的簡約還何其遠。於是接受了勸告，改成的詩直到今天還不曾被世人忘記。

黑塞說了一個文化的故事。

⑯ 郁達夫寫有《日本的文化生活》。他筆下的日本傳統美又是怎樣的？

他說和歌。所謂和歌就是「寫男女的戀情，寫思婦怨男的哀慕，或寫家國的興亡，人生的流轉，以及世事的無常，風花雪月的迷人等等。只有清清淡淡，疏疏落落的幾句，就把乾坤今古的一切情感都包括得纖屑不遺了」。

他說俳句。所謂俳句就是「若以情韻取長，餘韻餘情，卻似空中的柳浪，池上的微波。不知所自始，也不知其所終，飄飄忽忽，裊裊婷婷」。

他說插花。所謂插花就是「所費不多，而能使滿室生香」。

他說茶道。所謂茶道就是「進退有節，出入如儀，融融洩洩」。

他說日本舞。所謂日本舞就是「以單純取長，以清淡制勝」。

⑰ 日本人也講「無」的文化哲學。

那麼，何謂無？

日本人說，剝去所有的虛飾即是無。無就像茶。茶是無的藝術，是無須語言論理的藝術。所以也是無言的藝術。如：

茶碗，火爐，炭火，花輪，字畫，茶室，露地，飛石。

它們托墊着無的荒涼。

十八

任何國家都有文化的積累。

這些文化，借用富永仲基的話來說，就是它們的「癖」各自不同。日本有日本文化的癖，亞洲其他諸國的文化也有各自的癖。

山本七平說，日本並沒有什麼變魔術的天分，也不是通過否定、抹煞自己的傳統文化而取得現代化成功的。對日本的歷史、古代文化和宗教的無知，就如同忘記了唱歌的金絲雀一樣可憐。

十九

一輪明明的月亮，有時竟然與死連在一起。

這是在讀日本作家瀨戶內晴美的散文《月夜》才知道的。

在有一年的中秋之夜，她去嵯峨野賞月。

「月亮昇高了。已經照不進池子了，而寺廟的山坡卻披滿了銀白的月色，山影清晰地印在水面上。划船的遊客已經歸去，池上只遍灑着月亮的清輝，顯得幽寂寧靜。啊！這就是嵯峨野的月夜啊！」她由衷地感歎。

但就在賞月的這天夜晚，接到她遠房表妹自殺的電話。就是這位表妹說過：寂庵的月兒多麼迷人。是迷人的月色奪去了她的生命？美的極致是為美獻身。難道一語中的？

今宵的明月，為什麼與死相連？寂庵清光輝映的庭院，嵯峨野的月夜，難道給人以死的衝動？清寂的月色，有催眠着人長睡不醒的效用？

「人為離別而相逢，人為死亡而生存。」這位女作家得出了人世無常的結論。給人瑟瑟縮縮的質感。她最後說：帶着這番心情，我問天上的月亮。

看來，月色不總是給人以甜美。

從月亮的清輝想到死。這是種怎樣的文化呢？

二十

日本人一般只選擇兩種狀態的花插在花瓶中。

一種是含苞欲放的花蕾。

一種是凋謝的殘花。

這種選擇方式的思維點在於：

初放之花與凋零之花，比盛開的花更美；

月缺之時，比明明的滿月更誘人。

祭日結束，遊人歸去，那種喧鬧雜亂過後的靜寂，才更有祭日氣氛。

看似有點神經兮兮的。但有一位禪師說得好：

花兒最盛時，何必月正圓。

二十一

文化史有幾種寫法。

一種是從歷史的順序寫。這是時間的文化史。

一種是從概念的發生來寫。這是概念的文化史。

一種是從意象的片段來寫。這是意象的文化史。

時間的文化史就是從繩文到昭和、到平成。

概念的文化史就是從宅到粹、到酷。

意象的文化史呢？如：

櫻花、藝伎、相撲、壽司、動漫、切腹、榻榻米、歌舞伎、富士山、武士道、浮世繪、美少女、卡哇伊、AKB48……

哪一種文化史更有趣，更好讀，更有親和力呢？

於是，呈現在讀者面前的是一本意象的日本文化史。因為是意象的，可能與「正統」無緣。而與「正統」無緣，豈不就「另類」？

㊁㊉㊁

天下最好的東西往往與最壞的東西相似。

禪宗與前衛。一個是無心，一個是刻意。完全的異質。

但日本人則能異質相容。於是誕生了適合他們風土的，我們看起來有點另類的文化。

這就有點像輕舟從霧黛中穿過。到了湖邊，才看見那麼一條細痕。

或者乾脆説：午夜，曲倦燈殘，星星自散。

第一章

為什麼要牢牢守住漢字？

——漢字文化的魔界幻境

㈠ 漢字的魔方如何轉？

據說倉頡造字的時候，鬼哭神號。後人說這是一種魔界幻境。

為何一定要進入到這種魔界幻境才能造字？這始終是個謎。

太初有字，字與神同在。字就是神，神就是字。原來如此。

點破這個謎底的人是誰？是有日本漢字研究第一人之稱的白川靜（一九一〇至二〇〇六年）教授。他畢生研究漢字，發現漢字是進去了怎麼也轉不出來的魔方。非鬼哭神號不能解決問題。

最近讀到他的一篇文章，感到漢字世界真是精彩紛呈。白川教授這樣寫道：

蘇東坡和佛印禪師都是有才氣懂禪機的友人。有一次，佛印禪師給了東坡如下的文字：

野野 鳥鳥 啼啼 時時 有有 思思 春春 氣氣 桃桃 花花
發發 滿滿 枝枝 鶯鶯 雀雀 相相 呼呼 喚喚 巖巖 畔畔
花花 紅紅 似似 錦錦 屏屏 堪堪 看看 山山 秀秀 麗麗
山山 前前 煙煙 霧霧 起起 清清 浮浮 浪浪 促促 潺潺
湲湲 水水 景景 幽幽 深深 處處 好好 追追 遊遊 傍傍
水水 花花 似似 雪雪 梨梨 花花 光光 皎皎 潔潔 玲玲
瓏瓏 似似 墜墜 銀銀 花花 折折 最最 好好 柔柔 茸茸
溪溪 畔畔 草草 青青 雙雙 蝴蝴 蝶蝶 飛飛 來來 到到
落落 花花 林林 裏裏 鳥鳥 啼啼 叫叫 不不 休休 為為
憶憶 春春 光光 好好 楊楊 柳柳 枝枝 頭頭 春春 色色
秀秀 時時 常常 共共 飲飲 春春 濃濃 酒酒 似似 醉醉
閒閒 行行 春春 色色 裏裏 相相 逢逢 竟竟 憶憶 遊遊
山山 水水 心心 息息 悠悠 歸歸 去去 來來 休休 役役

蘇東坡閱讀再三，似有雲裏霧裏的感覺。站在一旁的聰明絕頂的小妹，則飛快地組合了以下的詩句：

野鳥啼，野鳥啼時時有思。有思春氣桃花發，春氣桃花發滿枝。
滿枝鶯雀相呼喚，鶯雀相呼喚巖畔。巖畔花紅似錦屏，花紅似錦屏堪看。
堪看山，山秀麗，秀麗山前煙霧起。山前煙霧起清浮，清浮浪促潺湲水。

浪促潺湲水景幽，景幽深處好。深處好追遊，追遊傍水花。

傍水花似雪，似雪梨花光皎潔。梨花光皎潔玲瓏，玲瓏似墜銀花折。

似墜銀花折最好，最好柔茸溪畔草。柔茸溪畔草青青，雙雙蝴蝶飛來到。

蝴蝶飛來到落花，落花林裏鳥啼叫。林裏鳥啼叫不休，不休為憶春光好。

為憶春光好楊柳，楊柳枝頭春色秀。枝頭春色秀時常共飲，時常共飲春濃酒。

春濃酒似醉，似醉閒行春色裏。閒行春色裏相逢，相逢競憶遊山水。

競憶遊山水心息，心息悠遊歸去來，歸去來休休役役。

最後，這位白川教授不得不感歎萬千：真是了不起的漢字大國。

這位漢字專家還做過這樣的統計：

《論語》總字數為一萬三千七百字，用字數是一千三百五十五字。

《孟子》總字數為三萬五千字，用字數是一千八百八十九字。

《詩經》總字數為三萬九千字，用字數是二千八百三十九字。

李白的詩九百九十四首，字數約七萬七千，用字數是三千五百六十。

杜甫的詩約一千五首，用字數是四千三百五十。

善用奇字的韓愈，詩約四百首，用字數是四千三百五十，與杜甫匹敵。

即便是網羅了漢魏六朝詩文的《文選》，其用字數也只不過在七千左右。

而從明治以後日本漢字使用的情況來看，常用字只在三分之一的程度，作為教學應該掌握的字數是三千。《廣辭苑》附載的「通用漢字」是二千九百三十五字，這個比例是適當的。

可見他對漢字的領悟力非同常人。

(二) 最初和漢字遭遇是什麼時候？

在漢字傳來之前，日本人沒有文字。這是不用懷疑的。

如平安時代有個叫齊部廣成的人，在八〇七年寫了本書。書名叫《古語拾遺》。其中有一段說：「蓋聞上古之世，未有文字、貴賤老少、口口相傳，前言往行，存而不忘」。此外，在中國的正史《隋書·倭國傳》裏也有這樣的記載：倭國（日本）在百濟，新羅的東南面，沒有文字。只有刻木結度繩。敬佛教。

這樣來看，日本是在百濟求得佛教，才開始有文字。當然到了鐮倉時代有日本人不服氣，說日本在神代的時候就有「神代文字」了，如卜部兼方的《釋日本紀》、忌部正通的《神代口訣》等，到了江戶時代有平田篤胤的《神代日文傳》等。在明治和昭和時代，文字的有無更是被國粹主義者利用，政治上和學問上的問題就更多了。

日本人最初和漢字遭遇，在什麼時候呢？說法各異。但從遺留下來的文物來看，有兩個有力的推測。

一個是在一七八四年的時候，一個名叫甚兵衛的農民在福岡縣誌賀島的稻田中，發現了一枚金印。為二點四釐米的正方形，重量為一百零九克。這是後漢光武帝（二五至五七年在位）送給奴國王的金印。從史料的驗證來看，范曄（三九八至四四五年）在《後漢書·倭傳》裏記述道：建元中元二年（五七年），倭之奴國奉貢朝賀，收下光武賜予印綬。這裏的印，就是金印。這裏的綬，就是掛在金印上的繩子。金印的反面，用篆書體寫有三行五字「漢倭奴國王」，屬陰刻。

一個是在長崎縣出土的彌生時代的遺跡中，發現了一枚中國的銅錢。上面鑄有「貨泉」二字。考證的結論為，這是推翻漢王朝的王莽（八至二三年在位），在建立新政時期鑄造的貨幣。《漢書·食貨志》裏記載：這枚銅錢是在天鳳元年（一四年）鑄造，到王莽建政的新國消亡為止，共有十二年的流通時間。流傳到日本大約是在公元一到二世紀左右。

這說明，在公元一世紀的時候，已有漢字傳入日本列島。日本人與漢字的最初遭遇，也應該在那個時候。

㈢ 漢字外交文書的首次登場

作為言語記號的漢字，是什麼時候在日本開始使用的呢？

《魏志．倭人傳》裏這樣記載：正治元年（二四〇年），太守弓尊遺，建中校尉梯攜等，奉詔書印綬去倭國，拜假倭王。倭王因使上表，答謝恩詔。

這裏的「上表」就是當時倭國（日本）的外交文書。也叫「上表書」。是專門奉獻給君王用的。這段記載表明在三世紀中葉，日本就用漢字來書寫外交文書了。但這個上表文是一種怎樣的形式？其中書寫了什麼內容？現在都不可考了。

到了五世紀後，情況有了新的變化。《日本書紀》記載，菟道稚郎子跟隨王仁學典籍，對漢文有了相當的讀解力。這裏有一段插曲。

應神天皇的時候，有一年九月，高句麗王派使者去日本朝貢，並附送上表文。上表文用漢字書寫，其中有這麼一句話：「高麗王教日本國也」。太子菟道稚郎子閱讀後，大為憤怒，對高句麗的使者道：這上表文太無禮了。於是順手撕破。

這段插曲表明，在當時上層的日本人中，已經有人對漢文較為精通了。

沈約（四四一至五一三年）著《宋書．倭國傳》，關於列島的情勢記述很到位。如文帝（四二四至四五三年在位）元嘉二年（四二五年），倭國的贊王（指履中天皇）派遣曹達，奉呈上表文，貢獻物品。再有，順帝（四七七至四七八年在位）昇明二年（四七八年），倭國的武王（指雄略天皇）派遣使者，奉呈上表文。並引用了上表文的一段文字：

> 封國偏遠，作藩於外，自昔祖禰，躬擐甲冑。跋涉山川，不遑寧處。東征毛人五十五國，西服眾夷六十六國，渡平海北九十五國，王道融泰，廓土遐畿，累葉朝宗，不衍於歲。

全文共六十四字，其中多數為四字駢文，並注重音調。這是中國六朝時代流行的文章技巧。當時的日本人已經較為熟練地掌握了。這段文字是不是經過《宋書》的作者沈約修改過？不得而知。進入五世紀後，日本送往中國的外交文書，能有這樣的漢文水平，可見當時的日本外交部門已有不少精通漢字的精英分子。

在那個時候，日本人還留下了書寫金石文的記錄。共有三處可查。

一處是在埼玉縣行田市稻荷山古墳裏出土的鐵劍銘文。劍的正反面刻有共計一百一十五字（正面五十七字，反面五十八字）用金刻撰的銘文開頭是「辛亥年」三個字。創作這段銘文的時間被推論為是在公元四七一年。

另一處是熊本縣玉名郡菊水町江田船山古墳出土的太刀刀鋒上，用銀刻撰的文字有七十五個。這被推定為是五世紀中葉的古物。

第三處是和歌山縣橋本市隅田町隅田八幡宮出土的人物畫像青銅鏡，四十八字，銘文為：

葵末年八月日十大王年男弟王在意柴沙加宮時斯麻念長壽遣開中費直穢人今州利二人等取白上同二百旱所此竟。

這段話是什麼意思呢？

葵末年的八月，是日十大王的生日。男弟王在意柴沙加宮的時候，斯麻念及長壽。遂派遣開中的費直和穢人的今州利二人，取白上銅二百貫，以作此鏡。

這裏有一個疑問。文中開中的費直是誰？日本史學者認為來自百濟係渡來人的可能性很大。

如果這一結論能成立的話，那麼是渡來人幫助日本人，並教會了他們怎樣使用漢字。

㈣ 法隆寺五重塔發現了塗寫的文字

日本戰敗後不久，對奈良法隆寺五重塔解體大修的時候，在第一層頂部的組木上，發現了塗寫的文字。這是日本漢字史上的一件大事。

組木的左端寫有「奈爾」兩個大字，在右端寫有「奈爾波都爾佐久夜已」九個字。

這是什麼意思呢？原來這是一首有名的和歌的開首部分。日語的讀音為：

なにはつにさくやこのはなふゆごもり

中文大意：難波津盛開的豔花籠罩在寒冬裏。

這屬於完全的一字一音讀寫方式。

這是誰塗寫的呢？一定是當時建造五重塔的勞力者寫着玩的。這也說明漢字在日本七世紀的時候，已向庶民階層普及。

眾所周知，法隆寺是在六〇七年（推古天皇十五年），由聖德太子建造的。但它在六七〇年（天智天皇九年）四月三十日發生火災。《日本書紀》說這場大火使得法隆寺「一舍不留全燒盡」。七〇八年（和銅元年）再建。從推古天皇十五年到和銅元年，正好是一個世紀的光景。這一個世紀，也是中國文化在日本普及最快的一個世紀，以至於在重建法隆寺之際，連一般的建築工人也會寫漢字了。

㊄ 卑彌呼——固有的名詞用漢字書寫

借漢字來表記日語，這兩者的結合首先在地名和人名上獲得成功。這是非常用功夫的一件事。

最古的記錄還是存留於中國的史書裏。《魏志・倭人傳》裏日本的地名、人名和官職名都用漢字來表記。如日本三世紀的女王「卑彌呼」（ヒミコ）。這裏，帶「HI」的發音用「卑」的漢字，帶「MI」的發音用「彌」的漢字，帶「KO」的發音用「呼」的漢字。組合成邪馬台國的女王名字。這就是所謂的「假借」。

什麼叫假借？按照後漢的許慎在《說文解字》裏的說法就是：「本無其字，依聲託事。」日本的官職名如「卑奴母離」（ヒナモリ）的讀音為「HINAMORI」。國名如「邪馬台」（ヤマト）的發音為「YAMATO」。

中國唐代漢譯佛典，也用這樣的方法。如古代印度語「AMITAYUS」就翻譯成「阿彌陀」。「SAKYA」翻譯成「釋迦」等，其道理是一樣的。

在平安時代，第五十二代的嵯峨天皇，一連寫了十二個字：

子子子子子子子子子子子子

並要當時的學問家小野篁試讀。小野靈機一動，讀成了這樣的句子：

ねこのこのこねこ　ししのこのこしし

什麼意思呢？就是：貓之子之子貓，獅子之子之子獅子。

這裏，聰明的小野篁把「子」分成二種讀音：「こ」與「し」。前者為訓讀，後者為音讀。一個漢字有二個讀音，就定格在那個時候。

嵯峨天皇聽後，拍手叫絕。

⑥ 催生了大批寫經生

七世紀的時候，朝鮮半島政情發生了激變。從日本對任那的支配，到新羅對任那的合併，再到百濟、高句麗的消亡。當時有很多朝鮮半島的難民蜂擁到日本。

難民人數的準確數字不清楚。但據平安時代編撰的《新撰姓氏錄》（八一四年）記載，當時有一千一百八十二人在左右京和畿內五國居住。其中三百二十六名為歸化人，佔全體的百分之三十。這些歸化人都懂漢字和漢文。據《日本書紀》記載，五一三年有從百濟來到日本的「五經博士」（易經、詩經、書經、春秋、禮記，精通這五部書的學者叫「五經博士」）段楊爾，有五一六年來日本的漢高安茂，有五五四年來日本的王柳貴。除此之外，佛法也從百濟傳到日本，包括大量的佛教經典。

到了奈良聖武天皇的時代，乾脆專門設立了寫經所這一國家機關。聖武天皇的母親藤原宮子在七五四年死去，藉着這個「追善」的機會，天皇組織人馬開始大規模地抄寫經文。根據記錄，最初抄寫的是《梵網經》一百部二百卷。接着是《法華經》一百部八百卷，新舊《華嚴經》各五部合計為七百卷，一共合計為一千七百卷，真是個規模巨大的文化事業。

大量的寫經，催生了一批「寫經生」。從七七二年的記錄來看，下筆最快的寫經生是一天能寫五千九百字。最慢的一天為二千三百字。平均來看，一天是三千七百字。抄寫紙一行為十七字，共二十五行，計四百二十五字。一天用紙是十四枚左右，寫得慢的人是五枚左右。要抄得工整，不能有錯，還是相當勞累的活兒。長年下來職業病免不了，如消化系統病和腰病等。

在那個時候，寫經生是有報酬的。但不用時間來計算。而是用寫多少張來計算。當時寫完一枚紙張是五文錢。因此寫得越多，收入就越高。但是，這個錢也是不好拿的。因為還有專門的校對者。如果發現有五個錯字就扣一文錢。如果發現有漏字的，一個字就是一文錢。如果不留神漏寫了一行，就扣二十文錢。日本在那個時候就導入了文稿的三校制度。如果是校對者的失誤，也要扣錢。

由於要求太高，待遇太低，這些寫經生就聯合起來罷寫，要求改善待遇。他們提出了六點要求、其中醒目的有以下四點：

一、要求換新的僧侶服。

二、每月有五日休息。

三、改善伙食。

四、長年作業，胸痛腳麻，要求每三日喝一次酒。

這份「寫經司解案」作為珍貴文書，至今還保存在奈良正倉院裏。

佛教盛傳，信佛教的人越多，讀經的人也就越多。這些漢文經書的抄寫，對普及漢字發揮了很大的作用。識字層在不斷地擴大，會讀會寫會看的日本人也不斷增加。

㈦ 最古的文章——漢式和文誕生

日本最古的文章是哪篇？說法不一。但認為是法隆寺金堂藥師佛「光背銘」的呼聲為最高。「光背銘」看上去都是漢字，但再仔細閱讀，確實是日語。看其中的一段：

池邊大宮治天下天皇，大御身勞賜時，歲次丙午年，召於大王天皇與太子而誓願賜，我大御病太平欲坐故，將造寺藥師像作侍奉詔。然，當時崩賜，造不堪者，小治田大宮治天下大王天皇及東宮聖王，大命受賜而，歲次於卯年侍奉。

大意為：用明天皇為祈禱自己的健康而起誓建造伽藍。但是用明天皇不久去世，繼承遺志的推古天皇和聖德太子在推古天皇十五年（六〇七年），完成了佛像和寺院的建造。

看上去都是漢字。但我們能懂其意嗎？很困難。其難度在於不是漢文所能理解的地方很多。如「寺藥師像作」，「造不堪」，「大命受」等。如果是漢語語序的話，應該是「作寺藥師像」，「不堪造」，「受大命」等。再如「大御身」，「大御病」等接頭詞的敬語表現，「勞賜」，「誓願賜」，「崩賜」，「受賜」，「侍奉」等的輔助動詞的敬語表現，「坐」這個動詞的敬語表現，都是日語才有的文風。

這樣看來，「光背銘」這段文字至少兩點是可以肯定的：一是用日語語序寫成。二是用了敬語的表現手法。這就誕生了一個新名詞：「漢式和文」，或叫「變體漢文」。

那麼，這段法隆寺的「光背銘」，是在什麼時候寫成的呢？

從「光背銘」出現的「天皇」二字來看，應該是在持統朝（六八七年）以後的一段時間。在這之前，日本國土上的統治者都叫「大王」。出現「天皇」的字樣，至少是在七世紀後半葉。這樣看來，日本人用日語開始寫文章是大化改新（六四六年）以後的事情。

實際上在這之前，聖德太子已經在用漢漢文制定「十七條憲法」。《日本書紀》的推古十二年（六〇四年）的條文裏記載：夏四月，皇太子親筆作憲法十七條。其中的第一條：

一曰：以和為貴，無忤為宗。人皆有黨，亦少達者。是以或不順君父，乍違於鄰里。然上和下睦，諧於論事，則事理自通。何事不成。

當然從文脈上看是相通的，但還是生硬。古漢文的語感節奏還是不太自然。日本學者森博達認為還存在文法的誤用。但中國文化的大家吉川幸次郎則說，從文體和文法來看都是十分漂亮的。

到了平安時代，漢式和文體的運用更為頻繁了。如醍醐天皇的《延喜御記》，村上天皇的《天磨御記》等。那時，男性貴族也都基本上用漢式和文體裁寫日記。如有名的藤原道長《御堂關白記》就是典型。陽明文庫至今還保存着道長在一〇一〇年寫的自筆：

右京權大夫親兼王於法興院為賊被擒，相守間，被殺害，從院持出置大路由云云，遣隨身，近邊寺令臥僧房，入夜率（卒）云云。

只要有點漢文基礎的人，基本能看懂這段話。是說右京權大夫親兼王在法興院遭到盜賊的襲擊，在應戰的過程中被殺害的事情。

除了道長之外，藤原忠平的《貞信公記》、藤原實資的《小右記》、藤原資房的《春記》、藤原宗忠的《中右記》等，都是用漢式和文來書寫的。當時能用漢文寫文章，就像現在能用英語寫作一樣，屬於知識的精英階層。平安時代的日本，漢文就是最高級的文章。當時的歷史書如《日本後紀》《續日本後紀》《日本文德天皇實錄》《日本三代實錄》等國史，都是用漢文寫的。就連《類聚三代格》等法令，《和名抄》《醫心方》等學術著作，都是用漢文寫的。此外平安末期編撰的《類聚名義抄》，則是日本古代最大最全的漢和辭典。撰者不明。亮點在於這裏面記載了日本漢字有二個讀音：一個是音讀。一個是訓讀。如「月」這個漢字。音讀的話是「げつ（getu）」。訓讀的話是「つき（tuki）」。漢文的訓讀具體是從什麼時候開始？現在還不清楚。一般推論是在七世紀到八世紀左右。

⑧ 日本最古的國字——鰯

漢字有象形、指事、會意、形聲四個功能。日本人創造「國字」，大都以會意為基準。如：一個「上」字，一個「下」字。左邊再加個「山」字。就造出了「峠」（toge）字，山頂的意思。「十」字加個走字旁，就造出了「辻」（tuji）字，十字路口的意思。還有「癌」這個字，也是由江戶時代蘭方醫創造的，不久傳到了中國。

日本人創造國字最多的是用魚字作偏旁造字。平安初期編撰的《新撰字鏡》裏，有魚字的國字已經收錄了四百個左右。而在一九八八年對「長屋王家」的發掘調查，發現了「鰯」（iwasi）這個字。這又把日本國字創造向前推進了兩百多年。

長屋王是持統朝的太政大臣高市皇子的長男，天武天皇的孫子，在朝廷裏擔任左大臣。但是其在七二九年被誣陷篡奪皇位，犯了所有罪名中最大的罪——不敬罪。朝廷派人包圍了長屋王的住宅。他和妻兒一族自殺，年僅五十四歲。歷史上長屋王的住處一直不明。直到一九八六年出現轉機。因為要建造百貨店，在平城宮東南地帶進行開發時，發現了三萬件以上的木簡。時間推斷是從七一〇年到七一七年。在這些木簡中，有很多從中國傳來的漢字。如「鰺」「鮒」「鮎」「鯛」等。但也有中國沒有的漢字，如「鰯」(中文是沙丁魚)。木簡上記有「鰯五隻」等字樣。

這個「鰯」是日本史料裏出現的最古國字。新井白石在《東雅》(一七一七年)裏說：「鰯就是弱的意思。只要一離開水，即刻死。」但也有異說。貝原益軒在《日本釋名》(一六九九年)中說，鰯是下賤魚的表示。據說寫《源氏物語》的紫式部偷吃了鰯，留下被夫君斥為下賤之人的逸話。日本人創造的這個國字，不久也傳到了中國。

順便提及，在中國，《詩經》裏有魚偏旁的漢字是十一個。戰國時代的《爾雅》收錄魚偏旁的漢字是四十四個。後漢的許慎《說文解字》收錄魚偏旁的漢字是一百一十七個。宋代刊行的《類篇》收錄魚偏旁的漢字是四百零六個。清朝的《康熙字典》收錄魚偏旁的漢字是六百三十三個。而日本的《大漢和辭典》(諸橋撤次編撰，一九五九年初版)收錄的魚偏旁的漢字是六百三十八個。但是在這之後的《漢語大字典》(一九九三年)和《中華字海》(一九九四年)則分別收錄魚偏旁的漢字為七百一十九個和八百二十個。超過了《大漢和辭典》。新井白石認定，在中國的辭書裏，找不到的日本國字魚偏旁的漢字是二十五個。如：鱈、鰡、鰯等。

在說到魚偏旁的字的時候，還必須提及金字旁的一個字。戰前的日本，鐵道的「鐵」字都寫成「鐵」。但戰後不久頒佈的「當用漢字」就將「鐵」字簡化為「鉄」。從原本的二十一畫簡化到十畫，書寫便利。但問題是簡化後的「鉄」字是金字旁加失去的「失」字組成的。「鉄」字就暗含了「失金」之意。鐵道會社和製鐵會社，只得再繼續使用舊體字的「鐵」字。如使用至今的有「滋賀県信楽高原鐵道」、「靜岡大井鐵道」、「栃木県真岡鐵道」等。還有代表日本最大的鋼鐵企業「新日本製鐵」等。甚至更有日本人發明出右邊不是「失」字而選用有點類似的「矢」字。鐵字就變成了金字加矢字的別字。從漢字的變遷也看到了日本人世相的一面。

㈨ 漢字遊戲與假名的發明

萬葉人的詩歌都用漢字表記來戲訓。這也是《萬葉集》的最大特點。如《萬葉集》中：

言雲者　三三二田八酢四　小九毛　心中二　我念羽奈九二（第二千五百八十一首）

垂乳根之　母我養蠶乃　眉隱　馬聲蜂音石花蜘蟵荒鹿異母二不相而（第二千九百九十一首）

這裏，我們看到的是數字的排列，動物擬聲語的排列，遊戲的成分很濃。作為相聞歌確實有引起對方注意的效果。但如何閱讀？雖都是漢字，但不是中文，是日本語（倭語）。

再看另一首短詩：

㈠都流藝多知　伊與餘刀具倍之　伊尓之敝由　佐夜氣久於比弖　伎尓之曽乃名曽

㈡つるぎたち　いよよとぐべし　いにしへゆ　さやけくおひて　きにしそのなそ

㈢剣大刀　いよよ研ぐべし　古ゆ　清けく負ひて来にしその名そ

㈣剣大刀を研ぐように、大伴の名をさらに明澄に磨ぎ澄ますべきである。遙かな過去から、きわやかに負ってきたその名であるぞ。

㈤像磨劍那樣，把我的名字磨得更加閃亮。從遙遠的過去起，我的名字就與眾不同。

這裏，第一行是漢字。第二行是它的發音。第三行是假名出現之後的寫法。第四行是當代日語譯文。第五行是中國語譯文。

日本人用「窟底」的發音表他們的「口」（クチ）的發音。用「多失」的發音表他們的「年」（トシ）的發音。用「躍邁」的發音表他們的「山」（ヤマ）的發音。用「沙嬉」的發音表他們「酒」（サケ）的發音。

十六世紀末的《日本風土記》裏，有「紅面的倒萬首萬世」（おめでとう　千秋萬歲）的記載，真是過年喝酒醉倒一大片的光景。

甲骨文專家白川靜喜歡大伴家持的《春愁三絕》中的一首：

春の野に　霞たなびき　うら悲しい
この夕影に　鶯鳴くも。

再仔細分析的話，這裏「ハル」「ノ」「カスミ」「カゲ」「ウグイス」與日本語讀音的漢字「春」「野」「霞」「影」「鶯」相配。

⑩日本人漢字造語力驚人

「思想」、「文化」、「文明」是日本人發明的「和制漢語」。

思想，在中國古典裏原本是「認為，想像」的意思。如三國時代的英雄曹操有詩句：

願螭龍之駕，思想昆侖居。

意味只想乘上螭龍，安居在我想像的那昆侖之巔。詩句裏的「思想」就是「想像」的意思。

日本人借用中國古典漢語，把英語「thought」、「idea」、「opinion」等翻譯成「思想」。

再如：「文化」。三世紀的晉人束晳有詩句：

文化內輯，武功外悠。

這裏，與「武功」相對應的詞，古代中國人用「文化」來表述。日本人借用漢語「文化」一詞，把「culture」翻譯成「文化」。

關於「文明」。《易經．乾卦文言》有「見龍在田，天下文明」的句子。這裏的「文明」是光彩和光明的意思。對中國古典造詣很深的日本人，則借用這二字，把「civilization」或「enlightenment」翻譯成「文明」。

一七七四年（安永三年）杉田玄白出版《解體新書》。這是荷蘭的醫學翻譯本。原名為「Tafel Anatomie」。杉田玄白最初想用漢音來翻譯荷蘭語的書名：「打系縷亞那都米」。用片假名的話就是：「ターヘルアナトミイ」。但在出版的最後時刻將其修改成了《解體新書》，用漢字「解體」來表示內臟器官，同時也創成了「解體」新詞。

一八七一年（明治四年）渡歐的巖倉遣歐使節團

成員之一，長崎精得館醫師長與專齊，將其歐洲使用的「hygiene」一語，翻譯成了「衛生」。

福澤諭吉最初將「society」翻譯成「仲間連中」，後覺不妥，便最終定稿成「社會」。

日本學者西周最初先將「philosophy」翻譯成「愛智」，「希哲學」，最後才定格為「哲學」一詞。

此外類似的詞語還有經濟、教育、社會、進步、流行、構造、規則等詞語。還有科學、醫學、概論、現象、批評、象徵等詞語。「象徵」這個詞，是中江兆民在明治十年的創意。

在數學用語中，代數、三角、微分、積分、方程式等，都是日本人發明的和制漢語。但是幾何這一詞語是中國人的創意。徐光啟（一五六二至一六三三年）根據「geometry」翻譯而來，並在《幾何原本》一書中首次使用。日本人拿來使用大概是在明治五年至明治十九年之間。此外，日本制漢語是數學。中國制漢語是算數。清代的汪萊（一七六八至一八一三年），號衡齋。精通西洋算學，著有《衡齋算術學》。

當時，當大量的日本新名詞湧進中國、反哺母語之時，引起中國守舊者的惶恐。連洋務派領袖張之洞都批示「不要使用新名詞」。幕僚辜鴻銘則悄悄告訴他：「名詞」一詞亦來自日本。

可以看出，這些譯詞既是對漢字本質的精到領悟，也是對西文原意的小心契合。透出的是一種文化心機，一種感受性強於邏輯性的文化心機。這其中最大的象徵性大概就是日本人自己創造的漢字——「侘」和「寂」所表現出的精神世界。

在日本人看來，帶有積澱歲月，古色蒼然的過程是「侘」。

而寂與朽同義。閃光透白的鐵鏈上的青銅銹，撲簌撲簌的腐朽相。在消滅臨近的時候，就是「寂」。

而當富有邏輯性的漢文遭遇感受性的日語，發生的物理反應是出乎意料的。有陰陽相克的一面，但更多的是相融和相關。中國是咖啡。日本是珈琲。口字偏旁當然有其合理性，但日本人以咖啡豆的形狀為意識，口偏旁變成了王偏旁，倒也生趣。檸檬，日本叫レモン。但漢字寫法也採用。如梶井基次郎的短篇集《檸檬》。但漢語發音的檸檬，日語為何叫レモン？原來它是中國福建南部閩南地區的「linmeng」的發音。日本人便借來發成「remon」的音。

生於明治時代的外村繁寫《澪標》。這是一部光芒四射的私小說傑作。澪標是航路的木樁標誌，這裏也是男性器的暗示。谷崎潤一郎表現男女愛慾世界的小説《卍》，日本語讀音為「manji」，是公德圓滿的意思，與佛像胸前描述的吉祥萬德相同。

再如「木乃伊」的漢字。從英語「mummy」翻譯而來。但與日本人「ミイラ」的發音相去很遠。原來葡萄牙語「mirra」，才是日語「miira」的來源。

再如「保險」一詞，是中國人的創意。在安全、沒錯等的意義上使用它。但在經濟學的意義上，即在「insurance」或「insurance company」意義上使用「保險」，則是日本人的發明。日本人還研究出中國人翻譯外來語的傑作是「可口可樂」。他們翻譯外來語的傑作是「俱樂部」。

在日本，城市仙台的名字來自唐詩「仙台初見五重樓」。

東京淺草的地名來自白居易《錢塘湖春行》的「淺草才能沒馬蹄」。

明治時期接待外國貴賓的「鹿鳴館」意取《詩經·鹿鳴》的「宴群臣嘉賓」之意。

二十世紀八十年代的影星夏目雅子曾對作家伊集院靜一見傾心，理由很簡單，只是因為他能流暢地寫出「薔薇」兩個漢字。前首相麻生太郎讀錯漢字發音後，一本名為《看似會讀實則不會讀的易錯漢字》（二見書房，二〇〇九年版）的實用書，在幾個月裏居然高居日本暢銷書排行榜首。為了能在瞬間抓住讀者，近年兩個漢字冠名的小説風靡日本。如吉田修一的《惡人》，湊佳苗的《告白》，銷量均達二百一十萬冊以上。以寫警察小説著稱的人氣作家今野敏幾乎半數作品都是二字書名。如近年來熱銷的《烈日》、《禁斷》等。他説兩個漢字不僅簡潔明瞭，而且具有創造新詞的魅力。

⑪ 與禪文化相聯的漢語

禪的哲學，部分地構造了日本人的精神。茶道始祖村田珠光（一四二二至一五〇二年），是跟隨大德寺真珠庵裏一休禪師的禪者。能的作者金春禪竹，也接受了一休的教誨，追求「禪能一味」的世界。武士道的根底裏也有禪味。《無門關》是當時武人們的愛讀。在日本，武道也好藝道也好，多少都有禪的影子。

日本人使用的漢語，有很多就是禪的用語。《無門關》由南宋的無門慧開（一一八二至一二六〇年）編輯而成，收錄四十八則古人公案集，內容相當簡潔，且有寓意，受到江戶時代的禪僧和武士們的歡迎。其中的禪語被日本人當作漢語，相當熟練地掌握了。如：驚天動地（第一則）；一隻眼（第二則）；道場（第九則）；具眼（第十則）；親切（第二十二則）；老婆心（第二十三則）；本來面目（第二十三則）；白日青天（第二十五則）；迷雲（第三十二則）；十字街頭（第四十五則）等。還有，野狐（第二則）；不立文字（第六則）；教外別傳（第六則）；平常心是道（第十九則）等。

如「驚天動地」一語，從最早的出處來看，中唐的白居易詩歌，南宋的朱熹《朱子語類》和《朱子全書》中都有使用。白居易時代，禪開始盛行，白居易自身也是個禪師。《傳燈錄》卷十裏，白居易就作為洛陽佛光寺的如滿禪師的法嗣而被記錄在案。而朱子學也受到了禪的很大影響。

作為禪語，如一隻眼，與雙眼對立。意味有獨到的眼力或見解。臨濟宗的開祖義玄（？至八六六年），他是晚唐的禪僧，在其《臨濟錄》裏：「臨濟小廝兒，卻具一隻眼」。這個一隻眼的用語，以後在禪的世界被廣泛使用。日本人也相當喜歡這一用語，雖然從意義上屬於非常保守、消極的評價語言。

㈩㈡ 日本人玩漢字的傑作——漢詩

日本的第一首漢詩是誰寫的？是天智天皇的兒子大友皇子（六四八至六七二年）。六六八年，他參加父親即位式的宴會，寫下了吹捧他父親的《侍宴》漢詩：

皇明光日月，帝德載天地。
三才並泰昌，萬國表臣義。

這裏，他把天皇比喻為中國的皇帝，令人印象深刻。文字表述雖然缺乏漢字的精魂，但也明亮；雖然僵硬，但也莊重。

這裏，順帶提及的是，朝鮮的第一首漢詩是在六一二年誕生。是高句麗的名將乙支文德寫給隋朝的將軍于仲文的漢詩：

神策究天文，妙算窮地理。
戰勝功即高，知足願云止。

大意是：你上懂天文下知地理，非常了不起。你的戰績已經充分了。接下來是否能停止戰爭？

從漢詩的表現來看也是很生硬、很政治化，缺乏詩韻，表明當初的日本列島也好，朝鮮半島也好，漢文只能達到這個水準。

平安時代的貴族文化人巨勢識人，為附和嵯峨天皇《長門怨》的漢詩，寫下：

日夕君門閉，孤思不暫安。
塵生秋帳滿，月向夜床寒。
星怨靨難霽，雲愁鬢欲殘。
唯余舊時賞，猶入夢中看。

這是五言律詩，偶句的末尾均押上「an」韻。一個人的孤獨，一個人的相思，悄然躍於紙上，表現出了相當的文字功力。

再看一休和尚的情色漢詩：

楚台應望更應攀，半夜玉床愁夢顏。
花綻一莖梅樹下，淩波仙子繞腰間。

梅花樹下，開着一枝水仙花。仙女在輕輕地走動。柔軟的細腰間飄逸出水仙的清香味。這裏，淩波仙子就是水仙的異名。一休用水仙作比喻，看中的是水仙的形、姿、香。在一休的眼裏，森女既是神又是佛。

再看良寬和尚的哲理漢詩：

生涯懶立身，騰騰任天真。
囊中三升米，爐邊一束薪。
誰問迷悟跡，何知名利塵。
夜雨草庵裏，雙腳等閒伸。

三升米、一束薪，人間最低水準的生活。無慾恬淡，獨自榮枯，無以為憾。這被日本人稱之為「鍛寂」。日本著名學者唐木順三說，從這裏似乎看到了

「日本人的原型」：既無我也無心，本來無一物。康德哲學日本的第一引進者，深受西田幾多郎的「絕對的矛盾自己同一」影響的著名哲學家田邊元，把良寬的這首詩一筆一劃地抄了三十遍。很顯然，田邊元對良寬產生了興趣。這個興趣促使他晚年在思考宗教哲學的時候，把良寬的原型放了進去。

大文豪夏目漱石最後的漢詩，是在一九一六年十一月二十日的夜晚寫的：

眼耳雙忘身亦失，
空中獨唱白雲吟。

讓人聯想到禪僧的開悟，一種死去的暗示。果真不到一個月，夏目漱石因胃潰瘍大出血而死去，年僅四十九歲。

⊕三 糞太郎的姓名能用嗎？

在日本，叫島岡次郎名字的人肯定是有的。因為起這樣的姓名是沒有任何問題的。但是，島岡次郎這個名字，至少在一九四六年十一月十七日到二〇〇四年九月二十六日之間出生的人，是沒有的。為什麼？因為「岡」這個字作為當用漢字和常用漢字還沒有收進去。所以作為名字是不能使用的。誰都會發音的字，但在近六十年的時間中，作為名字就是不能使用。這也是日本漢字文化的一大怪。

戰後日本，當用漢字表告示之後，日本人起名字的時候就嚴格按照當用漢字來選用。當用漢字以外的文字就不能起名字。於是「龜吉」「鶴子」「虎之介」等都不能用。「伊一郎」可以，但「伊知郎」不可。「正夫」可以，但「昌夫」不可。此外「弘」「浩」「宏」等也都不可。「比呂志」的話，「呂」字不可用。這是因為當用漢字均未收入這些漢字。

針對這一糟糕的情況，日本政府在當用漢字之外，追加了能起名字用的漢字。即「人名用漢字表」。最初的「人名用漢字表」制定於一九五一年，指定了九十二個漢字。第二回在一九七六年又追加了二十八個漢字。終於，杏子、真梨子、那津子、芙美子等名字誕生了。第三回在一九八一年又增加了五十四個漢字（但同時刪除常用漢字中收取的八字）。終於，嵐、鞠子、彪、秦太郎等名字誕生了。第四回是在一九九〇年又增加了二百一十八個漢字。這之後，在一九九七年增加了「琉」字。二〇〇四年二月增加了「曽」字，六月增加了「獅」字，七月增加了「毗」「瀧」「駕」三字。這樣一共指定了合計為二百九十個人名用漢字。但是因為「苺（いちご）」、「雫（しずく）」等漢字不能使用，出現了不滿的聲音。為此日本漢字改革委員會於二〇〇四年又大幅增加了四百八十八個漢字。

在二〇〇四年大幅增加之前，法制審議會人名用漢字部會發表試案。其中「糞」、「屍」、「癌」、「痔」、「呪」、「妾」、「奸」等字也含在裏面。有用這些字為孩子起名的父母嗎？如用糞太郎為孩子起名字，這孩子要哭一生。為避免發生悲劇，這些字還是取消為好。針對日本人的疑問，其結果這七個字被取消了。就在這七個字被刪除的第二個月，又有諸如「膿」、「娼」、「蔑」、「腫」等七十九字被刪除。

日本人給孩子起名字，有很多連日本人也讀不出的漢字組合。如和奏、風水、明良向、風空士、星凜、清楓等。看上去很獨特，但如果沒有標音，沒有人會讀。如「风水」讀成「かずい」。有誰會讀呢？更為奇特的是，日本人也有姓「八月一日」的。不過這裏並不讀「はちがつついたち」，而是「ほつみ」的發音，取穗（ほ）積み（つみ）的意思。在中國，筆劃簡單的姓大概就是「卜」了吧。但日本人還要懶，有一個人姓「一」。不過這裏可不是讀作いち，かず也不對。而是意會的「にのまえ」（二の前），也就是說在二之前。倒也很幽默很藝術。

此外，諸如「鬼頭」，「能活」，「我孫子」，「百目鬼」等名字第一次出現在電視畫面時，也曾引起中國人的極大興趣。在中國這些漢字組合是絕對不能登大雅之堂的。

就目前而言，日本人最長的姓用了五個漢字：勘解由小路，讀音為「かでのこうじ」。

日本人前十位的姓氏都是用漢字組合：鈴木，佐藤，田中，山本，渡邊，高橋，小林，中村，伊藤，齋藤。

⑭ 戒名——花錢玩漢字

眾所周知，和尚出家要上法號。但對日本人來說，人死後也必須起個法號。可法號不能自己隨意起，必須是出家人給起才吉利。這裏的法號也叫戒名或法名。照曹宗洞的僧侶千代川宗圓的說法，戒名就是去他界的護照。

日本最初獲授戒名的是聖武天皇。這位奈良時代的天皇，其戒名是「勝滿」二個字，很簡潔。是誰授予這位天皇的呢？是當時來自唐朝的高僧鑒真和尚。平安時代享盡榮耀榮華的藤原道長的戒名也是二個字「行寬」。不過這二人都是在生前出家之際得到了戒名。與現在人死後給予戒名，其性質上是不一樣的，但都用漢字表述這點沒有變。

日本江戶幕府的開創者德川家康的戒名：安國院殿大相國德蓮社崇譽道和大居士。這是日本目前為止最長的戒名。

日本前首相田中角榮的戒名：政覺院殿越山德榮大居士。

日本著名漫畫家手塚治蟲的戒名：伯藝院殿覺圓蟲聖大居士。

日本電影大導演黑澤明的戒名：映明院殿紘國慈愛大居士。

日本大相撲橫綱貴乃花的戒名：雙綱院貴關道滿居士。

日本作家山田風太郎的戒名：風風院風風風風居士。

日本殺人魔王織田信長的戒名：總見院殿贈一品大相國泰巖大居士。

日本有伏爾泰之稱的福澤諭吉的戒名：大觀院獨立自尊居士。

日本大文豪夏目漱石的戒名：文獻院古道漱石居士。

日本國民歌手美空雲雀的戒名：茲唱院美空日和清大姉。

在日本，起戒名要花錢，這是常識。但是要花到什麼程度，則是一般人無法想像的。從基本的行情來看，院殿號是一百萬日元以上。院號是五十萬到七十萬日元，信士信女是十萬到二十萬日元。童士童女是三萬日元以上。可見，日本人是在花錢玩漢字，即便在死後也不忘玩一把漢字的魔方。

⑮ 善於變換漢字的日本人

同樣用漢字，日本人總要顯示出與中國人的不同，或者說這也是他們的不甘守舊的創新吧。如藝術的藝字，舊體日文是「藝」，改為新體日文後是「芸」字，而沒有採用中文簡體的「艺」。如「學芸」，「文芸」等。同樣，舊體日文中的「屍」，新字日文體改為「死」，而不是中文簡體的「尸」。所以「屍體」在日文中寫作「死體」。還有，日文舊體中的「罐」，改為「缶」，而中文漢字卻沒有簡化「罐」字。

再比如同樣是成語：

中國人說不屈不撓，日本人說不撓不屈。

中國人說安身立命，日本人說安心立命。

中國人說脫胎換骨，日本人說奪胎換骨。

中國人說左顧右盼，日本人說右顧左眄。

中國人說一目了然，日本人說一目瞭然。

中國人說光明正大，日本人說公明正大。

中國人說賢妻良母，日本人說良妻賢母。

中國人說山清水秀，日本人說山紫水明。

中國人說粉身碎骨，日本人說粉骨碎身。

如此等等。無不顯示出日本人的改造精神。除此之外，日本人還用漢字創造中文所沒有的成語。如：絕體絕命（無路可走之意）。一所懸命（拚命盡力之意）。七轉八起（七次倒下去還有第八次站起來之意）等。

「包」這個漢字，可組合成書包、挎包、提包、公文包等。但日本人不用這個「包」字，而是選用了「鞄」（kaban）這個漢字。這是日本的國字嗎？不是。這個字在中國古代就有使用。《說文解字》將「鞄」記述為「柔革工」。但就是找不到日本意義上的「カバン」（包）的意思。就連後來的《康熙字典》也沒有「鞄」的意思說明。這裏，日本人將「鞄」字「國訓」化了。何謂「國訓」化？就是針對某個漢字日本人獨自地給予意義。還有「畳」字，中文一般是在重疊，疊韻的意義上使用它。但日本人的「畳」則是在數榻榻米的枚數時使用它。這是「國訓」。再如「太」字。中國人在非常的意義上使用它。如太好了，太漂亮了等。而日本人則是在發福，肥胖的的意義上使用它，如「太い」、「太る」等。這也是「國訓」。

二〇一〇年日本內閣發表了「改定常用漢字表」，在原定的一千九百四十五漢字基礎上增加了一百九十六字，削減五字。於是，新的常用漢字規定為二千一百三十六字。日本人從戰敗不久的一九四六年開始執着於漢字的構想，已經連續六十多年了。這次的改定，增加了胃潰瘍的「瘍」字。這可能是在日本醫師會的壓力下的不得已為之。再如日本人原本有「名譽棄損」的說法，是因為沒有認定「毀」這個漢字。這次將「毀」也納入到新增漢字中。據說這是日本辯護師團體的要求。因為一個「棄」字，一個「毀」字，表現在民事法上是完全不同的含義。

女人出賣身體叫「賣春」，男人花錢嫖妓叫「買春」。「賣春」、「買春」這對詞組也是日本人發明的。

日本人愛以花來比喻最好的東西。於是他們創造出米字旁加個花字：糀（kouji），表示一種特有的日本酒。他們再創造出金字旁加一個花字：錵（nie），表示一種特製的日本刀。這些無不是一種審美情趣的流露。榊（sakaki）是一種常綠喬木，枝葉常用於獻於神前，所以就以神加木為字。日本人的神道觀，也滲透在國字中。

有些漢字，如「雫」（指水滴），「躾」（指教養），「榊」（指常綠樹），「辻」（指十字路口），「圀」（指國）等字，在今天的中國幾乎已成為廢詞，但在日本依然鮮活。對此，我們既可以探究其在中國之所以成為廢詞的歷史背景，也可以思考在日本得以繼續使用的文化背景。實際上，中國重新認識日造漢字的事例也正在增加。如在《新華字典》的日文版（宮田一郎編譯，光生館，二〇〇五年第十版）中，收錄了日本的國字「畑」，並釋意為「日本人的姓氏用字」就是一例。

(十六) 表徵日本年度世態的漢字

選用一個漢字來表現一年來的社會實像和重大事件，在源頭上説雖然不是日本的發明，但日本人的參與度，持續性和模式化則是做得最到家的。作為一種文化傳播的力度，日本人也給予了極限的張揚。

日本漢字能力檢定協會從一九九五年開始，每年在十二月十二日「漢字日」這天，舉行推舉「年度漢字」的活動。京都清水寺住持森清範會當眾揮毫，把票選出來的漢字，通過他的巨筆，在一點五米長，一點三米寬的紙面上龍飛鳳舞。代表一年特徵，事態變化的年度漢字，就會躍然紙上。再通過新聞圖片和電視畫面，把東洋思維和傳統藝術，淋漓盡致地傳遍世界。這是文化盛事。日本人把這一文化盛事稱之為「歲末的社會風物詩」。

從一九九五年到二〇一二年的十八年間，共選出了如下的十八個漢字：

震、食、倒、毒、末、金、戰、歸、虎、災、愛、命、偽、變、新、暑、絆、新。

十八個漢字一路寫來，用其象形和象意的功能，抽象地概括了日本社會十八年中所發生的重大事件和世態變化。

如二〇〇五年的「愛」字，是對在愛知縣舉行的「愛·地球」世界博覽會，乒乓球選手福原愛留學中國的再總結。

二〇〇六年選擇「命」的原因，一方面是皇室成員秋筱宮紀子王妃產下了天皇長孫悠仁，另一方面則由於學生在校受欺負後自殺以及虐待事件頻發，兩者都使人們深刻體會到只有一次的生命是多麼的沉重和寶貴。

二〇〇七年的「偽」字，集中表現了這年日本因出現食品企業用過期原料和虛假原料的問題，之後又出現了政治資金及養老金記錄不全等問題。清水寺住持森清範書寫完這個「偽」字大發感慨：「今年被選出這個字，覺得很可恥、悲憤難消。」時任日本首相的福田康夫則表示，雖然同為「人」字旁，自己更願意選擇「信守承諾」的「信」字。

二〇一一年的「絆」，在日語中表示人與人之間無法切斷的聯繫。這一年發生在東日本的三·一一大地震和大海嘯，奪去了兩萬多人的生命。

⑰ 守住日本人的心魂

美國耶魯大學教授理查德・尼斯貝德這樣說過：

> 現在世界上有超過十億人在享用古希臘的知識遺產，有超過二十億人在繼承古代中國文化傳統。

這「古代中國文化傳統」是否也包含漢字在內？我想是肯定的。

可以這樣說，漢字是東洋共同的血脈，是世界文字的心與魂。

但問題也有複雜的一面。

日本人一方面認可漢字有靈性，是遠古時代在今天的鮮活；但一方面又把自己的身份繫於中國，內心總有一種消沉與抵抗。如明治政府第一任文部大臣森有禮就曾構想用英語取代日語中的漢字。福澤諭吉在《文字之教》中主張對漢字先加以限制，然後逐步廢除。創造了哲學、理性等詞語的西周，在感情上也傾向以洋字寫國語。被捧為「小說之神」的志賀直哉則乾脆宣佈廢除日語，改用世界上最美的語言法語。戰後不久的《讀賣新聞》，乾脆發表了題為《廢除漢字》的社論。一直到今天日本的年輕人，更是想盡辦法在文體中去漢字，增加片假名加大西洋化。

但問題是，已經構築了觀念上的心與魂，其軀體又能動作些什麼？這正如著有《漢字與日本人》的高島俊男說得到位：漢字是日語中令人棘手的「重荷」。但如果摘掉這個重荷，日語就會變得幼稚，甚至會死去。如有日本人給老家用片假名發短信：「カネオクレタノム」。如夾雜漢字的話，應該是這樣：「金送れ頼む」（拜託寄點錢）。這個意思一看就明白了。但老家的父親看了全是片假名的文字，誤解為「金をくれた、飲む」（有錢寄來了，喝酒）。便回信問：「誰がくれた？あまり飲むな」（是誰給的？最好不要喝酒。）。為什麼會鬧出這個笑話？就在於片假名不能望文生義。這也表明少了漢字的插入，日本語便什麼都不是。

現在日本小學生到六年級為止，共習得漢字是一千零六個。這些都是些與生活密切相關的非常重要的漢字，所以也叫「學習漢字」。具體的話，一年級學八十個漢字，二年級學一百六十個漢字，三年級學二百個漢字，四年級學二百個漢字，五年級學一百八十五個漢字，六年級學一百八十一個漢字。

正是這種深入骨髓的東西難以輕易的甩掉，所以日本人對漢字的研究也相當着力。如近年來出版的與漢字有關的專著有：阿辻哲次的《戰後日本漢字史》（新潮社，二〇一〇年），金文京的《漢字與東亞》（岩波新書，二〇一〇年），佐佐木睦的《漢字的魔力》（講談社，二〇一二年），興膳宏的《佛教漢語五十話》（岩波新書，二〇一一年），松岡正剛的《白川靜——漢字的世界觀》（平凡社，二〇一〇年），笹原宏之的《日本的漢字》（岩波新書，二〇〇六年），高島俊男《漢字雜談》（講談社，二〇一三年），笹原宏之的《方言漢字》（角川學藝出版，二〇一三年），加納喜光的《魚偏旁漢字的話》（中央公論新社，二〇〇八年）等。

而據日本《讀賣新聞》報道，二〇一三年四月十七日，京都市教委批准了日本漢檢協會使用該市彌榮中學，建設「漢字森林」的計劃。計劃包括漢字博物館、圖書館以及讓當地居民集會的文化場所。彌榮中學位於京都市東山區，佔地面積六千三百五十平方米。

在日本，以前流行日本人論，現今流行日本漢字論。表明在全球化的今天，國家、民族等概念越來越被邊緣化和模糊化，最後剩下的身份認同顯然就是語言。這裏既有日本人急於尋根的茫然若失，更有固守心魂的慌亂匆忙。這是否就是這些學者在著作中所透出的有價值的資訊？

天地玄黃，宇宙洪荒。
漢字的這種萬古雄風，西洋文字能與抵擋？
還是九十六歲高齡的白川靜，點出了問題的所在。
於是，他成了一位大師——一位守住日本人心魂的大師。

所以，如果要問日本人為什麼要將漢字牢牢守住，原因就在於守住了漢字就守住了心魂。

第二章

日本人是如何玩轉這塊魔方的？

——問文化的紅唇黑齒

㈠ 幽玄的生命力來自何方？

食物味道好，其實是生命力的表現。放入口中的食物，感到好吃，是與生命相連的。從自然大地採摘的野菜和果物，之所以好吃，在於充滿着生命力。加工食品之所以不好吃就在於失去了生命力。

吃茶的味道，能感覺到幽玄的生命力。茶道所有的根底就在於生命的幽玄之味道。如果沒有這個根底，茶道只不過是一個空洞的形式。每天吃茶，每天與自然的生命力接觸，不能替代的喜悦也因此產生。而生命的幽玄之味道，又是如何產生的呢？也就是説如果要問幽玄的生命力來自何方？日本人會説來自於「間」。

這裏就顯現出日本人獨特的思考力。

讀日本學者劍持武彥寫的《間的日本文化》（朝文社，一九九二年），才知道「間」被描寫為一種文化，更被描寫為一種姿態，一種思維的姿態。這是新意之所在，更是我們興趣之所在。

這位學者説，中國人和日本人在自然觀上之所以有差異，主要原因與間有關。中國人將自然解釋為二元論，體現出成雙配對的思想。日本人則重視這二元之間的「間」。反映在造型藝術上，中國人喜歡左右對稱的形態。日本人則更傾向於庭園裏的飛石和枯山水，即自然山水自身形態的復寫。中國人山水畫的空白是要表現言外之意和意外之物，而日本人的空白觀則是間的內在化，是一種期待的延伸，一種對一無所有的期待的延伸。總之，萬物有靈，自然有間，是日本人感受生命的最大看點。

㈡ 間的魔方如何轉？

毫無疑問，「間」是漢字。

但這個漢字在日本語中有二個讀法。一個是「あいだ」（AIDA）。一個是「ま」（MA）。本來這個文字的上古漢音讀「kan」，吴音讀「ken」。這樣的表音和表意輸入到日本後，日本人就創意性地給它生出了兩個讀音，一方面表明了對「間」字的共有，一方面又生出帶有區別性的日本式的意味。

在日本的日常生活中到處可見由「間」字組成的文字。如：

合間、板間、京間、茶の間、小間物、絶え間、隙間、束の間、人間、仲間、狹間、波間、昼間、間々、一間、間取り、間借り、間引く。

手間取る、間がない、間が合う、間が悪い、間が抜ける、間を置く、間違い、間延びした、間もなく、する間もなく、あっという間に、いつの間に。等等。

有單詞，有複合語。內容從表現空間到表現時間，複雜多歧，潛伏在日本人生活的深層。

能在日常語言中出現這麼多的「間」，也表明問題的不一般，一定是有深入到骨髓裏的東西才能借助語言這個魔方來表現。

中國語在表示「中間」，「之間」的「間」的用語的時候，英語在表示「between」，「distance」之間的「間」的用語的時候，表明的是在二個以上存在物之間的兩端，有着較為清晰的區別。但同樣是「間」，日語所用的「あいだ」和「ま」，給人的印象是存在物的兩端是不明確的、含糊的。不知道從哪裏開始到哪裏結束。這種日本式的曖昧全都內包在了日語的「間」裏。

一般而言，間的「あいだ」更注重人際關係，間的「ま」更注重物的秩序形態。前者是磁力，後者是磁場。

過去日本鄉村的風景之一是水車。所謂水車就是用水管引水。在「庫騰」、「庫騰」的慢悠悠的聲響中回轉的是人與自然的媒介者。動與靜，遠與近，有如人的呼吸之妙。儘管相對今天來說，水車是個很遙遠的事物了。但人與自然的融合，水車的回轉所表現出的非連續性的連續性，這個「間」的過程，給人印象深刻。

物理的連續性的理，滲入了「間」這個非連續性的理。空間應該是連續性的。但在這裏設定了一個間，不是強行的而是隨意地中斷這個連續性，使其非連續性。這就硬生生的騰出了一塊空間，一塊連續性與非連續性的空間。空間雖然滲入了非連續性的要素，但從全體來看還是連續性的。也就是非連續性的連續。

時間也是這樣。照理說時間是不以人的意志為轉移的，你感覺到也好，感覺不到也好，它還是分分秒秒勻速地消失。但在這裏介入了人為的間，導致了連續的非連續性時間的發生。這就是時間上的間。

這就像松尾芭蕉有一首《草庵》的詩云：

花雲縹緲，
是來自上野還是淺草？

對生活在江戶時代的日本人來說，每天意識到的不僅僅是分分秒秒時間的流失，還有梵鐘那一打一敲之間的「間」這個不可思議的感覺跟隨着。於是芭蕉把這種感覺寫在了紙上。隅田川兩岸美麗的櫻花籠罩在薄雲當中，又聽到從遠處傳來的沉沉鐘聲，是來自上野（寬永寺）還是淺草（淺草寺）？無從把握。

㈢ 間是思維意識的一詠三歎

先來看明治時代著名詩人石川啄木的短歌：

東海の小島の磯の白砂に
われ泣きぬれて
蟹とたはむる

這是日本人非常喜歡的一首短歌。二十四個文字，三十一個音節，簡潔，清爽，但給人一種連動起伏的節奏感。

這首短歌周作人有翻譯。試看：

在東海的小島之濱
我淚流滿面
在白砂灘上與螃蟹玩耍着

也保持了簡潔、清爽的詩風。但有節奏感嗎？沒有了。怎麼讀也讀不出原詩的那種很輕巧的節奏感。為什麼沒有了呢？就是因為沒有把「間」的氣韻給翻出來。

這「間」的氣韻體現在原詩的哪裏呢？就體現在一個「の」字上。一個「の」就是一個停頓，就是一個呼吸，就是一個伸懶腰。或者，就是一個哈氣。連續三個的「の」，可見其起伏性有多大。

「の」的漢譯一般為「的」。如果置換成：

東海的小島的磯的白砂

韻味如何？全然沒有「の」字來的鮮活。可見，「的」字有時並不能替代「の」字。

如果去掉「の」又如何？就成了

東海　小島　磯　白砂

有「間」的味道了。但還是沒有「の」字來得潤滑，來得燦爛，來得深刻。

日語妙就妙在這裏。英語裏與「の」相應的是「of」。但是能看到連續使用「of」的句子嗎？

在「の」裏展現的是所有被縮小的思維和形象。複雜成為簡單，大變成小。

無限大的東海，上面有個小島。小島上有海濱。海濱上有白砂。白砂裏發現了蟹。再然後化作感動的淚水一滴。這裏我們看到的是通過「の」傳達的思維：

東海—小島—海濱—白砂—螃蟹—淚水

最後，邏輯的抽象就是從東海到一滴淚。

看似不可思議，看似很輕鬆的從巨大到極小的跳躍。這裏面起關鍵作用的就是日本人特有的「間」的意識作用。沒有這個「間」作為媒介，絕對無法理解。

可能在周作人的時代，作為美意識的間，作為動與靜的間，作為時間與空間的間，還沒被視為問題。所以他翻譯出了沒有「間」感的句子。在寫實上是成功的，但在傳神上是失敗的。

連續的「の」，一詠三歎。令人遐想無邊。

再舉一例。

有前衛詩人之稱的北園克衛（一九〇二至一九七八年）的《單調的空間》：

白い四角
のなか
の白い四角
のなか
の白い四角
のなか
の白い四角
のなか
の白い四角

這裏，引人注目的是連續用了八個「の」和五個「四角」。

中文的大意：

白色的四角中的白色的四角中的白色的四角中的白色的四角中的白色的四角。

看上去是文字遊戲。但是連續的「の」的運用，達到了無限收縮與有限停頓的視角（四角）的連續運動。這裏起作用的還是「間」的韻律。翻成中文當然是無味和無意，但是日語通過對「の」的傾心與强化，起到了料想不到的視覺效果和對連續性思維的訓練。

㈣ 間是觀念上的不戰而勝

以日本俳句為例，芭蕉有名句：

古池や蛙とびこむ水の音。

這是日本現有的俳句中寫得最絕的一句。懂點日語，研究點日本文化的人，都想折騰着翻譯這句經典，因此譯文至少有數十種之多。

試看周作人的譯文：

古池呀——青蛙跳入水裏的聲音。

再看鄭振鐸的翻譯：

青蛙 躍進古池 水的音。

兩人都屬於中國一流的文學大師了。但譯文還是有人不滿意。而這位不滿意者恰恰是日本的中國漢字研究大師白川靜。這位非常有名的教授在《漢字百話》書中說，用「躍進」、「跳入」的詞語，其俳句的風姿難以傳神。言下之意是說這種感覺是不能翻譯的。

為什麼這樣說呢？原來這裏暗藏了日本「間」文化的密碼。

這首俳句從字面看是寫「蛙躍古池」這一現象。但這僅僅是假象。問題點在於「水音」這一非物理感覺。以日本文化對空間的理解，這裏的「水音」應解讀為「餘韻」。「餘韻」則具有傳播聲音幅度的意義，並非單純的「水音」本身，而在於聲音傳播的距離，

「水音」也因此具有了空間的概念。此外，「古池」又有着時間的積澱，顯示自然與時間相接，時間的概念也就自然而出。這裏，完成了一個「古池」（時間）—「水音」（空間）的圖式。

此外，俳句無論是對古池的描白，還是對青蛙入水的描白，都是屬於視覺的範圍。然後進入到青蛙入水發出聲響的描白，這就屬於聽覺的世界了。這裏，又完成了一個「古池」（視覺）—「水音」（聽覺）的圖式。而這個圖式的完成，標志着人的感覺從外指向了內。而一旦指向了內，這首俳句的韻味就無窮了。

你可以幻象青蛙入水泛起的漣漪。你可以幻想這漣漪所形成的水圈是多麼有趣味。你可以幻想這漣漪的水圈是如何慢慢地消失。你可以幻想這個消失所復歸的靜謐和靜寂。但這個消失又不是徹底的「無」，而是生出無數個看不見的漣漪，組合成水池的靜態。而這個靜態剛剛形成，又一個頑皮的青蛙跌進了水池，又重新周而復始。但絕不是上一次的重演。因為漣漪的物理性是不可復現的，如此等等。

總之你可以一直幻想下去，直到你再讀「古池や蛙とびこむ水の音」醒過來為止。才感覺到這是一場遊戲，一場日本人設計的「間」的遊戲。只不過芭蕉的俳句成了軟件而已。就像任天堂又推出新的遊戲軟件一樣，都是疲勞你的感覺，僵滯你的感覺。最後達到在觀念上的不戰而勝。

一個永恆不變的象徵——古池。

一個瞬間跳動的生命——青蛙。

組合成永恆與瞬間的想像空間，創造出一個動與靜的宇宙。

從「瞬間跳動」到「瞬間一擊」再到「瞬間美」，實在是日本人精神心向的再出發。

⑤

間是一種霧霧靄靄的心象

問題的戲劇性在於，日本人不喜歡法律和討厭打官司，也與「間」有關。

因為討厭打官司，所以日本的律師隊伍在發達國家中是最不發達的。在日本律師賺不了大錢，甚至還不如滿街掛牌的行政書士（沒有律師資格但也幫人解決法律糾紛的人）賺得多。這是為什麼？就是因為日本人討厭裁判，不習慣聘請律師。

一個奇怪的現象是，法律不是日本人生活行動的律，常識才是日本人必須注重的律。常識大於並高於法律。如果常識與法律有抵觸，那就取常識的一面。日本人堅信，這絕對錯不了。這樣的人才具有美意識。所以日本人又是用美意識來處理日常的事務。

日本是同一地緣和血緣組合而成的。毫無疑問其古代屬於農耕社會。而在本質上屬於農耕社會的日本人，他們的一個基本思路是：在發生爭執的時候如果訴諸裁判，其結果必然是一方勝訴一方敗訴。從表面看是用法律解決了問題，贏得了勝利，但日後必定會留下隔閡，產生不快甚至仇恨。而這正是日本人最不願意看到的。日本人最怕的就是有人在心裏憎恨他，最怕的是這個人會有朝一日在毫無預警之下突發地襲擊他。所以盡可能避開裁判是日本人的共同想法。歷史小說家海音寺潮五郎這樣說過：過去以來我就對法理論抱有不信的態度。日本的法律講的是歪理。一審判無罪，二審會有想像不到的重刑，三審還是無罪。怎麼會這樣？沒有人知道。

這就和複雜的多民族國家的歐洲和美國不同。以法律為基盤的契約思想，是他們的社會得以成立的前提。《聖經》裏雨後彩虹的故事就是神與人簽訂的契約。這是以色列人的信仰。而恰恰就是以這個信仰糾集起了《舊約》。而恰恰就是這個《舊約》的思想，成了基督教的起源。

裁判的判決依據裁判官的合議。合議的結果依據多數的決定。但是日本人就是對這個「多數決定」的原理不喜歡，甚至討厭。為什麼？因為在以往的村鄉集會上，即便是只有一個反對者也要盡可能避免的日本人，耐心說服成了他們的天然習慣。對村落共同體來說，即便只有一個異己分子的存在也是困擾的。過於強調自己主張的人越多，村落共同體的維護就越有難度。所以必須滿場一致，全會一致來決定什麼。暗默，在這裏起到了決定性的作用。而所謂的暗默，其實也就是間的另一種表象形式。鮮明的黑白二論，顯然的勝負二論，在暗默這個「間」的面前，變得模模糊糊，霧霧靄靄。而日本人就是喜歡這個模模糊糊，霧霧靄靄。就像日本習慣了透着障子（日本人家中糊紙的拉門）窺視外面的亮光世界一樣，總是朦朦朧朧朧，非晴非陰。

在歐美國家，最規範的語言文本是什麼？是法律文書。但在日本法律文書則被視為惡文。這是為什麼？也是「間」的問題。因為法律文書的句子一般都很長，如果「間」設定太多的話，論理的整合就會出現空白，意思的連貫就會出現問題。所以日本人在制定法律條文的時候，是要儘量避開「間」的節韻的。而一旦避開了「間」，日語獨有的「間」的感覺就喪失了。

如被日本人視為可以向世界炫耀的「和平」憲法第九條的原文是：

日本國民は、正義と秩序を基調とする國際平和を誠実に希求し、國權の発動たる戦争と武力による威嚇又は武力の行使は、國際紛争を解決する手段としては永久にこれを放棄する。前項の目的を達するため、陸海空軍その他の戦力は、これを保持しない。國の交戦権は、これを認めない。

翻譯成中文為：

日本國民衷心謀求基於正義與秩序的國際和平，永遠放棄以國權發動的戰爭、武力威脅或武力行使作為解決國際爭端的手段。為達到前項目的，不保持陸海空軍及其他戰爭力量，不承認國家的交戰權。

條文前半至少可以分成三個句子現在則成了一句話，節奏感的丟失是肯定的。後半為了明确規定，用了「これ」這個指示語，「間」的感覺頓然喪失殆盡。所以這段文字就被日本人視為法律條文中惡文的典型。而如果是英語的場合，在前文與後文，主文與從屬文之間使用了有明確的且規定的接續詞和前置詞，反倒發揮了文體的美意識。所以西歐語在本質上就是創意法律條文的語言。

為了維護人的權益制定了法律。法律保證了自己的權益不受任何的侵犯。這個感覺是有了，從中所受恩惠也多多。但就是不喜歡法律，甚至討厭法律。這就是日本人的心象。一個很奇妙的心象。

㈥ 間是一種柔軟的受容性

日本舞台劇《月形半平太》中有一段對話。一位迎送的女人對月形半平太說：

月さま傘を。

月形半平太回答說：

春雨じゃ濡れていこう。

翻譯成中文為：

月大人，傘——

呀，是春雨，讓它淋吧。

這句已經有半個世紀歲月的經典對話，現在仍然有很強的生命力。

這裏，月形半平太的台詞如果以西方人的感覺來看又會如何？

「呀，是春雨，讓它淋吧」這句話，恐怕可以轉換成這樣的直白：

我喜歡被春雨淋濕，所以沒有必要帶傘。

但這絕不是日本人的感覺，也不是日本語的表現。這裏，詠歎「春雨じゃ」和「濡れていこう」作為表現自己主體意向的語言之間，存在着無法用語言表現的情緒空間，即「間」。日本語本質上就是避開明說的語言，是構造感覺空間和情緒空間的語言。這個要因的形成表面看必須在日本語自身的構造中尋找，但實際上還是來自於日本人獨特的心緒。無法用語言表現的空白部分就是間的構造。用間來排列形象，打造「腹藝」的空間，這就很好的表現了日本文化柔軟的受容性的一面。而這恰恰是日本文化骨子裏的東西。著名導演小津安二郎在處理對白的時候，人物幾乎不面對面說話，而是常常背面而席，漫不經心地看着天地而聊，看似寄心悠遠，但其實是一種日本人都明白的「腹藝」的間。淡淡地看着雲彩，或鏡頭靜靜地定格在晾滿衣服的衣架上。這是小津的經典畫面，這使得他的藝術內涵更具日本化——柔軟的受容性。

日本人有一個特點。就是很敏感有人碰撞他。無論是在擁擠的電車裏還是在人群熙攘的商店街，只要稍微碰撞上日本人，他們都會回頭張望，一幅警惕狀。他們不習慣陌生人直接的碰撞。反映在禮節上，西方人是握手、擁抱、接吻。日本人怎麼也不習慣。再怎麼地脱亞入歐，這一點上他們絲毫沒有進步。他們的禮儀是保持距離的彎腰。彎腰的程度則取決於對方的重要程度。然後是交換名片。日本人一旦交換上了名片，他們才有安心感。為什麼？似乎在心理上找到了與陌生人之間的那個間。名片成了間的媒介，更成了一種柔軟的受容性的媒介。所以日本是有名的名片消費大國，一天消費的名片數量據説是五百萬張。

㈦ 間是生死的圓形構造

初始發生於自然。

問題是從自然發生的初始，又如何結束？

在自然中沒有結束是日本人的自然觀。日本人再把這種自然觀套用在生死觀上。

死就是結束。這是西方人的思維。

中國人也説人死如燈滅。

死並不是結束，而是向自然的回歸。這是日本人的心緒。

日本人都有個基本的想法：死後期望埋葬在家鄉的土地上。

到日本各地旅遊，看到山村的墓地就在村裏的小土丘上，漁村的墓地就在漁港的高台上，市區的墓地就在居民區的周圍。

生者的生，必須由死者在更高的地方來守望。這是日本墓地的哲學風景。

祖先的靈有子孫守護，子孫不忘對祖先的祭祀。這裏洋溢着死者與生者並沒有斷絕的意識。日本人根子裏有很強的家靈信仰，即便是現在的核家族時代，這樣的信仰也照樣鮮活。日本人一般拒絕在死去的土地上埋葬，期望家人能把遺骨帶到誕生的土地上埋葬。如在海外發生空難，基督教、伊斯蘭教和日本人的遺族，對遺體的對應和處理是截然不同的。

初始和結束，體現的是生命的圓形構造，而不是生硬的直線。這是典型的農耕民族性格所使然的意識。也就是說，結束是向初始還原，死是向生還原。從故鄉的土地出生到向故鄉的土地死去，體現的是還原的連續性的間。故鄉的風聲、松濤聲、流水聲，這些自然的聲響與人間語言相連，從而生出對故鄉土地的一種難以忘懷感。日本人心中的最高最大就是故鄉。多少年前，在NHK紅白歌演唱會上，歌手森進一用那發自內心的聲音拚命喊着「媽媽喲媽媽……」的時候，唱得多少人老淚縱橫。

為什麼要老淚縱橫呢？

也可以說日本人是在將自己的身影與森進一那西裝革履的身影重疊到一起，為其送去狂熱的掌聲，因此也在幻想着有朝一日衣錦還鄉的吧。這裏的「有朝一日」就是生死圓形構造的那個瞬間的「間」。

㈧ 間是玄關的自在與圓融

內與外，中心與邊緣，物質與非物質，用什麼來遮斷？砌道牆，放排屏風，或者拉起一塊布料，這些都是不錯的想法。但是日本人想到了玄關。

什麼叫玄關？就是有人要從外面的世界進入到裏面的世界。在進去之前，先靜氣修身，調節心情。這塊小小的空間就叫玄關。從這一意義上說，玄關又是區隔內部與外部的空間。

雖然玄關狹小，一下就可走到盡頭，可人們的心中卻期冀並幻想着那不是盡頭，而是一片昏暗朦朧的空間。於是在心理上無形之間造就了一小片空間，不經意的駐足緣於意識到了那兒有個玄關。有了這種意識，才會有玄關這個「玄妙」空間的存在。

玄關原是佛教用語，指的是禪宗寺廟的入口處。但是，據說這一詞又有嚴格的禪道入門的含義，修行的僧侶們非常注重玄關，將其視為修道的第一步。到了十七世紀左右，日本的武士們開始在宅邸的進門處建造一個帶有式台的空間，並將其稱為玄關。後來，一些富商的住宅中也開始建造玄關，漸漸地玄關便普及到了一般民居。

因為是從家外到家內的唯一通道，因為是洗滌塵世的唯一空間。所以，在日本人眼裏玄關是家居中格調最高的「聖域」。人們多用鮮花或其他的裝飾物來裝點玄關。因為是「聖域」，所以規矩也較多。例如，在訪問他人家庭的時候，須在住宅外面脱去大衣和帽子，整衣後再進入玄關；參加葬禮回來，要在身上撒些用以潔身的鹽，拂去污穢後再進入玄關；脱下的鞋要鞋尖對齊並朝向門口。同時，鞋子須擺放在稍微靠邊的一面，不能放於中央。還有，對有些客人只會站在玄關聊上幾句，有些客人則會邀請登堂入室，這全在於主人當時對外與內的感覺的把握。

從外（世間）到內（家），必須通過這個玄關。從內（家）到外（世間），也必須通過這個玄關。玄關就成了調節人的精神心象的一個出入口——「間」。在玄關之所以必須脱鞋，就是因為要進入到一個與俗世界完全不同的另一個世界。脱鞋的行為，不僅僅是準備進入的意思，還有打算脱離剛才的俗世界的意思。這就像到寺廟朝拜，進入之前也必通過玄關。表徵從世俗的世界進入到宗教世界。所以，在玄關脱鞋具有重要的象徵意義。這就很像潛水艇和宇宙飛船的減壓艙。減壓艙也是連接外部和內部的必不可少的空間。玄關，這裏的間文化即是區隔的又是連帶的。以區隔表示連帶，又以連帶體現區隔。它表徵了一種自在與圓融。更是表徵了日本人最為獨特的精神底色。

日本文化學者田道太郎在談及日本人生活中的美學時，就舉玄關説文化。如在叩門時，日本人都會問：「どれ（誰呀）」，便從房屋深處走來。為何這時要用「どれ」呢，因為「ど」字能表現出一種由遠及近的感覺。過去日本人的房子寬敞，庭院幽深，因此客人叩門時，他和主人家的成員之間有一定距離，應門者須緩緩地縮短這種空間的距離，這就是「交往」時的一種節拍、步調，在玄關迎接客人就能體現這種步調。人與人之間如果一開始就近距離交流的話，很容易導致不愉快發生。所以即便主人當時就在玄關附近，也會嘴裏説着「どれ（誰呀）」出來迎接。這種由遠及近的心理感受，就是日語「玄」字所蘊含的深刻含義。

㊈ 間是藝術的無言和餘白

無文字，無語言。在禪宗裏表現為「不立文字」。

有時候，無文字，無語言倒反比有文字，有語言來得深刻和直觀。

中國的人生哲學書《菜根譚》，有一段這樣說：

> 人解讀有字書，不解讀無字書。知彈有弦琴，不知彈無弦琴。以跡用，不以神用，何以得琴書之趣。

這是說世間之人只知道讀有文字的書，不知道讀無文字的書。只知道彈有弦的琴，不知道彈無弦的琴。只知道形，而不知道精神之用，這怎能會得到琴書之趣呢？

《菜根譚》這部明代作品日本人很感興趣，早在一八二二年就翻印刊本了。之後各種版本不下數十種。日本人為什麼感興趣呢？合他們的心象是個視點。如上段話語中的「無字」、「無弦」的中間，實際上就內在了日本人「間」的意識。僅僅關注於固態的現象界，對鮮活來說是應該警戒的。此外，日本人還喜歡《菜根譚》裏這句話：

> 文章做到極處，無有他奇，只是恰好。
> 人品做到極處，無有他異，只是本然。

怎樣才能做到「恰好」？怎樣才能處置「本然」？日本人在這方面是得心應手的。因為他們有「間」的思維定勢。實際上，這裏的「間」強調的就是無言之美，餘白之美。

再從音樂來看，如果說西洋音樂是「音」的藝術的話，那麼日本的邦樂則是「間」的藝術。他們在音樂世界裏注重的是音與音之間的「間」。也就是所謂「間拍子」的藝術。當然，音樂的緊張感來自於音與音之間的空白或休止，這對緊張感的製作有推波助瀾的效果。這不僅僅是邦樂所獨有的現象，西洋音樂對此也有上乘的表現。但不僅僅停留在空白和休止上，更為動態的演奏，也就是邦樂所特有的「設置間」、「延長間」等的作法，使得音樂的表現力更為豐富和內在了。

所以我們在欣賞日本音樂的時候，總有一種流暢性不夠的感覺，現在看來這恰恰是間的藝術體現。這正如井尻益郎在《間的表現構造》（至文堂，一九七九年）中所說：在聽到一個音的時候實際上這個音表現為不能聽到的效果——這才是自己的心中的音。所謂聽，才在這個意義上成立。這兩者間的微妙的調合，從根本的意義上說就是展現了音的「間」。這樣來說的話，西洋音樂中使用的節拍器好像也有測量間的功能，但是日本音樂是絕不能用測量來取得獨特的「間」的效果的。

再看繪畫。西洋的繪畫喜歡用滿視野的全彩色圖法。存留空白不是他們的思維本質。而日本畫講究留有餘白，講究調合。日本的餘白是真正的餘白，什麼也不畫。但這裏的餘白，這裏的什麼也不畫，決不是無意義的。而是間的內在化。這方面的作品有雪舟的《潑墨山水圖》，長谷川等伯的《松林圖屏風》，尾形光琳的《紅白梅圖屏風》，圓山應舉的《雪松圖》，橫山大觀的《初夏竹林》，酒井抱一的《夏秋草圖屏風》等。這些作品在這方面都有很好的表現，真可謂空靈寂靜，悠遠淡然。

㈩ 間是武道的極意

在武道中，日本有「劍聖」之稱的宮本武藏，他在《五輪書》中講兵法的節拍：

> 兵法的節拍有多種，有大有小，有和諧有不和諧，有慢有快。將節拍應用於兵法，就是在掌握敵人的節拍時，用敵人意想不到的招數，打亂敵人的節拍，同時用自己的節拍進攻。悲劇的發生有時正是因為某種固有的節拍發生了紊亂所致。

這裏，比較難懂的一個概念是「節拍」。武藏強調說：做任何事情都有節拍。無形抽象的事情也是有節拍的。像武士這個職位，在服侍主公時，有晉陞的節拍，有貶職的節拍。節拍是指固定的規律和節奏嗎？還是指某些徵兆？英文的翻譯說是「timing」，或許仍有時機的意思。其實《五輪書》的精華全在最後的「空之卷」中。武藏在全書的序言中就說：「當你明白了一個道理，但卻不再被這個道理所束縛的時候，那就是空。」從這個角度來說，空，應該是一個將某種原則和道理完全內化的過程。

這裏，打亂對方的節拍，是為了確立自己的節拍——間。這個間就是節拍與節拍之間的「間」。在勝負的世界裏，這是決定勝負的至寶。這個極意日本一直流傳至今，滲透到現在的各項體育競技中。

實際上在日本人看來，物與物之間的「間」，動作與動作之間的「間」，與其說是空白的話，倒不如是兩邊有東西將兩者連串起來，這更接近於間的解釋。這也是西田幾多郎所説的「非連續的連續的時間」的深意。這也是武藏所言的「真正的道，就是直道而行，就是永遠保持一顆率真的心。這樣的心就可以掃除無數的陰影，幫助你看清天地間的萬物——這就是空的境界。」

⑪間是歌舞伎與能樂魂靈

歌舞伎是日本古典戲劇的一種。它的特點是角色在台上只管表演和道白，歌唱和劇情解釋則由別人擔任。女角由男演員扮演。

歌舞伎中的黑衣和跟班。前者是指穿着黑衣，負責照料前台的人。後者是指跟在演員後面負責脱換衣服、遞送小道具的輔助之人。

舞台本身自始至終作為一個獨立的完整世界而存在。但是在這個世界上突然大搖大擺地出現一個毫無相干的人物，儘管他身着黑衣不引人注目，但也實在亮眼。當演員表演完一節舞蹈動作後，轉向後台或者取換手中的道具，或者套上一件衣服，或者擦拭汗水。黑衣和跟班開始上場，活躍於舞台。由於黑衣和跟班的出現，使得舞台的幻想世界遭到破壞，觀眾從原本的夢幻境界立即被拉回到了現實世界。但就是看上去的這個「破壞」，實際上就是起到了一個「操縱者」的角色，為下一節下一曲的演出，做好了準備。觀眾也從昏暗的影影綽綽的黑衣活動之中，得到了一個心理上的「間」。黑衣在木偶劇中就是偶人的操縱者。木偶劇中非有他存在不可。而歌舞伎的發展源於木偶戲，從這點來看，黑衣和跟班是從木偶操縱者演變過來的可能性很大。

再來看看能樂（日本古典舞台藝術，題材多取自歷史典籍）的表演。在能樂的舞台上，表演者在舞台走上一圈就表示更換了場所。在鼓的敲打和笛的演奏上，講究「一打一音」後的停頓，直到餘韻結束為止。也就是説能樂重視餘韻的效果。這裏不單純是音樂本身的構造表現問題，更是有意識地利用這個「一打一音」的停頓來表現主題。從表面看這「一打一音」切斷了連續性，而且光靠這「一打一音」也成不了音樂。但它表現出了十分充足的「間」，連接了人們的思緒。鼓音在消失的一瞬間有一種緊張感。而恰恰是這種緊張感，超越了常識，潛伏了無限的可能性。

㈩㈡ 間是一個異質的世界

繞了一個圈子，回到問題的原點：究竟什麼叫間？或，間為何物？

原來所謂間就是柱與柱之間的距離。留下空白即為間。

或者，你也可以把它理解為日本的建築用語。

《宇津保物語》是日本十世紀後半平安時代的作品。書中記載一個「間」的地方，立上四根柱子。也就是説柱與柱之間的長度用「間」來表示。

而用「間」表示居住面積大小的則初見於室町時代的《家屋雜考》。裏面記載一坪（相當於三個平方）的地方用「間」來表示。

如果説平安時代用「間」來表示長度的話，那麼到室町時代「間」則成了表示面積大小的用語。日本的居住從「柱的時代」走向了「間面的時代」。

在柱與柱之間究竟要間隔多少？要保留多少的長度？沒有現成的文本可遵循。如果太寬泛則不安定；如果太狹窄則煩心。決定柱與柱之間方位的人，要有一種絕妙的距離感為依據的美學訴求。在「間」這個絕妙的距離感覺上，與此同義的恐怕是須臾，或者是剎那等表徵時間非常短促的詞語。而像西洋樂譜那樣鎖定嚴密的記號化是不可能生出這種感覺的。

所以，從這個意義上説，不是什麼人都能對「間」產生感覺的。只有對微妙的曖昧的空間感和特殊的時間感有感覺的人，才能體會。所以從無意識中割裂出完整的數值，絕對是天才之人。釀成品，而且是無音的餘韻是「間」的絕對條件。單純的熟練和技巧構不成「間」。也就是說「間」排除熟練和技巧等非無意識的東西。

所以日本學者明石散人說，在日本的境地上，最上等的文化就是間。這個語言的真意或許比幽玄，比侘，比寂更為深刻。在他看來，以前日本學界有說法認為間就是日本音樂和舞蹈等所期待的節奏，以及所需要的休拍和句與句之間的間隙。也就是說強調間的全體的節奏感。或者說，間就是為了延續舞台的餘韻，在台詞與台詞之間放置的無言的時間。這只能說是個誤解。在明石散人的眼裏，間是另外的世界。間是異質的世界。（參見《日本史千里眼》，講談社，二○一二年）

⑬間的感覺難翻譯

川端康成的名著《雪國》的開首句，日本人都會吟誦：

國境の長いトンネルを抜けると雪國であった。

翻譯成中文是：

穿過縣界長長的隧道，便是雪國。

從中文看，是相當貧瘠的一句話。既沒有餘白，也沒有餘情，更沒有餘韻。但是日本人為什麼喜歡呢？

原來日本語和中國語的感受性是完全不一樣的。令日本人狂喜的這句開首語，就在於它既一氣呵成，但又有停頓和休止的意味。這裏的秘密就在於一個「と」字。這個「と」字把日本人的閱讀語序和思路相當自然地遮斷了。而在遮斷的同時，在思路上又有內在的接續。從穿過至到達，在這裏起作用的還是「間」的意識。而翻譯成中文之所以平淡，就在於感覺中的「間」和由此帶來的美意識是難以再現的。

再來看看日語中的擬音語和寫聲語。

日本人對擬音和寫聲非常纖細非常敏感。他們這方面的聽覺器官也非常發達。這是列島風土賜予日本人的一個至寶。

種種感覺的表現語言，只有在日語中才是如此的豐富。如表現疼痛的就有：

「どきんどきん」，「ちくちく」，「ぴりぴり」，「ずきずき」等。

連續跳着疼，針扎似的疼，火辣辣的疼，一跳一跳的疼。

此外，日語中的視覺寫聲有：

「ぴかぴか」，「きらきら」，「ぎざぎざ」，「ぎとぎと」，「ぴくぴく」等。

觸覺寫聲語有：

「ざらざら」，「すべすべ」，「ぬめぬめ」等。

聽覺寫聲語有：

「ことこと」，「ぽとぽと」，「ごろごろ」，「しとしと」，「ぱたぱた」，「どんどん」，「ざ-ざ-」等。

都是雙重的反復，反復的雙重。把自然的天聲巧妙地組合成一組難以訴説的人語。而接續這天聲人語的橋樑就是「間」。日本人之所以喜歡這樣的表現，這固然與日語的平假名發音記號有關，但更重要的是日本人是個喜歡二拍子的民族。如日本人敲門就是「嗵嗵」二下。二下過後稍有停頓，再二下。而西方人是「嗵嗵嗵」敲三下。日本人在朗讀俳句與和歌的時候，也是用二拍子。在讀人名的時候也是二拍子。電視節目裏搞笑的語言節目大都也是二拍子。

二拍子涵蓋了視覺、聽覺和觸覺。日本人活用二拍子找到了他們自己的節奏與感覺。二拍子是最能表現非連續性的連續性的一種形式。

小林一茶有一句著名的俳句：

夜の霜しんしん耳は蟬の声

可譯為：

夜霜重重，耳邊吱吱有蟬叫

外面是銀霜冷夜，耳邊還有夏天的蟬鳴聲。內與外。邊緣與中心。空間與時間。

冬天明明蟬不叫，但好像就聽到蟬聲。這裏「しんしん」所表現的季節的「間」，使得一茶的耳朵也有了接續季節的可能。日本學者立川昭二在《病與人間的文化史》（文藝春秋社，一九九六年）中説，一茶的這首俳句用「間」連接了想像中的空間和時間。

但問題在於這種寫聲語如果濫用的話，日本人認

為又不夠有品位。如在喜歡的女孩面前說，你的肌膚「すべすべした」或「みずみずしい」的話，就不够文雅。而應該說成你的肌膚象「天使のような」（天使一樣），品位就不一般了。

⑭紅唇黑齒的能樂面具

間是看不見的日本。

間是原本的那個日本的再發現。

間是日本流。

間是日本藝術的秘傳。

世阿彌說，秘是花，花是間，間是命。

這裏的「命」指向什麼？指向藝術，是藝術之命。

日本的傳統藝能，都是間的藝能。

能樂是典型。舞蹈，狂言，歌舞伎。從雅樂到常磐津，從民謠到小唄。勝負都取決於間。

但是現在的相撲比賽規定了「限制時間已滿」。也就是說，龍虎鬥之前的讀呼吸、尋時機被強制性地納入到有限的時間內了。而 NHK 又在規定的時間內轉播，觀眾被鎖定了。那個無限流動的東西漸行漸遠了。對此，日本人驚呼相撲的「間」已經喪失。相撲的精髓已死。

九世團十郎說，「間」分為能教授的「間」和不能教授的「間」。能教授的間寫為「間」。不能教授的間寫為「魔」。

也就是說，間的極致是魔。

江戶文化的研究大家西山松之助說：日本藝術最高度的習得點就是各個不同的「藝之間」或「間之藝」，也就是世阿彌說的「隙」。

隙，間，型，幾乎同義。

唐木順三，這位教養派知識分子，驚呼日本「型的喪失」。

而在唐木順三之前的思想先驅者三木清也發問：何謂傳統？他說就是型。

西山松之助，林屋辰三郎，加藤周一，安田武，源了園，還有戶阪康二，池田彌三郎，武智鐵二，觀世壽夫，這些日本文化人都在竭盡全力復甦已死的「間」，已死的「型」。安田武在《型的文化再興》（筑摩書房，一九七四年）中說：「現代日本文化是型的喪失。為了型的再興，我願賭上人生。」

什麼叫型呢？西山松之助說：就是切斷各種間。就像音樂是切斷時間，插花是切斷空間，點茶中切斷的是時間和空間那個流動的軌跡。各種切斷和切斷各種，然後沉澱下來的就是型。

這就像能的面具。這個用柏木製作的宮廷仕女面具，是十五世紀以來日本人的表情。紅唇黑齒，額臥雙眉，眉眼之間，楚河漢界。「我孤獨寂寞，似一葦飄零，曾與溪水相約，誓隨之而去。」只有曲終人散，而沒有落幕，那便是型，便是間。

㊉㊄

那個分離神界與冥界的間

影片《海峽》中有這樣一組鏡頭。男主角（高倉健飾演）與被他救了命的女人之間，有一個時間好像凝固了似的默默無言的時刻：

男人成功了，花了二十幾年的時間，終於修成了海峽隧道，要走了，來辭行。

女人，無望地等待了二十幾年的女人，為他盡心盡意地侍候的女人，這時，得到的僅僅是幾個無言的動作：

女人敬男人一杯酒。男人把杯子遞給女人，斟酒，女人飲。

再換過來。女人斟酒，男人飲。

完。

男人殉他的事業，女人殉她的愛情。整個過程，只有一個字最為妥帖：

間。

廣島的日本人是世界上第一顆原子彈的犧牲者。活着的廣島人對美國人的憤怒是無法排遣的。但是在原爆地建立的紀念碑文上，寫有這樣的兩行字：

請安息吧。
不再重犯錯誤。

叫誰安息呢？不清楚。叫誰不要再犯錯誤呢？不確定。

其實，這二個句子裏的間，就有日本人的心情。

沒有主語的日語構造，就是間文化的最大庇護者。

莊子說過：飛鳥之景，未嘗動也。

飛鳥落地，鳥的影子是一幅靜止不動的畫像。這是一道思考時間本質的思維遊戲。時間是什麼？在莊子那裏是無數被凍結的瞬間的集合體。古希臘的哲學家芝諾（公元前四九〇至前四二〇年）也在那裏說時間。提出「飛矢不動」的詭辯。

他宣稱：飛着的箭在任何一個瞬間總是佔據與自身相等的處所，所以是靜止不動的。

二千多年過後，日本有個叫芝不器男（一九〇三至一九三〇年）的人，哼出了這樣的俳句：

寒鴉飛落，
自己的身影上。

一隻烏鴉在荒涼蕭瑟的寒冬飛落，正好站在自己的身影上。

從「鳥影不動」到「飛矢不動」再到「寒鴉落影」，構思相形。只是「鳥影不動」的命題關注的是飛鳥影子的動靜。「飛矢不動」的命題強調的是飛矢本身的動靜。而「寒鴉落影」則在意的是寒鴉——飛落——身影這時空運動中的連續性的非連續性。而寒鴉為什麼能站立在自己的身影上？原來日本人在感覺上覺得飛的瞬間（時間）和落的瞬間（空間）之間，有無數瞬間的停頓。這個可視的停頓就是「間」。所以，對日本人來說，時間並不是本質性的東西，也不是連續的概念，而是一個瞬間停頓的概念集合體，就像寒鴉落影一樣。

其實，多少年前的屈原就已經尖銳地發出這樣的疑問：

明明暗暗，惟時何為？

黑暗和光明，白晝與黑夜分開，究竟是什麼力量所為？靠什麼來分開呢？

實際上就是日本人所說的那個「間」。那個分離神界與冥界的「間」。

間是宇宙的本質。所以日本人說也就是藝術的本質。日本文化的密碼，就暗含在這個神奇的「間」裏。

任他弱水三千，我只取一瓢飲。這一瓢飲裏就有三千弱水之味。

第三章

何以生出貧寒的鄉愁與童心？

——濕氣文化的青苔綠墨

㈠ 一隻熟透了的梅子落地聲

風土，具有不可選擇的宿命。

十八世紀法國啟蒙思想家孟德斯鳩在其《論法的精神》中寫道：

土地貧瘠，使人勤奮、儉樸、耐勞、勇敢和適宜於戰爭；……土地膏腴使人因生活寬裕而柔弱、怠惰、貪生怕死。

日本風土學者第一人和辻哲郎在其《風土》中寫道：

日本屬東亞季風地帶，以其夏有暴雨、冬有大雪的兩大特徵區別於其他亞洲地區，加上颱風所具有的季節性、突發性特點，三者結合形成了日本人性格的雙重性：一是豐富流露的情感在變化中悄然持續，而其持久過程中的每一變化的瞬間又含有突發性；二是這種活躍的的情感在反抗中易於沉溺於氣餒，在突發的激昂之後又靜藏着一種聚起的諦觀。這就是深沉而又激情、好戰而又恬淡。

著名畫家東山魁夷在《與風景對話》中說：

日本列島處於一個較好的緯度上，在南北狹長的地形上，山脈像脊骨貫穿其中。周圍被複雜的海岸線所包圍，氣候溫和，空氣濕潤，樹木種類繁多，並且極其茂盛。四季變化分明。經常呈現出山頂是積雪，中部是紅葉，山腳還是一片綠色的景觀。出現一幅具有柔和色調的風景特徵。日本的風景就是如此的多姿多彩。同時，空氣濕潤，霞霧很多，從而呈現出一幅具有柔和色調的風景特徵。

而另一位語言學家大野晉說得更透徹：

基本上說，我認為日本是一個易於居住的國家。氣溫適宜，不冷不熱，只要與自然友好相處，就能夠生存下去。沒有必要煞費苦心地思索生活的目的或手段什麼的。

(二) 拖住你腳步的濕氣

日本的神道教，學着西方的樣子，在某一天也編了一個「創世説」：

一萬多年前的一個黎明日，日本列島從迷霧覆蓋的海上冉冉升起。世界上的所有其他島嶼和大陸，都是為了點綴日本而隨後出現的。神最先創造了日本。

因為是從海上升起，它四周環海是必然的。以本州、北海道、四國、九州四大島為主島，日本共有海岸線在一百米以上的島嶼六千八百五十二個，如果加上海岸線在一百米以下的島礁，日本大概真可以號稱「萬島之國」了。在這些島嶼當中，面積在五十五平方公里以上的島嶼共有五十五個，其中二十四個島嶼有人居住，三十一個島嶼至今還是無人島。這串弧形列島，南北狹長，從南至北竟有三千多公里。

大自然給這島嶼的獨特的恩惠，使這島嶼披上了神性的色彩。它群山疊嶂，起伏綿延，佔了國土的百分之八十。海拔三千米以上的山脈就有二十一座。山多帶來的另一個恩惠就是雨量充沛。日本年平均降水量在一千八百毫米左右，大大高於歐亞大陸東岸和西岸國家。例如，秋田的年降雨量是同緯度北京的三倍。東京的年降雨量是倫敦、巴黎的兩倍多。日本降水量最多的地區是九州東南部、四國南部、紀伊半島東南部以及中部的福井、石川、岐阜等縣境，其年降水量均在三千毫米以上。瀨戶內海沿岸，東北北部地區的太平洋沿岸和北海道東半部，年降水量少於一千二百毫米。

雨量充沛的結果（日本列島的年平均降水量為一千七百毫米），就是河川的發育極為成熟。十七萬條大小河川在這座列島上流淌，其中一萬三千條在地圖上有自己的名字。充沛的雨水養育了繁茂常青的森林。如被日本人誇為流水量最大的利根河上流的三國山脈，有世界著名的森林；木曾河養育了木曾山的森林；米代河上流的奧羽山脈，誕生了一望無際的「秋田杉」；築後河上流的日田山地則是高聳入雲「日田杉」。整個日本列島真是松濤翻滾，綠海碧天。

茂密的森林，必有溫暖潮濕的氣候相佐。陽光不強不弱，雨量充沛。由於水蒸氣的作用，鮮綠的植物被蒙上一層霧氣，滴滿露珠。空氣中瀰漫了濕氣，伸手可觸之處，都有一種濕漉漉的能擰出一把水的感覺；連時間似乎也被濕氣所蔓延，總是慢騰騰地拖住你往前走的步子。在京都、在奈良，這種感覺尤為明顯。那金絲梅、芙蓉花、花李樹、小米櫻，楚楚可愛的富有日本風情的花瓣兒，也都濕漉漉地開放在庭院與路邊。

無處不在的濕氣，使日本人的感覺也瀰漫着濕氣，智慧也帶有濕氣。結果，日本文化也就成了世上絕無僅有的濕氣文化。日本學者神崎宣武就寫過一本《「濕氣」的日本文化》的書。作者聲稱，與柳田國男的《海上之路》，江上波夫的《騎馬民族國家》，上山春平的《照葉林文化》不一樣，這裏展示的是一種不同角度的日本文化論。

那麼，這是一種怎樣的文化論呢？

㈢ 日本特有的草庵思想

先來看看日本人的住。

昭和五十四年（一九七九年）在歐洲共同體會議上，英國人在報告中首次用「兔子屋」來形容日本的住房，以顯示和歐洲的石造建築相比，日本是多麼的貧寒。但是這位發言人恐怕不明白，這恰恰是日本人獨特生存智慧的體現。

其實，風土上來看，日本式的傳統木造住房，一般是獨門獨院的。採用「高床式」（地面與地板之間的高度在四十釐米左右）的抬高地板的結構（日本人觀念上認為，睡在潮濕的地方最為消耗體力），以便睡覺時避開潮濕。房子的窗口很大，以利夏天通風，冬天有溫暖的陽光照進來。障子（拉門）則是在木框上糊上一種吸潮性很強的和紙而成的，用來間隔各個房間與走廊。貼上和紙的障子具有良好的透氣性和隔熱性。如再配上淡雅清涼的和畫，涼爽氣就會沁人心扉。房間內都鋪有榻榻米。它是一種用稻草編製的草墊，具有夏天涼爽吸潮，冬天柔軟舒適的特點。而屋頂則是用專門的草（具有吸潮吸熱的功能）鋪就而成。

這種日本式木屋的最大優點在於：在高溫多濕的雨季能調節濕度，當濕度大時能自動吸潮，乾燥時又會從自身的素材中釋放水分，起到天然調節濕度的作用。如東京大學的教授曾用三對老鼠進行試驗，把它們分別置於木製、金屬製和水泥製的箱子中。這三對老鼠分別產下十五至十八隻幼鼠。三星期後，木箱裏的幼鼠九成生存，金屬和水泥箱中只有百分之四十的幼鼠成活。此外，木材還有抗菌、殺菌、防蟲的作用。這對濕氣很重的日本來説，更顯得重要。

根據科學家的見解，凡是地球上生長的物體，以樹木最為長壽，即使採伐後的木材也依然成活。如日本在公元七世紀建造的法隆寺，是世界上最早的木結構建築。前幾年在修繕時發現其木樑之中依然散發出檜樹的幽香。這就證明樹木建屋後還能繼續成活達一千二百年以上。為此，今天的日本雖然歐風建築相當成風，但當日本人個人家庭需要買房和建房時，其首選還是木造的「一軒家」。這就應了兼好法師在《徒然草》裏的一句話：「建造住房，須想到夏天。」這也就是説，與冬天的寒冷相比，夏天的高溫多濕更是要用智慧首先解決的問題。自然的木屋向自然敞開，使整個房子和外界自然連接在一起。人在屋內，可以清晰地感受到大自然的呼吸，體驗到自然清風和晨夕之光的變幻。這恰恰是日本特有的草庵思想。

㈣ 木屐與和服的濕氣論

再來看看日本人的穿。

高溫多濕的風土決定了日本人的穿戴也具有特殊性。

現代意義上的皮鞋，出現在日本的歷史一百年都不滿。在這之前，日本人所謂的穿鞋就是以通氣性作為第一要義的獨特的「鞋」，即草鞋、木屐和足袋。除此之外，就是赤腳。一九〇一年明治政府曾在東京專門頒佈了「裸足禁止令」。可見百年前的日本人還是土味十足。一方面是濕氣重，一方面要稻作勞動，因此寒冷地帶的遊牧民族的靴與鞋，在日本就不適用。韓國人曾辛辣地把日本人的腳比喻為「豬腳」。何謂「豬腳」？就是腳拇指和其他四腳指截然分開。其原因就是長期穿草鞋、木屐、足袋所造成的。對於這個比喻，日本人倒也能平和地接受，説「這無關乎文化的優劣，而是不同的風土必然產生的不同的文化」。

木屐，分為高木屐（帶齒木屐）和田木屐（板木屐）。後者多用於稻田濕地的農活，前者則是一般行走用。由於和濕氣大的土地隔開了，就保證了通風性和涼爽性，所以高木屐在平安時代就開始普及了。如有一幅《餓鬼草紙》畫卷上，就表現的是當時的庶民蹬着高木屐在行走或去便所方便。傳統的日本木屐，凸為三塊木條，配穿達比足袋（短襪），邁步時較穩。木屐走路時發出「咯噠咯噠」的聲音，很有節奏感。

明治開化以後日本開始流行西洋的鞋。但隨之而來的水蟲、腳氣等皮膚病開始在日本流行。直到現在，日本的一些藥妝店門口還寫上「水蟲請相談」的字樣。日本人對這種鞋很有抵觸。據《明治文化史·生活篇》的介紹，日本在進入昭和年代（一九二六年）時，穿皮鞋還僅限於村長或教師。因此皮鞋在全民中的普及是相當晚的。

根據使用目的不同，木屐的形狀也就各異。如：

漆木屐——舞伎與少女穿用。裏面為刳木，走起路來能發出更美的聲音。

雪木屐——雪天不沾雪的木屐。

三齒木屐——為花魁道中的時候穿用，較高。

庭院木屐——在庭院穿用的木屐，較低。

海苔木屐——能在海裏採集海苔穿用的木屐，形狀似小木欖。

舞台木屐——表演文樂的人穿用。

滑道木屐——能滑冰的木屐。

在多濕的氣候下發明的木屐具有通風、不會患腳氣、能促進健康等優點。日本的理學博士寺田寅彥就曾以「木屐的生理學」，「木屐的力學」作為題目，進行過研究。現在有時在東京的街巷裏，偶爾還能看到遠久時期的光景：一些上年紀的日本男性，穿着浴衣，拖着木屐，令地面發出「咯噠咯噠」的聲響，似乎整個東京都跟着晃動。在東京的下町等地區，一到晚上，在錢湯（浴室）的入口處，也經常能看到排列着的木屐。當年周作人在東京生活期間曾也寫下關於木屐的文字：

> 去年夏間我往東京去，特地到大震災時沒有毀壞的本鄉去寄寓，晚上穿了和服和木屐，曳杖，往帝國大學前面一帶去散步，看看舊書店和地鋪，很是自在，若是穿着洋服就覺得拘束，特別是那麼大熱天。

木屐在現代日本人的生活中還是留下了相當大的痕跡——高跟拖鞋。如在春末初夏還略有涼意的季節，日本女性就迫不及待地脫下高跟皮鞋，赤腳穿上形狀各異、色彩繽紛的高跟拖鞋。在車站，當人群簇擁，爭相轉乘電車下樓梯時，高跟拖鞋齊聲發出「塔塔塔」的聲響，倒也堪稱一大特色。雖然高跟拖鞋防濕的功效性讓位給了美足的裝飾性，但還是令人想起木屐時代的日本，其行為方式是一脈相承的。

說到和服，總給人一個幽雅得體的高級感。其實和服從發源來看，它近乎原始人的裝束，無任何美感可言。女裝和服最早被稱為「貫頭衣」，男裝和服被稱為「橫幅」。所謂「貫頭衣」就是在布上挖一個洞，從頭上套下再用帶子繫住兩腋下的布，再配上類似裙子的下裝，原始但實用。所謂「橫幅」就是將未經裁剪的布圍在身上，如同和尚的袈裟一樣露出右肩。這正如《魏志·倭人傳》這樣描繪最初的和服：「用布一幅，中穿一洞，頭貫其中，毋須量體裁衣。」

日本真正上規格和體面化的和服，是從中國唐代開始的。那時高腰、長裙、斜襟、寬袖的唐裝從中國傳到日本，開始作為一種優雅、一種風流，在平安時代的貴族社會中小範圍地流行。但因為在其樣式上難於散熱等原因，所以沒有在一般庶民中普及開來。為此在遣唐使被廢止的八九四年，日本對和服進行了適應自然風土的改造。把通氣性作為第一考量的標準，結果就是在和服上開了八個「透氣孔」，且把和服的袖、襟、裾組合成均能自由開合，使得和服具有了挽袖能露臂，翻裙能露足，開襟能袒胸的便利性。而縮腰只用一條透氣良好的腰帶。在布料上也儘量選用吸汗性強的棉和透氣性強的麻等。參考《古事記》、《日本書紀》、《日本埴輪圖集》、《古語拾遺》等文獻記載，日本繩文時代後期和彌生時代的服裝已經採用楮布、麻布、棉粗布、藤布、科布等植物纖維材料製作，腰帶子選用倭文布，十分適合日本的風土氣候。

和服如包裹過嚴，則窒息青春；如寬鬆過頭，則形如放蕩。日本女人利用和服，袒露潛在的誘惑，又張揚其本身的純情可愛。和服成了開放在濕氣文化土壤上的一朵意象之花。

當然，隨着時代的變遷，現代日本女性已經很少穿和服上街了，取而代之的是短裙在大街上風行。那種不過膝蓋的短裙，雖有性的誘惑之嫌，但其本身的涼爽透風是不必言的。由此故，日本女性患婦科病的很少。與此相連，日本的婦科病院相對較弱，數量也較少。私人開業醫，最多的是牙科（與發酵物多吃，易腐蝕牙有關），其次是皮膚科。不能不説，都和日本的風土和服飾有關。

⑤ 壽司和味噌：高溫多濕的智慧

日本人的飲食，也與濕氣文化有關。

四周環海的島國是魚的故鄉。但在缺乏冷凍技術的年代，活生魚鮮破膛後不馬上食用，就會腐爛變質。處在高溫多濕的日本人終於在生活中智慧地發現，如果將煮熟的米飯放進乾淨的魚膛內，放在壇中埋入地下，便可長期保存，而且食物還會由於發酵而產生一種微酸的鮮味。

這就是壽司的原型。當時的壽司指的是一種保存魚的方式。在魚身上抹上鹽，用重物壓緊，使之自然發酵。當產生酸味後，即可食用，其味甚佳。現在，所謂壽司則是指凡是在拌過醋的飯內加進其他餡的食物。公元七百年，即奈良年代，當時的日本人，用一些醋醃製過的飯團，加上一些海產或肉類，壓成一小塊，整齊地排列在一個小木箱之內，作為沿途的食糧。直到一七〇〇年，即江戶年間，壽司才於日本廣泛流傳。上等的壽司從外表上看，乾淨漂亮，閃爍着清朗的光澤。入口後，隨着飯粒在口內緩緩四散，彷佛猶帶生猛活力的生魚，捏得鬆緊恰到好處的醋飯，以及扮演着提味功能的芥末，逐漸交織成肥腴、軟嫩、香滑、沁涼、辛辣的口感，在舌齒間相互激蕩，奇妙感受難以言喻。

以簡單為美味，以自然為美味，壽司是這種美食簡約哲學的極致表現。

味噌也是日本的「土特產」。味噌分白味噌（京味噌）和紅味噌（鄉村味噌）。前者多用米發酵，鹽分少，帶點甜味，保存期較短。在京都等地較受歡迎。但它不太適合做醬湯。因此京都人並不是每餐必有醬湯。後者多用大豆和小麥發酵，鹽分多，色濃味重，保存期較長。在關東地區較受歡迎。

味噌主要用來做醬湯，再配有稀少的豆腐、香菇及海味等煮製而成。醬湯含有大量的蛋白質，營養豐富，味道較鹹。如果在出汗較多的夏天，喝上一杯醬湯，有恢復疲勞，使人安靜的功效。據統計，一家四口的日本家庭，大約每年要吃掉四公斤的味噌，平均下來一個人一年吃掉一公斤的味噌，數量上十分可觀。

味噌是從平安時代開始出現的。事實上，在十世紀前半完成的漢和辭典《倭名類聚抄》中，就有了志賀未醬，飛驒未醬等名稱。這可被視為地方特色的味噌。「未醬」顧名思義就是醬還未完成的狀態。把還未完成的醬放入口中，產生「味」，再將「醬」改成「曾」，之後再轉換成「噌」。「味噌」這個詞語就誕生了。一般認為這是在室町時代。由於佛教的普及，表現在食事上就是膳與碗的食事形式的固定，武家社會一汁一菜的日常食事形態的推廣，味噌也就成了每天不可缺少的對象，直至很深地滲透於日本人的食生活中。將味噌做成醬湯，日本人就把這碗醬湯視為「母親的手藝」。關東地區甚至有諺語云：「一杯醬湯三里路的力」。可見它在日本人心中的喜歡程度。喝上一杯醬湯，老遠能看到富士山，日本人就有安心感。

清淡偏鹹是日本人的基本口味。濕氣的風土促進了日本發酵業的發展。如日本的醬油、醋、酒等從製作工藝到色香味都是一流的，深受人們的歡迎。但是另一方面，日本調味料中的鹽分也是較高的。日本人每天鹽分攝取量的百分之四十五就是從調味料中來的（而美國調味料中的鹽分比例只有百分之二十五）。其中醬油為百分之二十七，味噌為百分之十六。據最近的統計，日本的胃癌發病率相當高。其原因就是食物中的鹽分太高。鹽分何以太高？這也和高溫多濕有關。發酵物（如味噌，醬菜等）要過炎熱的夏天，就必須灑上一次到二次的鹽，保存在蔭涼處。直到現在，日本人還是喜歡吃醃製的食物，如香腸、火腿、鹹肉、醬瓜等。如到松屋、吉野家吃牛肉蓋澆飯，醃製的紅姜作為開胃料是免費提供的。它清涼爽口，很受歡迎。但食用太多的話，鹽分攝取量就高。

此外，日本人常在飯團裏夾放梅肉。而梅肉含有果酸，檸檬酸等成分，具有防腐殺菌的作用。高溫多濕的風土，開啟了日本人的生活智慧。具有日本特色的飲食，就是這一智慧的結晶。

㈥ 泡澡泡湯泡溫泉

高溫多濕，必然出汗多，能夠使人清潔、涼爽、靜心的就是洗澡了。

日本人喜歡洗澡，更喜歡泡澡，這是世界都出名的。

錢湯，關東叫「湯屋」，關西叫「風呂屋」。更有日本學者為錢湯定義：一個喜愛潔淨成癖的民族進行晨浴的場所。

錢湯從外表看，像寺廟一樣的形狀。這是為什麼？原來，過去作為淨身的一個儀式，寺廟提供「湯」給人們洗澡。在一九四一年前後，東京有二千七百九十二家錢湯。到一九九四年還有一千六百六十九家。在家家都有浴室設備的現代日本，還有如此眾多數量的錢湯，表明日本人的生活少不了泡澡。日本以前是男女混浴，這也令當時的西方人十分驚訝，直呼遠東島國這幫人還沒有文明開化。一八八五年，明治政府廢止男女混浴，開始分出男湯與女湯。

曾經在很多日本古小說裏讀到入湯的優美文字。《源氏物語》裏，源氏公子每逢要做情事，必先沐湯，然後換上新衣，熏上香。而源氏對女子最感興趣的，也是浴後的她們如出水芙蓉般嬌嫩和鮮活。江戶時代的滑稽作家瀧澤馬琴，寫有《浮世風呂大意》。說「賢愚邪正貧福貴賤者，將要洗澡，悉成裸形，協於天地自然的道理，無論釋迦孔子，阿三權助，現出誕生時的姿態，一切愛惜慾求，都霎地一下拋到西海去，全是無慾的形狀」。

從泡澡、泡湯，再延伸下去就是泡溫泉了。日本多火山，帶來恩惠就是多溫泉（全國有兩萬多個溫泉）。溫泉裏積澱着千年的風霜雪雨，更流淌着濕氣文化的紅花綠葉。

露天溫泉一般位於一個小小的日式庭院中，池不大，最多能容十人。水溫在四十度左右，人泡在裏面，不會有悶熱感。池邊有樹，少不了的是五角楓樹。時節正是楓葉紅時，偶然掉下一片紅葉，煞有詩情畫意。更少不了的是垂櫻。可以想像櫻花盛開時，泡在池中的浪漫。日本人善於把一樣東西做到精緻，溫泉也是如此。就這麼一泓水，配以紅楓垂櫻和山水庭院，就成了鬧市中的世外桃源了。

日本溫泉的精緻與質感，令人印象深刻。日本溫泉旅館外面看似乎很小，進去卻是別有洞天。大堂小而古雅，隔着庭院的玻璃牆頓覺豁然開朗。一叢水仙在一幕煙雨中依松柏開放。身着傳統和服的旅館老闆夫婦笑容可掬地迎進送出，暗色的方木橫亘在池塘裏，恬靜而美豔。吸引客人的不僅僅是溫泉還有溫泉旅館的這種精緻。溫泉旅館高低錯落，幾乎都是木造建築，燈光隱隱從屋子裏透出，木頭的溫潤質感在昏黃的燈光下，格外有「家」的感覺。尤其在冬日，「家」會有熱騰騰的感覺。如果碰上大雪紛飛的冬季，更是美不勝收。泡在四十三攝氏度熱氣繚繞的溫泉池裏觀賞雪花亂舞。不時有雪花落在溫泉裏，落在你裸露的肌膚上，浪漫之餘更是充滿了純淨之感。這種感受世上少有，似在天堂。

泡溫泉和品嚐美食——日本人把它鎖定成溫泉文化的一個不可分割的部分。著名的溫泉勝地一定有當地著名的日本料理。日本人通常是泡完溫泉後穿着浴衣就去吃日本料理：一碟生魚片（四片）、二隻螃蟹腿、一塊白豆腐、一碟牛肉、一碟炸蔬菜、一小碟醃菜、一小碗姜湯、一小碗拉麵、一壺日本酒，二瓶朝日啤酒。牛肉是用火鍋涮着吃，其他都是生吃。

當酒足飯飽後，日本人會搖晃着略帶醉意的身子，拖着沉沉的木屐，穿過亂石鋪疊的過道，再泡一次溫泉。透着月色，再享受一次微醉後的泡泉之味，再玩味一下近處女人們傳來的有點濕漉漉的嬉笑聲。

莫非女人的笑聲也染上濕氣？

㈦

釧路濕地——生命的曼陀羅

日本宗教哲學家山折哲雄說：流淌在我們最深層意識裏的，乃是從三千米的高空中俯瞰到的日本風土，還有那種風土所孕育的感性和文化。

從三千米高空，能看到日本的什麼呢？綠，滿視野的綠。

被森林覆蓋的綠，被山巒環繞的綠。這是生命之綠，更是文明之綠。

日本北海道的釧路濕地——就是生命的曼陀羅。

釧路濕地國家公園位於釧路市。釧路位於北海道的東南部，是太平洋海岸把它拉成了一個細長的靜謐城鎮。由於獨特的地理位置，每年夏季由南方上來的暖空氣與北方下來的冷空氣在釧路交會，而使得該地特別容易起霧，因而獲得「霧城」這個夢幻之稱。這裏，到處是青青的草原，到處是透亮的露珠，到處是濕潤的青苔。茂密的枝椏伸向藍藍的天空，顯得有些冷峻。

從地理學角度說，濕地與森林、海洋並稱為全球三大生態系統，有「天然水庫」和「天然物種庫」的美稱，更有「地球之腎」的形象之稱。濕地也是瀕危鳥類、候鳥以及多種野生動物的繁殖棲息地。

釧路濕地是日本最大的濕地。據地質專家說，在兩萬年前，隨着冰河期結束，海水淹沒了整片土地，使這裏成為海灣。這之後，也就是在四千年前，海水慢慢退去，海岸線形成。這裏變成沼澤地。約三千年前，隨着海水的徹底退去，土砂與泥炭堆積成現在的這片濕地。三千年，似乎與人類文明同齡。但從地質學上說，當屬於年輕的小字輩。

這塊濕地在明治時代，還是猶如未開墾的處女地，或者是無人的荒涼之野。僅僅百年的時光，這裏就以獨特的自然景觀而聞名。更為重要的是在一九八〇年，這塊土地成了著名的拉姆薩爾濕地公約指定的登錄地區，並在一九八七年被指定為日本國立公園（釧路國家公園）。

形成如此巨大的濕地，需要巨大的河川。這條河川就是釧路川，流長一百五十四公里，流域二千五百一十平方公里。日本大體有三萬條河川。這其中，上流沒有水壩的一級河川只有三條：四國的四萬十川，歧阜的長良川和釧路川。建立水壩就把河川的生命給強行地切斷了。河川也就死了。而死了的河川是無法為濕地提供水源的。濕地的生命是水，而水的生命是河川。

釧路濕地佔地面積二萬一千四百四十公頃。東西二十五公里，南北三十六公里。形象地說這是東京都心山手線內的面積。濕地周邊有塘路湖、希拉婁頭口湖、達古武湖等的海跡湖，還有數不盡的小湖泊和小池塘。

這裏有動物一千四百多種，鳥類一百七十多種，有的還是冰河期的遺存物種。兩棲類，爬蟲類有九種。昆蟲類有一千五百種。哺乳類二十六種，魚類三十五種。植物六百多種。

這裏是生物與植物的宇宙——濕氣文化的造化。

這裏是生命的曼陀羅——濕氣文化的洗煉。

（八）日本人的感覺——蟲鳴和青苔

森林的濕氣文化，使日本人衣食住行的方式得以範形化。而這種範形化的生活方式又決定了日本人的感覺：敏感纖細。

空氣中任何一種細細的聲音，都逃不過他們的耳朵。

大地上任何一點濕濕的嫩綠，都逃不過他們的眼睛。

蟲鳴，只要有山川草木就會有的蟲鳴，這在西方人的眼裏被視為噪聲的蟲鳴，在日本人那裏卻不可思議地成了一種風雅。

古來的日本人就喜歡蟲。《日本書紀》裏就有了許多關於蟲的故事。高橋千劍破寫的《花鳥風月的日本史》中，認定日本人開始養蟲、熱衷於聽蟲鳴叫，是從江戶時代開始的。而在平安時代，貴族們喜歡的蟲就有鈴蟲、松蟲、蟋蟀、蟈蟈、結草蟲等。《東都歲時記》記載，在江戶時代的道灌山和禦茶水等地就有十多所聽蟲鳴叫的場所。《萬葉集》卷十中言：「庭院草叢中，傳出蟋蟀唧唧，秋天就來了。」

從蟲鳴中聆聽到秋的腳步，這種和自然融為一體的感性直覺，非日本人是很難理解的。這種心境同樣在鴨長明的《方丈記》中也能找到：「夏聞杜鵑之鳴啼，相契指引吾幽冥之徑。秋日蟬聲盈耳，聞之對無常俗世生別悲。」從杜鵑之啼想到人世，從蟬鳴感覺無常。流露出一種日本人特有的「物哀」情調。

現代的日本人更喜歡蟲。小說家德富蘆花在《自然與人生》中寫道：「有月好，無月也好。風清露冷之夜，就在這林子邊上走一走吧。聽一聽松蟲、鈴蟲、紡織娘等的鳴叫。百蟲唧唧，如秋雨灑遍大地。要是親手編一隻收養秋蟲的籠子，倒也有趣得很。」聽蟲如聽歌。故日本人又稱蟲鳴為「蟲的音樂」。

再看東山魁夷的筆下：到了仲夏，鳴蟬將在你的濃蔭下長嘯。等一場颱風襲過，那吱吱蟬鳴變成了淒切的哀吟，天氣也隨之涼爽起來。蟬聲一斷，代之而來的是樹根深處秋蟲的合唱。這唧唧蟲聲，確也能為靜寂的秋夜增添不少雅趣。

而散文家宮城道雄，留下一篇《四季的情趣》散文，看看他對蟲鳴的感受和理解，你就知道什麼是日本人的敏感和纖細了。

在山上，茅蜩這種蟬叫得很起勁。照我的觀察，聲音高低只有兩種，是固定不移的。

這就是已相差半個音來鳴叫。用日本高音來說，一個以do音在叫，一個以xi音在叫。在哪兒聽也是如此。

秋夜，雖整夜聆聽秋蟲的聲音，我也不感到厭倦。草雲雀等不間斷地拉長聲叫個不停。

用短促的斷音叫的是變色聲吟蛩，保持準確的節拍來叫的是蟋蟀。油葫蘆的樣子聽說挺嚴肅，而聲音其實比草雲雀等還要平淡無奇，這倒也頗為有趣。油葫蘆的叫聲先高後低，我用音調笛子一比，最初是用比xi低半個音的聲音叫起，然後變成比la低半個音的了。這聲音聽起來清亮柔和。

不論怎麼說，人們最珍愛的是金鈴子，把它推上秋蟲的王座是有道理的，它的叫聲高雅，可說最能代表秋聲。

當然，說起日本人的聽蟲，有一個人不能不提。

三百多年前的一個雨後的傍晚，有一位頭戴斗笠的遊山之人，登上一千零一十五級的石階，來到了一座位於山形縣的山寺。山寺置於濃濃樹蔭和奇巖怪石之中。周圍一片寧靜。突然，一陣被雨水滲透般的嘶啞蟬聲，在層層的厚葉中沉重地泛起，又被風扯得斷斷續續，淒切而哀婉。於是，一句千古傳頌的名句誕生了：

幽靜啊，
蟬聲滲入巖石裏。

聽蟬聲，芭蕉聽出了雨後的蟬鳴把一層新綠的濕潤，揉進悠悠的白雲之間，讓酷暑中流進一片清涼。聽蟬聲，芭蕉聽出了動與靜之間的鮮活的關係。大自然中最孱弱的蟬聲，居然能滲入到巖石中，那是一種怎樣的靜啊。反之，堅硬的巖石能被滲透，那需要一種怎樣的動（聲）力啊。以動托靜，用靜襯動。芭蕉從蟬聲中，聽出了日本人思辨的最高智慧。只可惜芭蕉用俳句寫了這裏的幽靜，卻也就此帶來如潮的觀客，讓這裏的幽靜從此不再復見。

同樣是聽蟬聲，南朝詩人王籍聽出了「蟬噪林逾靜，鳥鳴山更幽」的句子。以「蟬噪」襯托「林靜」，用「鳥鳴」顯現「山幽」，當然不失為表現動與靜的名句。但從表現的力度上和感受的細膩上，似乎芭蕉更勝一籌。這正如錢鍾書所云「寂靜之幽深者，每以得聲音襯托而愈覺其深」。

非常有趣的是，早於芭蕉的萬葉詩人卻從詠蟬常含悲的角度來聽蟬鳴。在《萬葉集》中，有三首詠蟬之詩。一首云：

夕影斜映，晚蟬低鳴。
日日聆聽，不棄不厭。

另一首言：

晚蟬哀鳴，時泣時停。
悲戀在心，泣之不停。

再一首曰：

巖飛瀑布，陣陣轟鳴。
蟬鳴不停，故國鄉情。

萬葉詩人們筆下的「晚蟬」之音為「低鳴」，「哀鳴」，「轟鳴」，使人想起晚暮的悲情，落日的淒涼。這裏，絕然沒有中國人的「稻花香裏說豐年，聽取蛙聲一片」的喜悅之情。

如果說喜歡蟲鳴表現了日本人敏感的一面，那麼，喜歡青苔則突出了日本人纖細的一面。

凡雨重多濕，日弱幽暗的地方，容易生出厚厚的青苔。這是大自然的風土所給予的。當然從審美意趣來看，寫詩作畫都屬常態。如唐朝的劉禹錫就寫過「柳門竹巷依依在，野草青苔日日多。縱有鄰人解吹笛，山陽舊侶更誰過」的詩句。但像日本人那樣喜歡青苔，禮讚青苔，並把青苔寫進國歌裏的，放眼世界，恐怕日本是獨一無二。與中國後漢時代的名醫華佗以青苔作藥用，強調其實用性不同，日本人把青苔主要用作審美對象，以表現心緒的孤寂。

在大阪南區最喧鬧的道頓堀，有一條隱身在巷子裏的石砌小路「法善寺橫丁」。天色陰晦，寺前的燈籠泛着淡淡的桔黃色。這裏最有名的就是這尊澆水不動明王。一開始不懂這尊神像為何佈滿青苔。後來才知道，參拜者要澆水在不動明王身上，以祈求所願。經年累月，這尊神像便自然長滿了厚厚的青苔。而日本人則從這墨綠的青苔，體會到了一種澀澤，一種幽邃。

京都的西芳寺是個著名的苔寺。苔就像盈綠絨毯，佈滿整個池泉庭園。石縫水邊，樹木根處，巧妙而奇特地伸滿青苔。隨着光線角度的不同，呈現出層層微變的色彩，奇妙無比。若是濛濛細雨天，青苔上吸着水珠，泛着亮點，一股清新的濕氣撲面而來。這座名寺据傳原本是聖德太子的別墅，距今已有一千三百年。這裏的青苔，並不是來自庭園造景的刻意，而是由於明治時期的離佛廢釋運動，造成經費短缺，無力整治庭園，青苔便隨着雨雪霜露的變化，隨着日月星辰的交替，開始泛墨顯綠，真是「無心插柳柳成蔭」。這裏令人叫絕的是，日本人還對苔進行植物學和色彩學的研究，竟然發現西芳寺的苔有一百二十種之多。

小小庭院裏，主人會每天蹲下細細地觀察，冒着濕氣的青石，今天是不是又冒出帶澀味的青苔？籠罩在濕氣中的石燈籠和洗手缽，也因其爬滿青苔而顯得有生氣。眼前那遠久歲月的小木橋，也因其青苔層層，使過路人不忍踏腳「破壞」，小木橋竟成了觀賞橋。而街心花園裏的幽山古池，也落滿滄桑的青苔。甚至在民家的屋頂上，也洇染着綠意。日本人給它詩化，曰：「墨瓦青苔」。日語中的很多詞，也與苔有關。如「苔枕」、「苔被」、「苔庵」、「苔筵」、「苔衣」等。兵庫縣立大學理學博士秋山弘之在《苔之話》的專著中，專門寫上一節「苔與日本人」，其中大量應用了藤原定實、和泉式部、西行法師、良寬等人的和歌和俳句，用來表達日本人的獨特的苔的心緒。

大和美意識的集大成者谷崎潤一郎，説出了日本人的纖細的青苔情結：

由窗外看去可以欣賞庭園之美，微弱的光線透過紙門的反射，使人陷於冥想的境界。

其牆壁呈幽靜，閒寂之趣，木紋清晰可見。抬頭一望，只見一片藍色的天空與青翠的樹葉。

若在雨天，尚可聽見雨滴從樹葉滴下石燈籠，再靜靜地滴在飛石青苔上，又從青苔滲進泥土裏的聲音。

你看，微弱、幽靜、閒寂、雨滴、冥想、然後是青苔，靜靜的青苔，給人一片古雅幽玄的視覺影像。

看來比起色彩斑斕的東西，日本人似乎更喜歡灰灰的、暗暗的、澀澀的東西；比起被打磨得光亮豔麗的人為之物，日本人更欣賞樸質枯淡的自然之物。因此，相對於雕樑畫棟，金碧輝煌的日光東照宮，日本人更傾向於本色原始的伊勢神宮和出雲大社。前者沒有被選作日本建築的代表，後者成了日本建築的典範。

日本人喜歡青苔，是喜歡其色。它呈綠色，但又不是鮮活的大綠。它更接近墨色的綠，深淵的綠。這就帶有了紫色狀的神秘。故青苔之色又稱魔鬼之色。它幽寂，帶有夢魘。它明澈，帶有「雨過青苔潤」。（詩人松尾芭蕉語）無怪乎日本的國歌《君之代》就選了公元十世紀的《古今和歌集》裏的和歌：

吾皇盛世兮，千秋萬代；
砂礫成巖兮，遍生青苔；
長治久安兮，國富民泰。

潮濕的巖石上遍生青苔，這是日本人的最愛。國歌，唱出了大和心。

㈨ 日本人的性格——粘糊糊的日本語

濕氣滋生萬物，萬物透着濕氣。連日本語，一國之語言，也渾身上下都是濕漉漉，粘糊糊的。

日語，有「撒旦的傑作」之稱。十六世紀中葉，一位在日本傳播天主教的傳教士，給羅馬教皇的信中說：「日語一定是魔鬼撒旦發明的。他想以此來阻止我們向日本的異教徒傳播福音。」當然是調侃之話。但是它點出了日語的最大特點——達意的曖昧性和悟意的困難性。

這種曖昧性和困難性首先來自於日語本身：它屬於粘着語。也就是說，日語主要依靠在實詞後面粘附虛詞的手段來表示句中的語法關係。此外，日語還用「可能」、「好像」、「似乎」、「看起來」、「是嗎」、「我瞭解了」等這些似是而非的說話人的感覺構成基本句型。這一語法現象，世界罕見。目前世界上雖然有約二千七百九十四種語言，但日語要找朋友相當困難。它相當孤獨。正如學者新渡戶稻造所云：「在語言學上看來，日本語是伶仃的孤兒，和它的左右前後各方面的言語沒有什麼關係的。」

日語詞語在世界屬於最多的之一。平凡社出版的《大辭典》收了七十二萬個詞語。巖波書店一九九七年第五版的《廣辭苑》，所收條目二十三萬條。而中國一九九九年版的《辭海》所收條目是一十二萬二千八百三十五條。日本中學生用的國語詞典，有五萬條之多。而中國學生用的《現代漢語詞典》只有四萬三千多條。法語只要掌握五千單詞，就可理解百分之九十六的對話，而日語則要掌握二萬二千個單詞才行。

為什麼日語詞彙有這麼多呢？就是因為日語在表達上，要雲裏霧裏説上一大串，才能在最後知道結果，如究竟是行還是不行，究竟是去還是不去，究竟是給還是不給。再如「哈依哈依」這句話，日本人高興的時候説，不高興的時候也説；同意的時候説，不同意的時候也説；訓斥的時候説，被訓斥的時候也説。是乎非乎，白馬黑馬，全在於聽者自己的判斷。如判斷錯了，談判也就失敗了，事情也就砸鍋了。

戰後的昭和六十年代，日本有一首非常流行的歌叫《相見在有樂町》。歌詞有唱道：

等待着你，
外面下着雨。

這句非常日本式的歌詞，引來日本人的狂喜。這裏有趣的是，如果「等待着你，外面颳着風」，就不是日本式的。如果「等待着你，外面旭日昇起」，也不是日本式的。那麼，為什麼下雨才是日本式的？日本民俗學家池田彌三郎在《日本人心的傾向》一書中解謎說，下了雨的日本語更有粘糊糊的感覺，編成歌詞，用來表達戀愛，那才是日本式的扯不斷理還亂的粘糊糊的愛情。

《枕草子》是日本最早的一本隨筆集，被日本人稱為文學的「國寶」。其所用語言不妨舉一例。

常綠樹多的地方，烏鴉在那裏棲宿，到了夜裏，有的睡相很壞，就跌了下來，從這樹飛到那樹，用那睡迷糊的聲音叫喊起來，這與白天裏所看見的那種討厭樣子全不相同，覺得很是好笑的。

粘糊糊地說了些什麼呢？究竟想要說什麼呢？讀者的思路也跟着染上了粘糊糊的一片糊塗。原來「國寶」也是如此。一如暗夜的神秘，熹微的晨光。這種粘糊糊的語感，正是難以捉摸的日本人的心理表現。

再看明惠上人的和歌。這位有「月亮歌人」之稱的和尚唱道：

明明的
明明明明的
明明的
明明明的
明明的月

像納豆一樣，粘糊糊的扯不斷；象青苔一樣，濕漉漉的乾不透。

第一個站在斯德哥爾摩講壇上的日語作家川端康成，發表過題為《美麗的日本與我》的講演。通篇是和歌，俳句與古詩，極為曖昧，極為粘糊。就連演講標題，也充滿曖昧：「我」從屬於「美麗的日本」；同時「我」與「美麗的日本」同格。大江健三郎說，通過這一標題，川端表現出了獨特的神秘主義。這種神秘主義，非日本人是很難理解的。

日本著名的語言學家金田一春彥在《日本人的言語表現》一書中說，日本人為人處事，與人打交道的性格，是與日語的精神相一致的：不用說的地方盡可能地不說，不用寫的地方盡可能地不寫。如果萬不得已要說要寫的話，則盡可能地短。對方聽不懂或不明白也不要緊，以心傳心就會達到意思的疏通。看來，帶有濕氣的日語和帶有濕氣的日本人的性格，真是令人難以看懂和看透。但反過來說，這是不是也屬島國人的一種生存智慧呢。一切盡在不言中。魯迅對日語的評價不低，他說日語最能表現的是一種哀婉的智慧。

⑩ 日本人的美意識——非黑非白

還是和森林的濕氣有關。不強不弱的陽光，靄靄霧氣的標緲，鮮綠的植物被蒙上了一層靄氣，而變成柔和的非黑非白的中間色。雖然西方人也喜歡用中間色，但日本人的中間色，好像蒙上了幾層靄氣，帶有幾分神秘，讓人一眼難看透，讓人無法捉摸。而這就是日本人呼之欲出的美意識——幽玄。

幽玄，給人的感覺是黑。但它又不是墨黑或全黑，是一種少許帶點紅的黑，少許帶點綠的黑。幽微，玄妙。

幽玄，即存於心而不傳言於詞者也。薄雲翳日，秋霧掩紅葉，此種風情即為幽玄之姿。

日本美學家大西克禮在《幽玄與物哀》中，對幽玄的界定是：「不直接顯露，不直接表白」；「仄暗，朦朧，薄明」；「靜寂，深遠，集約，神秘」。

花會凋謝，人會衰亡。所以，人要惜美。美因為有了滅寂的命運，才愈顯美麗。世阿彌曾如是說。凋落的命運，誘惑着人的愛慕之心和感傷之心。

從百草發芽的春天到枯葉曼舞的秋天。從感性底處生出來的對四季的感動和感慨。跟隨這種風情的變化，心緒就有一種空寂。

幽玄的感覺最初來自於中國。唐人駱賓王在《螢火賦》云：「委性命兮幽玄，任物理兮推遷。」鎮洲臨濟彗照禪師的語錄裏有「佛法幽玄」之説。老子也有「玄之又玄」的説法。幽玄，在中國文人那裏是一種哲學的含蓄：表示事物的本質有無限深奧和不易言盡的妙趣。

日本在平安初期，傳教大師最澄有「得諸法幽玄之妙，證金剛不壞之戒」之説，弘法大師空海有「獨空畢竟理，義用最幽玄」之説。這是日本最早的幽玄之説，用來指佛法趣詣的深奧。在日本文化史上，最初評論幽玄之美的是平安時代中期的歌人壬生忠岑。他在《和歌十體》中對《古今和歌集》定性為：「此體雖屬凡流，義入幽玄。」幽玄從中國人的理性之都回到了日本人的感性之鄉。

說到幽玄，不能不提起一個地方和一個人。

伊豆，是日本風景勝地的一顆璀璨的明珠。她依山傍海，花木蔥蘢，其自然景觀自不用說。但今天的日本人，說起伊豆或去伊豆度假觀光，卻還有其另一層的人文涵義在其中。這就是在七十多年前，川端康成在這裏的林間小木屋裏，靜悄悄地寫了一篇不長的中篇小說，取名為《伊豆的舞女》。當年的林道山徑，還留有舞女的細細的印跡？當年的歌台舞榭，還留有舞女的離別之歌？當年的杉樹密林，還留有舞女們輕輕的鼓聲？就這樣，伊豆，打上了人文色彩；伊豆，鑄上了精神符號。

《伊豆的舞女》情節並不複雜。描寫了一位去東京求學的青年「我」，在伊豆半島旅遊時，邂逅賣藝舞女。在短促結伴同行中，「我」對舞女薰子產生了愛慕之情的故事。薰子其實還是個孩子，她還沒有一點成人的粉飾。她空谷幽蘭般地開放，使邂逅的「我」傾心依戀。她幾乎一點也不懂對一種感情進行審視，而歷經滄桑的母親則看出門道：「喲，討厭，這孩子有戀情哩。」母親最終沒能滿足女兒期待已久的心願：跟「我」去看一場電影。

這是一段寫得很美很憂傷的人生偶爾相逢的溫情。其所以美麗，是因為超越了世俗，出乎於真誠的心靈；其所以憂傷，是因為一分手便是永遠的渺茫。一種難以逾越的現實差距，將他們彼此的緣分只規定在一個很小的點上。青年學生「我」的東京城畢竟很大，伊豆舞女的流浪路畢竟很長。一個大，一個長，使得愛變得無望。而無望的愛又使人們對生有了百般繾綣感。憂傷則來自於人無法擺脱真正的束縛。

令人發問的是：這篇看似情節單一的小說，為什麼會成為日本現代文學的經典，令日本人讀了大半個世紀呢？為什麼情節的發生地伊豆半島也成了日本的一大人文景觀？這些又與什麼有關呢？這就和日本的傳統美意識有關。《伊豆的舞女》那貫穿全篇的也正是幽玄之美：溫柔的傷感、淡淡的憂愁、純真的情性、壓抑的歡愉。正是這種難以言說的幽玄之美，讀來教人掩卷難忘，留下絲絲纖細的長長的美感……

再看看日本的花道。花道的插花名家池坊專應，曾以數語點破了日本的插花之道：「僅以點滴之水，咫尺之樹，表現江山萬里景象，瞬息呈現千變萬化之佳興。正所謂仙家妙術也。」日本插花的精髓在於：一朵花比一百朵花更美；盛開的花不能用作插花。所以，現今在日本茶室的壁龕裏，仍然只插一朵花，而且多半是含苞待放的，披上水珠的。在冬季，多半選插潔白的山茶花。沒有雜色的潔白，是最清高最富色彩的表現。在五月的春天，青瓷花瓶裏插上一株牡丹花。這是花道中最富麗的花。但是這株牡丹必須是一朵帶上露水的白蓓蕾。「古人均由插花悟道。」這道就是雅致的幽玄之美。插花也能修心養神，大概就屬日本人了。

還有日本的和歌都喜歡用雪月花來表現四季時令變化的美，喜歡用雪月花來表現纖細的哀愁、強烈的感懷。這裏，宗教的心、哲學的心和雪月花之間，微妙地相互呼應，交織在一起。一句「雪月花時最懷友」，出自古今東西合璧、博學多識的矢代幸雄之口，確實把日本和歌之精髓給點了出來：幽玄之美。一切不能如意的事，才是使人感受最深的。日本和歌所表現的正是這種幽玄。

多少年前，日本的一位詩人，叫堀口大學，寫過《歎息》小詩：

豈不可悲麼？櫻的花。
花散落了；花的香卻還淡淡的襲來。
豈非無常麼？人間的戀。
戀消失了；想起來時，常在心裏留着。

這不就是幽玄之詩嗎？

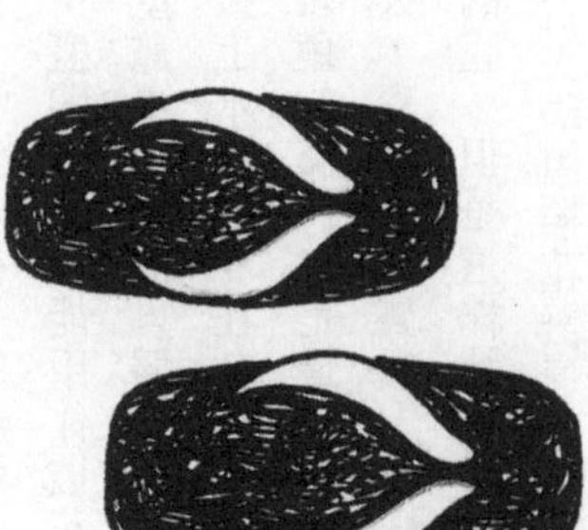

第四章

青春女子的神秘世界如何打造？

——藝伎文化的浮生歡世

（一）她們總是令我歡喜

京都的白——櫻吹雪。舞女的粉頸。鴨川上的白鷺鷥。平安神宮裏繫在架上的白色詩籤。

京都的歷史——天皇，權臣，武將，高僧，文人，畫家，藝匠。

京都的四季——春櫻，夏綠，秋楓，冬雪。

京都的一豔——藝伎。一身柳綠色，代表夏天。一身粉紅色，代表春天。一身朽葉色，代表秋天。一身白梅花色，代表冬天。

可以這樣說，最能代表日本文化的那種獨一無二性、最能代表大和民族的那種陰濕柔軟性、最能代表日本人的那種母性體質的，恐怕就要屬日本的舞伎和藝伎了。

這是一個神秘的青春女子世界，這是一個充滿迷幻的為上流社會男性服務的「聖地」。因為神秘，因為迷幻，所以三百多年來，日本的舞伎、藝伎又是一個說不清道不明的巨大的「黑洞」。因為是黑洞，所以又吸引了眾多日本文人學者來解構其謎。

為追蹤京都舞伎，拍攝了二十多年藝術相片的日本著名舞伎攝影家溝緣先生，前幾年出了本《京都的舞伎——歲時記》的寫真集。打開這本寫真集，我真是被震動了。這是一種怎樣的令人神往的美的世界啊。其中，有一幅《雪中祇園》的作品：

一位頭戴十二月花簪的美麗舞伎，身着淺色素雅的和服，足蹬高高的木屐，右手輕巧地撐着白色絲綢的傘，靜靜地佇立在茶屋的門前。暮色時分，團團的雪花在空中飛舞，在舞伎的周身飛舞。

靜謐。寒風。冷雪。

雪花中的舞伎，就像飛舞着的精靈。

攝影師溝緣先生在其作品下面題字曰：「這樣的光景已經很少見到了。」

作家永井荷風在其《江戶藝術論》中曾這樣描寫日本的藝伎：

> 憑倚竹窗，茫茫然看着流水，
> 她們總是令我歡喜。

是的。藝伎的人生如同窗外潺潺流水，帶給人瞬間歡樂的同時，最後剩下的只有回憶。

㈡ 京都藝伎的意象學

紙燈下施着粉黛的笑。竹窗裏晨起的慵懶。閒散時浮生裏的短暫歡快。

是繁華極豔，卻又隱藏着悲傷的味道。

藝伎完全是肉身藝術品的究極姿態。這種藝術品既有高度的美，又具有滿足大眾遊玩的要素。藝伎象徵日本人的美的意識。藝伎的一舉一動都在美的規範下樣式化。藝伎個人的本性（如果有的話）只能隱藏在職業的假面背後。藝伎通常繼承先輩的名字，臉上塗上很厚的白粉，所以你是誰，她是誰，你與她有何不同，基本沒有。她們是一個化驗室裏出來的「無臭」標本，或者説是同一試管裏出生的嬰孩。

藝伎文化從遊樂中誕生。在日本，「遊樂」這個特定的詞語，原本是用來表示歌舞樂曲。而從事這個歌舞樂曲的是誰？是遊樂女，也叫遊女。本來日本的遊女並不單純是賣春女，而是藝能人，屬於歌與舞重要職能中的一個。如日本古典能、歌舞伎和文樂中，以遊女為主人公的作品就有很多。但是隨着時代的向前，純粹性這個觀念有所鬆動。在客人的素質走向低下的同時，遊女的素質也往下走，會藝能的人越來越少。這就為會藝能的人出世提供了可能。慢慢地藝者（藝伎）登場了。這個角色替代了會彈三味弦的遊女。在明治以後的文學作品中有很多登場的藝者。

藝伎的工作簡單的説就是出售技藝。現在一般的定論認為，日本藝伎誕生於江戶時代的吉原妓院街。那個時候制定了明確區分的標準：用三味弦和舞蹈等技藝為客人服務是藝伎；用身體為客人服務的是妓女。而在藝伎中又分未成年與成年。未成年的藝伎稱之為「半玉」（也叫舞伎），成年的藝伎稱之為「一本」（いっぽん）。擔任舞蹈藝伎的為「立方」（たちかた），擔任三味弦，歌曲演奏的藝伎為「地方」（じかた）。藝伎的工作不僅僅是在筵席中的表演，還要善於用言辭烘託氣氛、取悦客人。

藝伎生活所在地，日語叫「置屋」或「屋形」，通俗地説就是藝伎館。藝伎接客表演的地方叫做「茶屋」。茶屋原本是茶館發展而來的，從原來的喝茶小憩發展到客人尋歡，藝伎表演的專業場所。京都現在還保留了一些傳統的茶屋。一般都是兩層的小樓，進門就是玄關，玄關後面是樓梯。二樓就是寬敞的和式大房間，鋪着榻榻米。客人沿四周席地而坐，中間空出，是藝伎歌舞表演的地方。陪客表演，藝伎稱作為接待客人。座敷原本是在榻榻米上鋪坐墊的意思，轉引「座敷」。藝伎們聚集生活的地方，以前叫「廓」。在江戶時代還用圍牆圍起來。當然是為了對藝伎嚴加管理，不得任意外出。現在圍牆已經沒有了，藝伎們居住處用了個富有詩意的名字：花柳街。實際上，這「花柳」二字，是取自唐代詩人王勃的「花紅柳綠」詩句。

京都美人—往昔祇園藝伎們的花容月貌—清幽小庵—縐綢—雪白肌膚—香綾淚—脂粉—裙邊—紫色—灰紫色—茶室—孤寂—茶釜之音—炭香—熏香—一株山茶花。

這是谷崎潤一郎為京都藝伎設計的意象學。

㈢ 肌膚與髮結最敏感

這裏，問題的費解之處在於：

僅僅是因為生了一張漂亮的臉，長了一副窈窕身材，或者說，僅僅是因為青春女子的青春魅力，日本的舞伎、藝伎才得以積三百年之傳統而成為一種文化嗎？才能吸引一批批腰纏萬貫的大亨、一幫幫精神世界的富有者和顯赫一時的政界風雲人物嗎？

顯然又不是。因為如果是這樣，舞伎、藝伎和青樓女子、娼婦有何區別呢？那究竟什麼才是藝伎的精神心象呢？究竟什麼才是藝伎文化的生命力所在呢？

從程序上，培養一名舞伎並非輕而易舉。在京都每年春天各地開始選考招收十五歲左右的美貌女子，經過五年的嚴格訓練，才能正式出台獻藝成為舞伎。此前為舞伎候補。一般經過十年的舞伎生涯，技術到了爐火純青的地步便可升為藝伎。由於現代女子普遍習慣了洋式的生活起居，因此，和風、和式、從穿衣跪坐到站立行走的稽古訓練對她們來說更是不可缺少的科目。此外，她們還得修習琴棋書畫歌舞及茶道等技藝。

舞伎從頭飾到着裝都非常講究。比如髮型就有嚴格的格式。舞伎的髮型不用像藝伎那樣夾入假髮，全靠自身的一頭長髮梳理而成。

頭上所插的髮簪也因月份而變化。一月為松竹梅形，二月為梅花，三月為菜花，四月為櫻花，五月為紫藤，六月為柳條，七月為團扇，八月為芒草，九月為橘別，十月為菊花，十一月為紅葉，十二月為辭舊迎新的吉物薈萃。而在正月期間舞伎們一般插稻穗狀的髮飾，舞伎戴右，藝伎戴左，祈願新年五穀豐登。

舞伎着正裝時腰帶的結法與藝伎不同，不是弄成方塊小包揹在腰背上，而是將腰帶垂在背後，直至小腿肚，給人一種飄逸感，尤其當她們翩翩起舞時。這在日本語中叫「だらり帯」。

在到茶屋接客之前，藝伎會在自己的面部和後脖塗抹一層厚厚的白粉，以完全盖住原來的膚色。為什麼要塗上雪白以示美麗呢？原來在過去，日本女性最為在意的是自己的肌膚和頭髮。在用語中也留下了很多與肌膚有關的語言。如「肌が合わない」（合不來），「肌が合う」（合得來）等。「商人肌」、「學者肌」、「文人肌」等「氣質」用語也用肌膚來表示。所以對日本女性來說，肌膚的光滑光豔是第一位的。而要做到光滑光豔最為重要的就是保持肌膚的白。白就是美。所以自古以來日本人就看重白。奈良時代的女性就開始塗白粉。平安時代的《源氏物語》中，女性美的表現就是「絹白」。又白又有光澤就是「像絹一樣的白」。又光滑又柔軟就是「像米餅一樣的肌膚」。日本有「秋田美女」之說。美在哪裏？美在肌膚白。所以秋田也是日本美容院最多的一個地方。由此故，藝伎在化妝時，嘴唇也被塗上厚厚的白色「塗料」，只在上面點一個小小的櫻桃紅。就像白雪上的一點血，很是醒目。

藝伎也十分注重髮型。她們通常會在頭頂盤成一個很大的髮髻。髮髻的裏面襯上一塊綢巾，有時為了定型還襯上紙片，使髮髻飽滿高聳，並用髮卡綢帶固定，再插上髮簪。髮髻中間分開處稍稍露出裏面的綢巾，綢巾的顏色有其特定的含義，可以表示藝伎的等級，新來的舞伎用紅色綢巾，而正式的藝伎用花紋綢巾。

藝伎為什麼注重髮型呢？這也是日本人美意識的一大特點。日本人相信毛髮中有咒力。人死了肉體腐爛了，但毛髮仍有生命力。早在奈良朝的貴族女子們，就開始頭頂盤髮髻。藥師寺的「吉祥天女像」就是在盤髮上插入髮簪。這是對當時中國唐風的模仿。到了平安朝，開始時興「垂髮」。就像《源氏物語繪卷》中的人物一樣，遮蓋了耳朵，遮蓋了大部分臉龐。長髮一直披掛於背後。到了室町時代，開始將垂髮打結盤在頭頂。而到了江戶時代，結髮也因身份和職業的不同而有所不同。藝伎結髮的特點是雍容華貴，並插上多彩的髮簪。

總之日本女性最為看重的肌膚和髮型，在舞伎、藝伎身上都有敏感的反映。

舞伎、藝伎厚達十公分的木屐，也是一大看點。為什麼要穿木屐？僅僅是為了增加身體的高度？不全是。由於木屐較高，舞伎、藝伎穿上後，為了保持身體的平衡，步伐會變得非常小。慢慢的，零星碎步狀，看上去不就很優雅、有韻致嗎？此外，邁步時木屐敲擊青石板的清脆「塔塔」聲，不是更蹁躚迷人嗎？特別是舞伎，她的桐木木屐日語叫「おこぼ」，底面形狀與藝伎的桐木木屐不同，到穿習慣為止，步伐要更慢才行。

當然，如果在大街上分辨舞伎和藝伎，還有一些其他的視角。如和服顏色鮮豔的是舞伎，比較莊重的是藝伎；袖服長的是舞伎，短的是藝伎；髮飾華麗，基本都有花簾的是舞伎，很少帶髮飾，但都會有一個大梳子的是藝伎，等等。這其中的一個美學原理就是：舞伎要豔麗，因為她剛出世，需要讓客人記住。藝伎要素雅，因為她已老道，需要讓客人喜歡。一個記住，一個喜歡，就是舞伎和藝伎區別的全部。

據說要成為一名出色的舞伎和藝伎，除了外表和技術到家之外，在情性上還要修煉得心靜如水，即無雜念也無野心，純之又純，使見了她們的客人也變得純潔、善良。

這正如清朝駐日公使黃遵憲，在一首題名為《藝伎》的詩中所言：

手抱三弦上畫樓，低聲拜手謝纏頭。
朝朝歌舞春風裏，只說歡娛不說愁。

㈣ 小木屋藝伎室的政治模式

二十世紀二十年代是日本舞伎、藝伎的黃金時代。當時日本的文人如夏目漱石、谷崎潤一郎、吉井勇、長田幹彥、司馬遼太郎等人，畫家如堂本印象、橫山大觀、山口華楊等人，企業家如京瓷的創始人稻盛和夫，本田的創始人本田宗一郎等人，都是藝伎館的常客。甚至連諾貝爾物理學獎獲得者湯川秀樹也光顧過京都的藝伎館，喝了兩盅日本酒後就大談宇宙的物質存在，藝伎們聽得一頭霧水。

藝伎們有時會代替客人飲酒，然後深深地向客人鞠上一躬，露出塗着一層厚厚的白色脂粉的脖頸。藝伎與普通身着和服的日本女人最大的不同就在於，後者的和服後領很高，把脖頸遮得嚴嚴實實。而藝伎們的和服脖領卻開得很大，並且有意地向後傾斜，讓脖頸全部外露。據說，藝伎白白的脖頸是最能撩撥日本男人的地方。日本男人會為此想入非非，相當興奮。吉行淳之介的小說《娼婦的房間》，就提及「二十五歲的我」的視線中，年輕的藝伎從衣領處「剝出的肩肉」。

藝伎在日本地位的重要性是從十九世紀中葉的明治天皇開始的。當時各地武士正在醞釀推翻幕府將軍的軍人獨裁，為了掩人耳目，他們的計劃就在藝伎室裏商定，且大多數是在京都。後來武士們革命成功了，成了新的政治領袖，他們便帶着自己心愛的藝伎紛紛前往東京。當時的伊藤博文、木戶孝允、滕浦大郎、斌訪有友的妻子都是藝伎出身。在倒幕運動中更有不少藝伎挺身而出幫助勤王志士。如藝伎君尾，嫁給追捕維新人士的幕府高官島田左近，借機刺探幕府的機密，幫助許多維新派人士逃脫幕府的追殺。後來，根據她的情報，維新派武士成功地刺殺了島田。足見「榻榻米」上的藝伎們的作用和特殊地位。

這種採用「小木屋藝伎室」解決問題的傳統方式一直沿襲至今日的日本政壇。執政的自民党官員們，大都喜歡或習慣於在美女陪伴的藝伎館商討白天所不能解決的問題。如吉田茂在藝伎木屋裏商討過戰後日本復興計劃；田中角榮在藝伎木屋裏密議過日中恢復邦交的問題。最有代表性的是前幾年下台的首相森喜朗，在一年不到的任期裏到訪藝伎館就有五十四次，密談的內容包括如何應對國民罵他不問國事而專打高爾夫球。為了支付內閣要員閒逛藝伎館的高額支出，日本政府還專門成立了一個秘密基金會，想使其開支正當化。二十世紀七十年代，風靡一時的小說《金環蝕》的作者石川達三，把藝伎館比作日本政治的後台、日本經濟的廚房，說政治家們在這裏靜靜地從酒杯中咂着酒，在這裏「拆解着各種秘密，在建立私人同盟。日本由煙花柳巷的赤阪和新橋統治着」。真可謂把政治家和藝伎們的互動關係描寫得栩栩如生。

說笑、調情、上茶、奉酒、品味壽司，然後是舞蹈表演。從緩慢悠長的動作中，用心體驗每一個技法，哪怕是一個指頭的彎曲、哪怕是一個眼神的轉向，都是內心讀出來的，自然流露出來的。

在調情說笑中，藝伎們能夠很敏感地捕捉男人們心中的結、心中的痛，並用一般女人不具有的經過特殊修煉才養成的一種風韻、情性消解男人心中的結、心中的痛。一切都是不露山水，點到為止；一切都是恰到好處，絕無硬傷。因為直接提看法、發建議，這與藝伎的身份不符，更是日本政治的大忌。日本的政客們也正是在這一點上喜歡她們，欽佩她們的聰明與智慧勝於自己的妻子。也正因為這樣，在日本也只有舞伎、藝伎們能和首相們平起平坐，談笑風生，調情取樂。就連英國女王、愛丁堡公爵以及查爾斯王子等歐洲王公們，甚至美國前國務卿基辛格來日本，都要慕名求訪幾位最富魅力和人氣的藝伎。

當然，藝伎們也有一個不成文的規定，無論她們聽到什麼看到什麼都絕不能向外界走漏一絲風聲。如一旦敗露，則必將身敗名裂。正因為如此，日本各界大亨們才會放心地在藝伎面前討論任何重大問題，無需避嫌。應該說這是她們心境修煉的極至，這是日本理想「婦道」之精髓。就像增田小夜在一九五七年出版的自傳《藝者》中所寫的：「別人說我是傻瓜，我就像傻瓜那樣，不管什麼事都不露聲色，決不反抗別人，決不說不愉快的事，找些別人高興的事說。」

實際上，關於這一點，早在《源氏物語》中，紫式部就對日後的藝伎定下範型。《賢木》卷如是說：

> 女人不應該多嘴多舌，在這方面哪怕有一點不慎，都很丟臉。

這是桐壺對朱雀院的遺詔。關於公務之類的事情，女人更不應該插嘴涉足。

但也有例外。一九八九年六月任日本第七十五任首相的宇野宗佑，有一次對非常漂亮的藝伎中西蜜子說，如果做我的情人，給你三十萬日元。包一位情性高雅的藝伎，竟然只用三十萬日元。自尊心受到極大傷害的蜜子，一氣之下向《每日新聞》的記者告發了事情的真相。作為一位政治家，竟如此卑鄙地想包養情人。作為一國之首相，竟小氣地想用不夠買一個名牌包的價格沾手名流藝伎。醜聞引起了國民的憤怒，三十萬日元，也成了國民的一個飯後笑料。短命的宇野只做了六十九天的首相，便在痛罵聲中下台了。這一事件同時也是日本戰後唯一一次藝伎洩漏與政治要人親密關係的事件。中西蜜子當然也知道有違家規，遂削髮為尼荒度青春。這也足見藝伎剛毅的一面。

㈤ 使人迷醉的京都五花街

江戶時代由於治安安定、經濟繁榮、文化發展等原因，使得日本各地誕生了很多花街。明治文人曲亭馬琴在關西地帶旅行，留下了「洛中大半皆妓院」的記錄，對京都的花街發出感歎。

有着千年都城歷史的京都，之所以有這麼多的藝伎，一個原因是為豐臣秀吉的正妻服務的女流們，都能歌善舞。這是個源流，也是京都的藝伎們歌舞樂曲技藝精湛的一個原因。同時由於這個源流，與和服布料有關的西陣和友禪也都相繼發展，技術達到了一流。其結果，京都的花街，不僅在江戶時代就是接客的歡樂街，同時還作為一流文化的觀光地被世人所接受。京都花街的接客和觀光的兩面，現在也很扎實地被繼承了下來。藝伎們獨特的風景線，不僅引來了客人，也引來了大批的觀光客。於是京都的花街成了一個傳統文化的產業。

京都有五花街之稱。這五花街分別是上七軒、祇園甲部、祇園東、先斗町和宮川町。

上七軒在京都花街最為古老。它靠近祭祀菅原道真的北野天滿宮。早在室町第十代將軍足利義植的時候，當初叫北野社的天滿宮發生大火燒燬了大部。在修造的時候用其材料順便搭建了七軒茶屋，這就是上七軒的起源。之後的一五八七年豐臣秀吉在北野舉行大茶會，這家七軒就用於休憩所。到十七世紀前半，隨着江戶幕府的許可，茶屋發展成了花街。雖然離京都的繁華街遠了些，但它緊臨西陣，而西陣周邊有很多排列整齊的町家古屋。細長的石階路隱藏着帶有神秘感的古屋，倒也生趣。藝伎們非常喜歡這裏。觀光客在這裏很容易看到藝伎們的亮麗身姿。

祇園甲部與祇園東屬於五花街中規模最大的兩處。前往八阪神社參拜的人們，在這裏歇腳喝茶，是其起源，那是在十六世紀的時候。後從喝茶，吃和式點心發展到喝酒點菜。而在水茶屋奔跑的女服務生們，開始唱歌跳舞為客人服務，之後發展成了專門的藝伎館。

祇園甲部與祇園東原本為一家人家。在明治初期，京都府將其分為祇園甲部和祇園乙部。只是後來感到乙部在甲部之下，風水不佳。就將祇園乙部改為祇園東。日本三大祭之一的京都祇園祭，就在八阪神社舉行。在祇園祭期間，藝伎們破例地被允許結成「勝山」的髮型。此外，作為祭神的一環，藝伎們還表演奉納舞和花笠巡行。祇園祭與花街的緊密聯繫，使得藝伎文化更具儀禮色彩和宗教意味。此外，祇園甲部每年四月要舉行「都舞」，藝伎們用色彩和舞姿，讓人們感覺春還在你的身邊，還沒有遠去。

先斗町的風情特色在於處在被三條、四條、鴨川、高瀨川圍繞的石階路地的花街。先斗町名字的來源不明。一說是來自葡萄牙語的「先端」和「橋」之意。在江戶時代的一七一二年，水運發達的先斗町取得了經營料理店的許可，茶屋、旅籠屋開始出現。一八一三年取得了從事藝伎的許可，誕生了先斗町花街。明治時期，先斗町花街不問出生地廣招各地舞伎人才，遂使得這裏的藝伎素質很高。在京都花街被風評為「粹」藝伎，屬先斗町最多。每年五月先斗町要舉行「鴨川舞」。鴨川柳樹爆出新綠，倒映在河面上，給人很強的初夏來臨的季節感。「鴨川舞」成了先斗町的風物詩。

宮川町也位於鴨川沿岸。鴨川的河原，在歷史上曾經流行過著名的阿國歌舞伎，所以小劇場多是個特點。為前來小劇場看戲的觀眾提供茶點，之後再發展成提供酒水。終於在江戶中期成了綜合性的遊樂場所。現在宮川町的一大特色就是舞伎的人數多。每年四月舉行「京舞」，眾多舞伎的身姿同時亮相，非常的豔麗。觀光客大飽眼福。

身為京都人，對歷史上形成的五大花街有什麼評價呢？

有日本人說，保持傳統與格式的祇園町，接待其他地方來的客人最好。

有日本人說，具有粹氛圍的先斗町，自己玩樂最好。

有日本人說，輕鬆娛樂的宮川町，慢慢地享受最好。

有日本人說，非常平和的上七軒，帶京都人來玩最好。

京都狹窄的盆地，能開出五朵色彩各異的藝伎之花，真是對日本文化的一大貢獻。這種帶有「鄉愁」味的軟實力，令日本人非常得意。

㊅ 京都花街的經濟規模

京都的藝伎文化，作為一項產業，它的經濟規模如何呢？這也是我們感興趣的話題。

首先看藝伎的人數。

據京都傳統伎藝振興財團提供的資料（二〇〇七年二月為止）顯示：

祇園甲部：藝伎八十六名，舞伎二十八名，茶屋七十四間。

宮川町：藝伎四十名，舞伎二十七名，茶屋三十七間。

先斗町：藝伎四十一名，舞伎十名，茶屋三十二間。

上七軒：藝伎十八名，舞伎七名，茶屋十間。

祇園東：藝伎十一名，舞伎五名，茶屋十二間。

合計為：藝伎一百九十六名。舞伎七十七名。茶屋一百六十五間。

而在大正初期，京都五花街僅藝伎人數就是一千二百人。從藝人員急減是個不爭的事實。

那麼人員急減的原因是什麼呢？就是現在的青春女子不再願意做「化石」或「國寶」。一個整天手持iphone、以卡哇伊為賣點的日本美少女，不能忍受將自己的青春生活葬送在儀式中。但是最近的一個調查傾向顯示，想成為舞伎的少女人數在增加。這也是家長在為學習不好的女孩尋找出路？不得而知。但一個不可更改的事實是想成為 AKB48 少女組合的人多，想成為京都舞伎、藝伎的人少。

將文化產業化是日本人的拿手好戲。他們成功地將動漫產業化，將卡哇伊產業化，將少女組合產業化，將情色產業化，甚至還將賞櫻產業化。總之，將一切有文化元素的東西全部產業化，是日本人最願意幹的事。那麼藝伎文化也要產業化。

有日本學者對京都花街的經濟規模做過推算。我們來看看是如何推算的。

午後六點。筵席開始。召喚舞伎、藝伎的時間單位，通常是兩到三小時左右。如在「座敷」，與藝伎遊玩的時間為兩小時，其花代（也叫玉代，是客人叫喚藝伎出場費用）一人是二萬五千日元到三萬五千日元。舞伎、藝伎們通常的出場時間是從午後六點到夜晚十二點。這期間假設出場三到四回，一個人一個晚上的營業額是十萬日元。如果再加上通常到其他地方串客（日本語叫「遠出」），白天各種商業機構的寫真會、見面會等出場費，這樣估算的話一個藝伎一天的收入是十二萬日元。花街的公休日一個月二天。這樣估算的話，藝伎們年間總的工作日在三百天左右。藝伎一人每年總的花代是三百天乘上十二萬日元，為三千六百萬日元。這其中屬於藝伎的收入為七百二十萬日元。也就是說京都花街的一名藝伎，一年為藝伎館賺的錢是二千八百八十萬日元。京都的舞伎、藝伎的總人數約為二百七十三人，二千八百八十萬日元乘上二百七十三人，等於七十八億六千二百四十萬日元。這是京都一年總花代的推算。

此外還有與花街連帶的產業。如飲食業、和服業、鞋業、皮革業、小五金業等。比如客人在茶屋消費的酒水和飯菜。舞伎、藝伎們穿戴的和服、腰帶、木屐、袋物、簪子，以及為舞伎、藝伎服務的髮型師，男眾們的人工費等。還有舞伎、藝伎們學習藝事的學費等。因此從花街全體看，每天還是有相當的金額在市場滾動。如藝伎們的和服定做，每套費用至少在兩百萬到三百萬日元之間。

在往昔，花柳界的料亭和茶屋僅為特定客人群提供接待和玩樂，自然對外「謝絕進入」。但是最近幾年，日本人通過舉辦一些常人可自由參加的收取會費的筵席遊樂會，設置女性專用的午間筵席等措施，開始出現重點對待常客，並歡迎新客人群體的傾向。而且藝伎們的工作場所並不局限於料亭和茶屋內。每逢花柳界舉辦的舞會，當地的祭祀活動以及年度活動，劇場舞台等戶外活動時，也能在各個花街上欣賞到藝伎們的技藝與舞姿。

㈦ 花街的信用保證制度

日本藝伎文化的獨特性還表現在對待客人方面形成了一套三百多年來一直持續的制度。照理說，藝伎的表演是給客人看的，茶屋和料亭是用來招待客人的，那麼從商業角度來說，客人是多多益善，老客人不怠慢，新客人更歡迎才是。但是日本人的思考並不停留在這個層面。他們想得似乎更文化些。如何把藝伎包裝成不是有錢就能享受的藝術？如何把茶屋和料亭升格為沒有信用沒有素質之人免進的高檔之地？

他們建立了這樣的一個系統：到茶屋來遊玩的客人就是值得信賴的證明。

我們知道，花街誕生於江戶時代。那個時候沒有信用卡，也沒有證明信用的公司，花街是怎樣生存的呢？他們是如何與客人打交道的呢？

江戶人聰明地導入了有信用的客人介紹有信用客人的做法。因為到茶屋來遊玩本身，就表明了這位客人的素質與信用，是一個成熟大人的表徵。如關西的經濟人，能到京都的茶屋來遊玩，就是高貴地位的象徵，就是信用的象徵。由這樣的客人再介紹客人來遊玩，可以想像，那位客人的素質和信用也不會差到哪裏去。這種看似簡單，但很實用的待客機制，在花街導入成功。

可能也是基於這個機制，茶屋的媽媽桑看到生客人站立在玄關前，總是用非常婉轉的話語將其拒絕。這個日本語的叫法是「一見さんお斷り」。這也是從江戶時代就開始的制度，雖然沒有明文化，也不見貼在茶屋內，但一直持續至現在。為什麼要拒絕生客人呢？一般來說基於三點：

一、為了防止債務的不履行。
二、為了更好地為客人服務。
三、安全性的考慮。

關於第一點還是信用與信賴的問題。茶屋對一些老客人，哪怕他皮夾子沒有帶也不要緊，一切費用都先由茶屋來墊付，日後再向客人細算。

這裏令人驚歎的是，不僅是到這家茶屋來玩的費用，可以由這家茶屋來墊付，如果客人再到第二家茶屋遊玩，所產生的一切費用，包括出租車的費用，都可向這家茶屋請求，在客人支付之前，全部由這家茶屋墊付。而且茶屋向客人請求償還是在一兩月之後，甚至半年以後也是常有的事情。這樣的會計系統，如果茶屋與客人之間沒有相當的信賴關係，如何能成立呢？所以，面對陌生的客人，而又沒有熟人介紹的情況下，信賴關係是絕對不可能一下子建立起來的。既然信賴關係暫時建立不起來，那麼只能先拒絕再説。哪怕這位客人是個有錢有地位的名人。當然問題還在於日本客人都能平和地接受這個看似很傷自尊心的拒絕。如果他要有錢就是大爺的作風，或者扔下一疊鈔票硬闖進來，那也是夠媽媽桑麻煩的。好在這樣的客人基本沒有。

關於第二點是講茶屋提供服務的問題。茶屋向客人提供服務，是有一套程序的。必須是根據客人們的喜好，不能有絲毫的閃失。因為老客人都有資料的積累，知道客人的傾向，所以藝伎們能投其所好，竭盡全力為客人服務。客人也滿意。而新客人由於沒有資料的積累，不知道客人的喜好，藝伎們如何獻藝為好呢？客人滿足了是偶然，或者是這位客人的不挑剔。不滿足可就砸了茶屋的牌子。放大點説就是砸了花街的牌子。

關於第三點是講藝伎與媽媽桑的安全問題。因為茶屋既是藝伎們的工作場所也是她們的生活場所。將陌生的客人帶進青春女子的住所，即便這位客人是知名人士或是有錢商人，總有安全上的考量。它反過來也是對客人安全性的一種顧慮。

花街對老客人的信賴做法和對新客人拒絕的做法，其本質上説就是想設置一個虛擬的「家」。得到認證過的成員是「內」，沒有得到認證過的成員是「外」。「外」難以入「內」，「內」也難以脱「外」。這裏我們看到的是日本古老的村落共同體的「自家人」意識的體現。這種內是內，外是外分明有別的做法，雖然不能保證藝伎制度的長盛不衰，但至少能保證藝伎的傳承不至於斷了香火。這是三百五十年前江戶人的智慧。

對「一見」（陌生客人）的拒絕，實際上它起到的另外一個作用就是限定客人只能在一家花街的茶屋遊玩，不能隨意挑選和遊玩其他茶屋。這個讓客人强行暗默的做法叫「宿坊」（しゅくぼう）。今天到祇園東，明天去上七軒，後天訪宮川町，這種做法傷害的是客人自己的信用度。在花街，僅有金錢和地位，難以得到藝伎們的尊敬。對客人的度量、器量、作法等的綜合考量，才是客人得以繼續的一大原因，也是客人自身得到磨練的絕好機會，從而躋身於上品客人的行列。這樣反過來也促使花街必須為客人提供更好的服務才行。因為客人不會再到其他茶屋去了，你要有怎樣的用心才能不辜負，才能留住客人的這麼一種「認定」？實際上，花街的忙碌，舞伎、藝伎的忙碌，媽媽桑的忙碌，就是為這個「認定」而忙碌的。

在這個沒有上級領導的花街世界，我們看到的是一個良性循環的系統。不存在媽媽桑、藝伎、客人間的對立，也看不到有錢就是大亨，有權就是大爺的無序。媽媽桑的原則，藝伎的堅韌，客人的自覺，是這個系統得以良性循環的齒輪和螺絲釘。其實，這也是一種文化力的顯現。這裏就暴露出遊玩的本質問題。花街提供了遊玩的空間，而遊玩本身又創造了秩序。支配這個虛擬的約定的空間的是絕對的秩序。遊玩與秩序的內在結合，誕生的是遊玩的美學。

㈧ 見紅的瞬間充滿了喜悅

藝伎必須美麗，這是首要條件。但從生活常理看，美麗女子大多往往品性德行修煉得不到家。而藝伎則做到了兩者的統一，這是個難度很大的人生與倫理問題。可能正因為如此，舞伎、藝伎在日本人的心目中有一種可望而不可及的理想中的高度，有一種不可輕易褻瀆的神聖性。所以，日本的少女迷戀舞伎的大有人在，並以舞伎、藝伎為人生坐標，為能成為一名藝伎而感到榮幸的也大有人在。這可能也是三百多年來日本藝伎香火不斷的一個重要原因。

日本的藝伎被套上神秘面紗的另一個原因是，藝伎究竟賣不賣身？換句話說，她們是不是被有錢有勢者包下，成為「不倫者」？這是多少年來困擾外國人尤其是西方人的一個相當神秘的話題。

實際上，為了淡化藝伎的性色彩，這個行業也是動足了腦筋。為了使藝伎和花魁等遊女明眼人都能區分，就在穿戴的和服上做文章。如何做文章呢？以不同的提襟方式將自己與花魁等遊女區別開來。日本和服的門襟，一般是從左向右掩，門襟合在右側，一般女性都是右手提襟。用右手提襟的話，和服的門襟也合在右側，而且穿在和服下面的長襯衣也在右側，這樣男性的手伸向下擺就變得容易。而藝伎們的和服是用左手提襟，這樣就把右側的門襟合縫拉到中間，蓋住了和服裏面長襯衣的門襟合縫，男性的手就難以伸入。所以，「提左襟」這句專門用語就表示「成了藝伎」的意思。左襟賣的是藝，而不是身，從而表示藝伎的行規。

但即便如此，藝伎與賣身還是難以脱開大眾的視野。二〇〇一年，一位持有日本史學碩士學位的美國人戈爾登，出版了一本轟動整個西方世界的傳記小說：《一個藝伎的回憶錄》。該書僅英文版就賣出了四百萬冊，目前已經譯成二十多種文字出版。好萊塢大導演斯皮爾伯格看完全書更是靈感突發，把它搬上了銀幕，並邀中國女星章子怡、鞏俐出演。

小說中的主人公叫小百合，全書描述了她長大學藝，到祇園做舞伎，然後成為藝伎，直至最後成名的過程。其中，小百合為了錢財向一位商客出賣貞操一章更是全書的靈魂和高潮，引來讀者的津津樂道。

在無奈之下接受戈爾登採訪（由索尼公司董事長盛田昭夫引薦之緣）的小說主人公原型人物巖崎峰子站出來說話了：謊言，一切都是謊言。這是對所有藝伎的侮辱。這是對日本傳統文化的踐踏。她一紙告到紐約曼哈頓聯邦法庭，要求戈爾登停止侵權，並索賠一千萬美元。

為了反擊小說的誣陷，表示自己的清白，巖崎峰子寫了本《藝伎峰子的花樣人生》，由日本最大的出版公司講談社在二〇〇一年七月出版。作為反擊的回應，該書也轟動了日本的出版界，一個月不到，就印刷了第三版。

在日本紅極一時的藝伎峰子，一九四九年出生於京都，四歲時就開始在祇園甲部藝伎「置屋」裏接受舞蹈和禮儀的訓練。十二歲成為巖崎世家的養女，十五歲那年正式成為祇園甲部的舞伎。從一九六六年到一九七一年，她給舞伎界帶來的營業金額是全京都最高的。她成了全日本最著名、最美麗、最富有的舞伎。在她二十一歲那年，她已有資格將和服領子的顏色從紅色換成白色（日本稱「襟替」），這就意味着峰子晉陞成了全職的藝伎。一九八〇年，時值巔峰時期的峰子激流勇退，提出了引退。這在當時的日本是轟動一時的大新聞。引退後不久，峰子就和畫家佐藤仁知（後改名為巖崎仁知）結婚。如今在京都郊外過着平靜的生活，生有一對女兒。二〇〇三年，巖崎峰子又出了一本叫做《祇園的教訓》的書，真實地描述了自己在花柳界十五年的心路和心得。

就是這位百年難遇的出色藝伎，在書中毫不隱諱自己的一段情感經歷，並帶有感情色彩地敍述了在紐約自己失去處女的那一夜。

這是一位有妻室的電影演員，叫利夫（真名叫勝新太郎），他為峰子的風采和氣質所折服。兩人逐漸發展成了戀人，並準備結婚。

峰子當然不會接受。一是因為利夫有妻室，二是藝伎是不能賣身的。在利夫的窮追不捨下，峰子不得已表態説：讓我們等三年，看看是否能成為情人。令人感到驚訝的是，在三年一千零九十五天裏，利夫天天到峰子的「鶴室」做客捧場。這是千金難買的真情，也是千年難遇的真情。峰子被感動了並喜歡上了對自己情有獨鍾的利夫。終於在有一年的夏天，他們攜手共奔紐約度假並在豪華的一家賓館裏，峰子把自己處女的貞操獻給了利夫。她在書中寫道：

> 在見紅的瞬間，我的內心充滿了喜悦。利夫也充滿了激動。這是來到這個世界上首次感受到的幸福感。

這裏，引出來的一個問題是：是不是與喜歡的男客在一起，藝伎就可以失身？如果答案是肯定的，那麼這顯然是有違一以貫之的藝伎之精神：賣藝不賣身。

如果答案是否定的，那麼峰子的行為顯然有破「戒」之嫌。因為對藝伎來説，失身就意味着天使受到玷污，意味着她們的藝術表演就不再純潔無瑕，就起不到對觀眾心靈的淨化作用，因此也就意味着藝伎生涯的結束。

但是，要做到這一點又談何容易。由於是客人出錢取悦，由於是幾乎一對一在昏暗的木屋裏邊飲酒邊聊天邊歡舞，再是道德至上者，再是心靜如水者有時也難以抵當權勢金錢和性的誘惑，況且舞伎們都處於十八、十九的青春期。因此，在藝伎界，一些藝伎被客人明裏暗裏帶走包下，或失身或成為「二奶」之事也時有發生。早期研究藝伎的日本學者矢野恒太對於藝伎的職業是這樣界定的：「第一歌舞彈唱，乃本業。第二端菜斟酒。第三顯示美麗氣質。第四陪酒聊天。第五出賣色相。」關於出賣色相，矢野恒太的解釋是「同時和兩個以上的男子相通，或極短的時間內更換其配偶」，然後又說：「以這樣的標準來看，不出賣色相的藝伎不足二十分之一。」

日本當代著名導演深作欣二在一九九九年拍攝《藝伎院》，講述了藝伎悲涼的情感世界。家境貧寒的涼子，在藝伎館做小雜傭。最後為了家庭還是走上了藝伎之路。她的初夜給了一個七十八歲的富翁。在舉行「水楊」儀式的前一天，她請假去看她心中的戀人。遠遠地看着那個她一直暗中喜歡的男孩。而埋頭做事的男孩根本沒有注意到她。涼子的微笑慢慢地被淚水替代。影片的最後，美麗的涼子向老邁的富翁，打開她美得令人窒息的身體。和式的榻榻米上灑滿了青春的陽光。

這就是藝伎無人知曉的心酸，用青春賭明天。

㈨ 母性的魅力與女性的污穢

有不少人提出這樣的問題：日本的藝伎文化確實是島國風土上的一枝花。那麼開放出這枝花的土壤是什麼？也就是說，產生藝伎文化的更大的文化背景是什麼？

我們可以追溯到日本遠古神話。從中可以窺視到原本日本人像。

人類最大的一個特長，就是能創造出與自身相吻合的神靈。日本人也不例外。

在日本，神道這個語言最初出現在七世紀。這是為了區別外來的宗教如佛教，儒教等而使用的。神道的一個特點是看不到有過抽象的冥想痕跡，也沒有一個在我們的世界外面還有一個世界的意識，或者說根本沒興趣從這裏想進去。從這一意義上說神道是宗教是困難的。

古代日本人心中所謂的天，就是與勞作在稻田的村人們，找一塊能夠喝上一杯的地方。實際上在古代神話中，性這種行為廣泛地存在着，是調節人間關係的一根軸。

在神道中，女性扮演着重要的角色。而這個角色先天地就帶有矛盾的兩面性：一方面認定只有處女才能在神宮裏奉祀。另一方面認定生活中最上位的角色是母親。太陽神天照大神就是演化出來的邏輯思路。在父系社會，太陽神是男性。大地女神與太陽男神結婚是神話的基本物語。在印度，也把從海面上昇起的太陽視為生命力的象徵，但鮮明具有男性神的性格。而保有母系社會痕跡的神道則是反向的。大地是由握有矛的男性神大國主命來統治的，而生命之源是水，從水面昇起的太陽象徵日本，但她是女性的。這位天照大神還成了日本天皇家的皇祖神。火的神話也是這樣。我們看到在日本神話裏，伊邪那美命女神生出火，但為此而死去。但是在父系社會的希臘神話中，盜火的普羅米修斯是男神。

日本人一方面為女性所具有的母性魅力所執迷，另一方面又將女性視為污穢的存在，恐懼女性所持有的作祟魔力。神話中伊邪那美命是生命的創造者，但同時她又被描寫成是死與污穢的化身。此外因妒嫉，而後成為怨靈作祟的大多也是女性。《源氏物語》中，有僧侶對一位母親這樣說，你的女兒與已婚男性最好不要保持關係。母親問為什麼？僧侶這樣說：女人生下來就罪孽深重。在其本性中潛伏的惡之情如果爆發的話，女人就會在漫漫長夜中迷失。如果你的女兒妒嫉男人之妻的話，你的女兒在今世和來世絕對無法解放。

這裏就生出日本男人對女性表有敬畏的感情。一方面是執迷，一方面是敬畏。舞伎、藝伎的原生態，在這裏有所顯露。在被設定的空間裏，男性客人與舞伎、藝伎之間，不就是一種執迷與敬畏的關係嗎？在客人的眼裏，舞伎、藝伎具有母性的魅力，同時又帶有作祟的魔力。執迷與敬畏使得他必須定期逛花街。執迷是心裏想着母親的魅力，如果不見上一面總要思念。敬畏是心裏想着女性的恐懼，如果不見上一面說不定哪一天朝我作祟，我就倒霉了。從某種意義上說，去花街，與藝伎歡談，也是另一種形式的祓禊

（日本語為みそぎ），以起到淨化和消除污穢的作用。

所以，在日本女人總是被歡待。就像天照大神被脱衣舞歡待，諸神在喧鬧，在大笑。這裏，諸神的舞台才是形成日本大眾文化的基礎。日本文化這種時而猥褻的，時而溫順的，時而暴力的特點到今日還在存續。

在日本，脱衣舞最初的出演者就是天鈿女命。為了把天照大神從天巖戶引誘出來，天鈿女命跳起神聖的脱衣舞。這個脱衣舞就是為了「讓神快樂」的日本神樂的原型。神樂現在還在一些神社上演着，但對大眾來説已經失去魅力。但是這個神樂之魂則用現代劇種的形式演繹着。這就是日本大街小巷的脱衣舞劇場。

仔細地體會一下，京都祇園裏上演的花街戲，不就是脱衣舞的再現嗎？只是脱衣舞女成了藝伎，小劇場成了茶屋，觀眾成了客人。衣，當然是不脱了，而代之其他的藝技表演。也有母親般的微笑，也有緊張的靜謐，也有癡迷的客人。但是有一點始終不變：座敷上的藝伎並不是被男人慾望屈辱的對象，而是這些母親般的藝伎，像女神一樣完全支配着男人的慾望。到最後，客人也是用熱烈的掌聲和笑聲來消解。這就是因日本神道而觸發的大眾文化的DNA遺傳因子。

這是否就是日本男人總往女人那裏跑的一個原因？在日本男人的眼裏，女性是個群體像，而不是白合細雪的單片。花街的存在，舞伎、藝伎的存在，再推而廣之大街小巷裏的斯納庫等小酒店的存在，它們之所以還能正常運轉，最大原因就是基於日本這種民俗與文化的異質。因為是個異質，所以其他民族也是很難複製的。在島國之外，有聽説舞伎、藝伎在其他地方複製成功的嗎？這正如本尼迪克特在《菊與刀》中所説的，藝伎屬於「人情領域」給在「孝的領域」裏面感到疲倦的人們以安慰。人們沒有理由不去盡情享受。但這兩個領域各有所屬。

⑩ 藝伎的邊緣詩學——粹

藝伎作為一種文化，如果沒有一種理論上的或者説是哲學上的關照，它的色彩就會黯淡很多，它的腔調也會柔弱很多。在人們的觀念中它的認知性也因此會受到影響。

從哲學上完成對藝伎知性的關照的是九鬼周造。這位被稱之為「東洋的貴公子」（大橋良介語）的人，發明了「粹」這個日本式的獨有概念。他在一九三〇年四十二歲時出版《「粹」的構造》一書，是在巴黎寫成的。他在巴黎哲學名人堆裏，用「粹」這個無法翻譯的概念，玩轉於東洋與西洋之間。因為西方人怎麼也不會知道，粹是與江戶時代歡場同時成長的一個概念。

九鬼的父親九鬼隆一是駐美全權公使，貴族院議員。母親波津子是京都花柳界出身的美貌藝伎。而母親在回國的船上，又與陪同她回國、寫有名著《茶之書》的岡倉天心擦出戀的火花。火花一燃燒就是九年。岡倉天心為此失去了美術學校的校長職務。母親的不倫給九鬼帶來思考：理想化的女性究竟為何物？

九鬼周造帶妻子縫子去歐洲留學是在一九二一年。三十三歲的時候。因遍歷歐洲美女，縫子與他離婚。他甚至寫出了這樣的詩句：「路易絲為了取悅我，身着日本刺繡的衣裳而出。」他的第二任妻子中西菊江是一位年輕的藝伎。因此他對藝伎認識更為感性直觀。通過考察藝伎的本質，思考藝伎的文脈，他發現用「粹」（いき）這個日本語來表述藝伎是最為妥帖的。他說：「所謂粹就是是東方文化的，或者說是大和民族特殊存在樣態的顯著的自我表明之一。」其極致就是「民族存在的解釋學」。粹的結構被解析為「對異性的媚態」、「意氣」、「達觀」。

這個「粹」字的巧妙在於：它否定了用色情一詞來涵蓋或輕視藝伎的傾向。但是它抓住情色世界裏男女雙方極盡能事的風流或裝模作樣，被強迫觀看的外貌，更是在表面上是出賣色相的藝伎，簡約為淋漓盡致的快意的人生態度。藝伎在男女交往中看似是屬於被「侵犯」的主體，如狎妓商人或男子與藝伎打交道。這時的藝伎要如何保持不被迷惑，不被「侵犯」，這就需要通曉色道，通曉人情奧秘等的對人性的極致認知。九鬼說這就是「粹」，一種和式的審美意趣。九鬼曾經向海德格爾闡述過何謂粹？這個時候他的語言也充滿了粹：「所謂『粹』就是像和風吹過來，明亮閃耀，為之吸引的靜謐。」

九鬼從原理構成的角度，將粹限定為三個主要特徵或者說內涵：

第一是對異性的「媚態」。

第二是來自武士道的「意氣」。

第三是來自於佛教的「達觀」。

這裏問題的難點是媚態。何謂媚態？

晚唐詩人崔鈺寫過「朱唇啜破綠雲時，明目漸開轉秋水」美人飲茶的詩句，這是否屬於媚態？但九鬼的視角全然是不同的。

在他看來，所謂媚態就是異性間的永遠的無法合一而生出的姿態。如果男女異性間完全能合體的話，媚態也就消失了。隨之生出倦怠、絕望、嫌惡之情。九鬼引用永井荷風《歡樂》中的一句話：沒有比一直想得到的，最後得到了的女人的命運更為悲慘的。何以成為悲慘的呢？就是因為異性間的媚態消失了，共同幻想論中的男女之情也就不復存在，帶來的是給對方的束縛，以致剝奪了雙方的自由。而如果異性間走到哪裏都是異性相吸，總是互相依存，而且總是保持着二元緊張關係的話，媚態就永遠存在。而媚態永遠存在的話，就構成了「永恆的女性」這個浪漫的故事由來。

這就與九鬼內心的女人像相吻合：自己的母親、自己的戀人、巴黎歡場的路易絲，她們的媚態與他永遠處於一種緊張的關係。故而她們也是他心中永恆的女性。所以，媚態的本質就是要異性間的吸引永遠持續，但同時又不能打破兩者之間限定的極限，即保持自他二元的緊張關係。所以九鬼周造最後總結說：

> 媚態的要領是在可能的限度內使距離接近，卻不達到距離差的極限，作為可能性的媚態實際上是作為動態可能性的媚態。

將媚態用於藝伎，強調的不僅是指風月之道，而是要修煉自己內在的知性氣質。對客人不能認真，但也不能不真。不能純情，但也不能無情。媚態之形成，可以是一個笑顰，一次回眸，甚至是一舉手一投足，可體悟，卻令人難以捉摸。也就是說，對藝伎來說如何將與客人的距離切近到極限，但又讓客人意識到不可褻瀆亂來的澀味。

對客人來說如何做到灑脫和通達人情，不重感官不戀物，在骨子裏讓人感到有一種紳士與商人結合的自由恬淡的張揚。從這個意義上說，媚態強調的是一種精神的清潔，不失自尊，不執着於譏笑的對方。達到一種類似禪宗「悟」的境地，它是江戶人戀的美學。九鬼更把它放大成是「大和民族獨特的解釋學」。

無疑，藝伎的媚態使異性客人帶有一種容易接近的假想。但這裏的難度在於：媚態不是無原則地許諾客人，更不能做出賣身的舉動。但同時又必須與客人保持長時間的吸引力並拉緊距離，盡可能地延長與客人的二元緊張關係。這就需要武士道式的「意氣」，通俗點說就是自尊。具體的表現就是賣藝不賣身。但「水揚」與「旦那」的關係不在賣身之列。

問題是終日與男人周旋的藝伎有自尊嗎？

其實這是個偽命題。

沒有自尊，藝伎就是娼妓。

強調自尊，藝伎就是道德化身。

而在藝伎文化中，道德究竟能化解什麼？

但在九鬼那裏，自尊是用來保持自他二元的緊張關係不趨向合一，為媚態的二元可能性提供進一步的緊張和持久力，以保證「粹」的完成。這就需要藝伎對異性有時要表現出反抗意識。這裏的自尊又表現為一種凜然，一種不屈，一種豪邁，一種俠義，一種頑強。最後，自尊的最高境界演化為藝伎道：金錢買不到傾城。鄙視金錢，連手都不碰，不知物價，不訴苦。這也是九鬼所主張的自尊堅持到最後，就是粹的性情。

當然藝伎不為錢，這是謊言。但說藝伎就是為了錢，這是妄言。日本著名歷史學家網野善彥曾說過，藝伎是揹負着萬人之志的聖女。而聖女又是能用金錢來買賣的商品。這兩件事是矛盾的、悖理的，應該反過來才是。

但問題的複雜性在於：自尊有時會得罪客人，而得罪客人就會影響藝伎館的收益。這是藝伎和旦那都不願意看到的。因此，收起自尊，強吞苦酒與淚水，這幾乎又是藝伎們的共同選擇。她們整天處在這也不是那也不是的生活環境中。她們不能結婚，不能像常人一樣得到愛情和家庭。照九鬼的說法她們是「生活在苦海裏的人」。這就需要一種「達觀」的心態來消解這些痛苦。

所謂達觀就是要放得下，不為情不為結果不為背叛所糾結。九鬼的母親為情而發瘋，這給他留下一個思考：作為角色的女性，沒有達觀的心態，何以可能？也知道達觀這個概念的虛偽性和欺騙性，但是藝伎在這個行業，沒有達觀的心態，一天也難以生存。

藝伎之所以令人刮目相看，之所以在常人的心中留下形象，就在於將勉為其難的或者將強制性的達觀，上升到了主體自律的境界。這點有點像康德所言的「物自體」的命運。

九鬼在歐洲冶遊的詩中，有一首提到了粹：

我的心啊！
在春夜的勒奈的身上，
嗅到了
與故鄉粹相似的香氣。

這是什麼樣的香氣呢？

就是從藝伎身上散發出的媚態—意氣—達觀的三股香氣。

㈩㈠ 留下哀哀的淡淡的惆悵

一方面是天使的化身，是安撫男人心靈創傷的母性象徵，具有崇高性、神聖性；

另一方面又沾上青樓女子的風韻，心照不宣地既賣藝又失身。

什麼都不絕對化，也不相對化。這或許就是日本藝伎引人入勝之處，這或許也是大和民族柔軟性思維在藝伎身上恰到好處的體現。

幾年前，藝名稱之為藤花、桃花、荻花、菊花的祇園四舞伎，聯名寫書，取名為《舞伎的反亂》。書中控訴了舞伎的非人道生活，揭露了「置屋」濃厚的封建色彩，鞭韃了舞伎界實為金權世界、無法無天的世界。看了使人大吃一驚。原本為日本精英文化的一部分，原本為日本傳統娛樂活化石的舞伎界，竟是如此的黑暗和殘忍，真是字字血、聲聲淚。

四朵花在書中傾述道：在「置屋」裏看管她們的老媽，就象惡婆娘一樣，不許她們外出交友，不許她們聽音樂、看書和閒談；休日外出旅遊或看電影全程都被監視；父母寄來的信件都要先拆開給老媽看；客人的小費要上交、大熱天禁止開空調、數九寒天赤身裸體坐在通風的浴室聽老媽的訓斥、不許接哪怕父母打來的電話、談話有監聽、誰提出不想幹就必須交四百萬日元，如此等等。

舞伎們拿青春賭明天，到頭來像巖崎峰子般的一代名流又有幾個？又有多少青春女子的春夢被碾碎？這是一個表面華麗、純粹，實為昏暗、流氓，以犧牲美麗青春為代價的封建小社會。

痛苦與恍惚、性與死、崇拜與恐怖、清淨與污穢、這些日本祭祀的宗教活動中都不能或缺的要素，也存在於藝伎活動的花街。

一邊是摩天大樓，霓虹燈海，人聲鼎沸；

一邊是木屋隱約，寧靜柔和，雅致幽玄。

一邊是性感肉慾的現實世界；

一邊是陰氣濕重的古典世界。

當中隔着一道庭院深深深幾許的紅牆和帷幕。每到暮色時分，豔麗的舞伎們拖着木屐踏地時的回響聲，在空中飄浮回蕩，留下哀哀的淡淡的惆悵。

最後想起了張愛玲關於藝伎的一段話：

《青樓十二時》裏我只記得丑時的一張，深宵的女人換上家用的木屐，一隻手捉住胸前的輕花衣服，防它滑下肩來，一隻手握着一炷香，香頭飄出細細的煙。有丫頭蹲在一邊伺候着，畫得比她小許多。她立在那裏，像是太高，低垂的頸子太細，太長，還沒踏到木屐上的小白腳又小得不適合，然而她確實知道她是被愛着的，雖然那時候只有她一個人在那裏。因為心定，夜顯得更靜了，也更悠久。

你看，一名藝伎竟然能使夜更靜，更悠久，這要多大的力量。

怪不得谷崎潤一郎用藝伎來代表他「聖潔的Madonna」。

日本花柳街的繁華，一直持續到昭和四十年代的經濟高速增長期。進入昭和五十年代後，客人漸漸稀疏，花街開始冷清。現存的花街，雖然不復有當年的繁盛，但為確保傳統文化之光不熄，藝伎們還在為紙質的京都，再貼上新的色彩之紙。藝伎們還是堅信藝伎是日本的臉面，更是京都的臉面。沒有了藝伎，京都還有什麼？神社寺廟還有神韻？沒有了藝伎，京都的石子路，還有木屐聲聲嗎？

進入近代以來，其他國家都將經濟發展與情色加以分離。但只有日本，這種分離還看不到。都說藝伎是日本文化的「活化石」，是已經躺在棺材裏的「木乃伊」。但是日本人還是在小心翼翼地在玩弄這塊「活化石」，用心地使這具「木乃伊」不被風化。

於是，有日本人這樣說，藝伎不死，藝伎文化不死，只是面臨轉型的問題。

問題是一旦轉型還是日本的藝伎嗎？還是藝伎的原汁原味嗎？

於是，也有日本人那樣說，藝伎文化要注入現代元素，否則就完蛋。

問題是一旦注入現代元素，花街還是花街嗎？日本大街小巷如同天上星星一樣多的斯納庫和俱樂部，其陪酒女也穿和服，也履木屐，也化白妝，也唱歌跳舞，也與客人海闊天空無話不談，她們就是藝伎？她們就是京都的「古色古香」？

顯然，這是一個難題。無法獲解的一個難題。

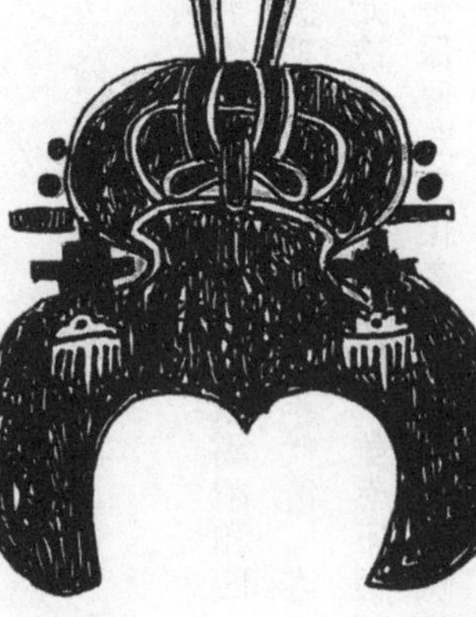

第五章

為什麼不割喉不刺胸？

——切腹文化的心緒告白

㈠ 有趣的切腹問答

切腹，日本語也叫「ハラキリ」。

切腹能成為一種文化嗎？很多人都持有疑問。

如果切腹能成為文化，就像砍頭也能成為一種文化一樣，怎麼聽都覺得刺耳，怎麼説都覺得殘酷。但是，在日本，切腹確實成了一種文化。不但成了一種文化，而且這種文化還在青少年當中普及。如前兩年曾在電視裏看到，為了向青少年介紹傳統文化，甚至向他們作切腹的講解。一位身着白色柔道服的少年，跪坐在榻榻米上，手持木刀，模仿切腹的動作。身旁高手指導他第一刀如何刺下，第二刀如何橫過來等，看了令人愕然。

深作光貞在《日本文化和日本人論》（三一書房，一九七八年）中，開篇第一章就是論述切腹在日本文化中所佔據的位置，他顯然是將切腹作為文化來論述了。

但是這也是外國人怎樣都無法理解、無法看懂的一種文化。比如日本人總是向外國人這樣解釋切腹：

在日本，切腹有二種。一種為自己要的切腹。一種為刑法的切腹。對重視名譽，忠誠、尚武的武士們來説，被逮捕是種恥辱，被他人殺死是種屈辱。乾乾淨淨地切開自己的肚子死去，這叫「切腹」。

外國人不懂。於是問道：為什麼不割喉不刺胸？為什麼一定要切腹呢？

於是回答：這是武士的習慣。

外國人還是不懂。再問：文明化的現代日本人，不認為切腹是一種野蠻的風習嗎？

日本人答：倒不是野蠻。只能説是與現代文明相異質的一個世界。

外國人再問：你支持切腹嗎？

日本人答：我不切腹。

日本人顯得有些不耐煩了。

因為對日本人來説，切腹不是一個理論的、解説的世界，而是一個感知的世界、一個心領神會的世界，也就是説是個思考難以成立的世界。

再比如，切腹的時候，需要有一個站在身邊的介錯人砍下切腹者的首級。但是外國人會舉日本代表性的歌舞伎《忠臣藏》例子説事，並這樣問道：

不錯，這是有名的江戶元祿事件。但歌舞伎中的切腹者淺野內匠頭的首級，並沒有被砍下。這是為什麼？

日本人會這樣回答：實際上是斬了。但是因為是歌舞伎，所以沒有斬。

外國人不服氣，會追問：但在其他的歌舞伎中，切腹者被斬首的很多。為什麼單單內匠頭是個特例？

日本人答：是為了讓主君死的美好形象傳遞給觀眾。

外國人再追問：這不是違反了切腹的規則了嗎？

這回，日本人無語。

這個無語既包含了不知如何回答，更是包含了這個問題理論不清的含義。

㈡ 最初的切腹者成了女神

在日本，最初的切腹者是誰？

起源很古老。但是在七一二年完成的《古事記》裏，並沒有切腹的記載。《古事記》儘管寫了各種各樣的神，就是沒有寫切腹神。這倒是可以問個為什麼的。可惜，沒有日本人問。學者們也忽視了。

倒是在七一五年前後所著的《播磨國風土記》中留有切腹的記載。但切腹者不是男性而是女性，是一位居住在花浪山的女人。這位女人不知道是什麼原因與丈夫分離了，記載中說她自己為了追尋丈夫來到這裏，頓生憤怒與怨恨，便持刀劈腹，再投身湖沼。這個湖沼日後就稱之為「腹劈沼」。這個沼塘的鯽魚至今沒有五臟。這是為什麼？沒有人知道。恐怕這就是傳說故事的力量了。

這裏，為什麼要追尋丈夫？追尋丈夫為什麼又頓生憤怒與怨恨？《風土記》語焉不詳。讀者唯一能明白的是這位女人死的程序是先切腹再投湖沼。

問題也就在這裏。為什麼不直接投水而死呢？為什麼在投水之前先要切腹呢？這個問題實際上與近現代日本人切腹一樣，為什麼介錯人不直接斬首呢？為什麼要在斬首之前先切腹呢？

從文本主義的角度來分析的話，《風土記》的切腹傳說，至少包含了二個有意味的形式。

一個是女性而不是男性切腹，表明日本人看重肚腹。日本的文明體質屬於農耕文化。打出「豐饒大地」形象的是女性。日本的太陽神也是女性。而女性的肚腹比男性有更多的價值體現，這也是不爭的事實。如女腹能孕育生命，誕生生命。照日本人的說法就是「玉所」所在之地。傳說中的女性將自己最有價值的肚腹切開，並給人看，是報復丈夫的最有力的手段（這裏的一個設想前提是，這位丈夫拋棄了自己的妻子）。為了報復你，我就死給你看，而且用最痛苦的方法死。這賦予了切腹所具有的最初美學意義：悲壯與震撼。這種悲壯而震撼的尋死方式可能為後來的日本人提供了某種暗示——完成美學意義上的切腹。

一個是切腹以後的成神。這位切腹的女性最後成了「淡海神」。也就是說不問身份，不分善惡，也不管你以前做過什麼，只要是切腹就成神。有句話說放下屠刀，立地成佛。而日本人則講剖腹開肚，立地成神。這也給後來的武士們一個啟示：切腹是表面的死，實質的生。

一個是肚腹代表神聖，一個是切腹成神。這兩點將日本的切腹文化給支撐住了。

有人對在日本流行很廣的《太平記》一書做過統計：在二千六四十名自殺而死的武士中，以切腹方式自盡的就有二千一百五十九人。《太平記》一書還生動地描述了一三三三年六波羅武士們得知佐佐木時信降敵的消息後，北條仲時就說「痛痛快快地切腹吧」，結果四百三十二人絕望地在一向堂集體切腹。

血浸其身，恰如黃河之流；屍骸塞庭，不異屠所之肉。

《太平記》如此描寫當時的淒慘情景。書中還羅列了切腹者的姓名，其中包括在船上山後被醍醐軍擊敗而逃亡海上的隱岐判官佐佐木清高。

六波羅軍集體切腹所在的一向堂，現在是蓮華寺。據傳是聖德太子開創的，也稱「法隆寺」。當時的住持同阿上人，在裏庭為四百三十二名六波羅兵將逐一修墓。現在這些大小不一、長滿青苔的石塔，還默默地矗立在原地，向前來參拜的人們述說着六波羅的故事。同阿上人還為死者作了一本名冊《陸波羅南北過去帳》，記載了一百八十九人的名字（有些人沒有留下姓名）。

㊂ 西方人的胸　日本人的腹

《舊約聖書》裏是如何將人類最初的女性創造出來的？這個問題讀者或許並不陌生。

毫無疑問，神最初創造的是亞當。但是神又認為：只有一個人是孤獨的。為了一個孤獨者，再造一個助手給他。於是神就讓亞當睡覺，而且要深睡。在他睡覺的時候，取下他的一根肋骨。神就用男人的一根肋骨創造了一個女人。這根肋骨權當胸部的骨頭。

神話產生於人類的深層經驗。用胸部的骨頭製造另一半，而不是用身體的其他部位。這是個看點。如果希伯來人對誕生女性的思考是從腹部感覺的話，神就不會取胸骨而是取腹部的一塊肉創造夏娃。

猶太，基督教文化圈的人，聯想起浪漫的事情總是與胸相連。對戀愛的思念，文字上的表現就是對心的思念。西方人在胸口畫十字而不在腹部畫十字。據統計，《聖經》裏採用「心」的文字是八百次，而腹部只用了一次。表明在西方人的眼裏，心才是人格和人性的宿營地。

從人體的生理構造來看，腹就是從胸的橫膈膜到腰部的這塊地帶。有肚臍的這邊是腹，沒有肚臍的那邊是背。所謂腹就是指處於中央部位，寬廣且沒有任何東西的空間。這在陸地上是平原，在海裏是海原。天空沒有一絲雲彩的天氣叫晴天。「晴」的日語發音為「ハレ」，與「腹」的發音「ハラ」為同根。在什麼也沒有的地方凸突，叫做孕育，日語叫「ハラム」（孕む）。在什麼也沒有的地方盤宿嬰孩，叫做胎，日語叫「ハラ」。冬天什麼也沒有的樹木，其實正孕育着春天的生命，日語叫「ハル」（張る）。

這樣來看，所謂「腹」就是在什麼也沒有的地方孕育着什麼。

這裏，令人費解之處在於，日本人為什麼要切腹而不是割腕或刎頸自殺呢？原來，日本人是一個特別重視肚子的民族。對日本人而言，全人格的中心既不在頭部也不在胸部，而是在腹部。腹部集思慮、情感、勇氣和意志於一處。所以日本人是借着肚子與他人溝通，表情和語言上的溝通一直不太受到重視。這種難以言喻的功夫，日本人稱之為「腹藝」。因此，在日語中與腹部有關的詞語也特別豐富。如「腹を割

って話す」（推心置腹），「腹が見えすく」（看穿心計），「あの人の腹がどうもわからない」（他的心思很難摸透）等。這裏，與心有關的都稱之為腹。

在日本你要稱讚一個男子身材好，最好説他小腹微凸，頗具威嚴。大腹便便，這個在當今減肥的時代絕對是個貶義詞，但在日本，這個詞就是對男人人格的一種首肯。從這一意義上説，要表現自己的忠信、勇敢和意志，剖開腹部也就是很順理成章的事了。南部藩出身的新渡戸稻造在他的《武士道》一書中就是這樣寫道：「打開腹部的靈魂之窗，是紅是黑，請君自公斷。」

一七三九年成立的岡山藩士湯淺常山的《常山紀談》中，有一段德川家康與家臣成瀨正成的有趣的對話。

豐臣秀吉在大阪集合軍馬的時候，有一個人騎在帶有紅鞍的黑馬上。秀吉問：這是誰？

家康答道：德川家的武士成瀨小吉。

秀吉再問：俸祿多少？

家康答：二千石。

秀吉：呵。如果奉公於我的話，給五萬石。

之後，家康招來成瀨説明事由。

並問：想奉公於秀吉嗎？

成瀨馬上大叫：這不是很無情的事情嗎？

家康不動聲色地説：不，不是這樣。奉公於秀吉的話，會對你有好處，他説了。

於是，成瀨留下了眼淚。説：不肖的我，拿着你的俸祿，但卻有人要我拋棄主君，我還不知道，真愚蠢。我趕緊自害亮明心意。

書中沒有寫自害的方法。但是在江戶時代，武士的自害就是切腹。這個小插曲就表明：為了向主君表明自己的真心，切腹給你看。這是個什麼觀念呢？主君並沒有下令要處罰、要切腹，而是主體的「我」為了證明自己的清白要求切腹。

這就是日本人理解的腹。

這樣看來，日本人的腹就是西方人的心。西方人的心就是日本人的腹。

㊃ 切腹何以變得可能？

切腹死其實是一種很痛苦的死。因為它不能馬上致死。那麼日本人為什麼偏偏選中切腹來了斷自己呢？也就是說切腹是何以變得可能的？

從本質上說，切腹不能算作單純的自殺。能夠活下去的話還是要活下去，但是又想用自己的手結束自己。在死去的同時，或者說代替死這個事實的，是不是某種的生？是不是有對某種生的期盼，才選擇了切腹死？在日本人眼裏，所謂農耕信仰就是生死同時祭祀的一種信仰。那麼切腹是否也與農耕信仰有關？

從日本的切腹歷史來看，切腹者面對自己的主君，在心意難以溝通、真心不被認可的情況下的切腹，就有一種即便是我的肉體已經死了，但是我的真心想通過切腹的行為表達出來。讓你們知道，並想得到評價就是當時切腹者的內心期盼。

在形勢惡化的戰場上，或在即將陷落的城堡上的切腹，想要表達的意思是：在戰場上我是失敗了，但是從自己的精神意志來說一點也不想投降。由於種種條件的局限，我已經不能在敵人面前表現出英勇壯舉了，但在投降敵人之前用切腹的方法，表示自己的英勇壯舉，並以此得到後人的誇讚。表明肉體死了，但精神不死。

在切腹中有一種跟隨主君殉死的切腹。它可分為三種形式：先於主君死的切腹，叫「先腹」；同時與主君死的切腹叫「供腹」；主君死後的切腹叫「追腹」。這種切腹也是一種強調自己與主君關係的切腹。在日本的武士時代，生活的全部都是來自於主君的恩賜。如果自己跟隨主君切腹的話，自己的後代就能繼續存活下去，繼續領取俸祿。這樣計算的切腹者不能說沒有。這也叫「商腹」。這是切腹者對現世的一個懇望。用自己的死，換取後代的生。用後代的生，在觀念上延續自己的生。

而因為職務上的責任、世間的義理等原因的切腹，則是有一種想恢復失去的名譽和面子等的願望。這裏的名譽和面子，實際上就是生的延長線。

與這種「死就是生」的切腹相比較，在日本還有一種相當例外的切腹。叫做「詰腹」（ツメバラ）。所謂「詰腹」就是本人沒有一點想死去的意願，也沒有一點想死去的準備，但是周圍的人硬是要他切腹。或者，硬性將短刀塞在他的手中，讓他插進自己的腹部，強制他擔當責任。這也就是說這種切腹是強迫性的、高壓性的。這種死，不帶來任何的為了自己的生的含義。而且隨着自己的死去，家族和後代也因此失去任何的體面和信用。

不管怎麼說，所謂的切腹就是切腹者還有充分的繼續生存的體力因而想繼續活下去，但是發生了必須死的事情，因而切腹死去。所以與生老病死相比較，切腹而死留給這個世界的依戀是巨大的。因為自己的切腹給留下的生者帶來了價值，這個價值也可理解為一種「遺志」。而遺志則屬於精神性的。這個精神性的東西則是要讓活下來的人來實現的。從這樣的邏輯推論來看，切腹者就是不死鳥。切腹者用自己的手，將腹部切開，也就是用自己的手將自己的精神、意志、真心、感情、勇氣等釋放出來。而且不讓他人的手沾上血、沾上污穢來解決問題的同時，自己釋放出的精神、意志、真心、感情、勇氣等，在自己死後有活着的人將其整理，並作為一種導向和激勵，讓活着的人沿着自己的遺志前進。自己成了神不說，活着的人也為此借光不少。

就這樣，切腹這個血腥的個人行為，在其他民族和地區不可能發生，或不能持續發生的事情，在日本不僅變得可能，而且還成了一種制度和文化。

⑤ 死的做法：東國切腹 西國跳水

《平家物語》一個最大的可看之處，就是非常清晰地為日本人描繪了兩種死的做法。

武士的死：切腹和投水。

源氏和平家。

源氏的武士是切腹。平家的武士是投水。

源氏的根在東國，東國武士死的覺悟（往生）是切腹。平家的根在西國。他們不認可切腹這一死的做法。在壇浦合戰中敗北的平家一門，最後跳海，選定了水死的做法。

切腹的典型做法的表現者是源賴政。他向平清盛反旗挑戰，最終寡不敵眾，在宇治川河畔迎來了人生的最後時刻。一一八〇年，這位七十七歲的老人，被平家抓獲，決絕砍頭，選擇了切腹。唱了辭世歌：

就像一棵枯樹
我們無法從它那兒摘來鮮花
我的生命多麼悲愴
注定此生無果而終

首先面向西方唸佛，表明身後想往生於西方淨土，然後用短刀刺進皺巴巴的腹部。家來介錯砍了首級。這是規範的武士死的做法。從這以後的近八百年，日本人接受並繼承了這一規範的切腹作法：切腹與美的結合。菊與刀，或櫻與劍。

東國為何是切腹的？民俗學家千葉德爾在《作戰的原像》（平凡社，一九九一年）和《日本人為什麼切腹》（東京堂出版，一九九四年）中，注意到了東國文化中所能看到的弔唁儀禮習俗。從這些習俗中發現，東國文化帶有狩獵文化的性格，而且色彩很濃。東國人從動物的生態中學到了很多。狩獵民日常的工作就是解體動物。如何將動物作最大限度的利用？就對解體技術提出了要求。如解牛，就有一種切割容易，出血不多的解體法。切腹有多種方法。東國武士的切腹就是從這裏受到啟發。但武士在切腹的時候，特地選擇了疼痛最為厲害的一種方法：就是刺進去的短刀，再橫過來一字切。這是用加劇疼痛的方法表明自己是清白的。

那麼平家武士們投水的起源又在哪裏？這或許與平家從水上崛起有關，但更本質的是變得越來越公家化的西國武士們，所擁有的關於死的美意識。

奈良法隆寺裏的玉蟲廚子（佛龕）的裝飾畫，一般也叫「捨身飼虎」，出典於《金光明最勝王經》。畫面用釋尊的前生譚三場面來構成：站立在巖石上的薩捶太子（釋尊的前世），之後是落下時太子的身姿，最下段是被老虎吃掉之際的太子身姿。為了饑餓之虎和七匹子虎，我投身下去。在投身的時候，要投在老虎最容易找到、最容易吃到的地方。

這裏誕生了投身往生的主題。頭朝下跳下去的瞬間很是美麗，具有王朝人的美意識。平家武士們投身大海，與玉蟲廚子的薩捶太子投身像相重疊。按照宗教哲學家山折哲雄在《往生的極意》（太田，二〇一一年）中的說法，這是理想的重疊、淨土往生的重疊。

這樣來看，在日本東西武士直面死的態度是不同的。切腹可以從繩文文化那裏找淵源。以狩獵採集為特徵的繩文文化，使得對切剖生體感興趣。投水可以從彌生文化那裏找淵源。以稻作為特徵的彌生文化，使得對流水有感覺。兩種死的作法顯然是異質的。

㈥ 切腹的種類與樣式

日本人切腹種類繁多。主要有：

一、戰爭失敗的自刃。

二、對過失承擔責任的自刃。

三、用自己的死換回部下生命的自刃。

四、追隨主君的殉死。

五、勸諫主君的諫死。

六、洗刷污名的憤腹。

七、保全名譽的切腹。

八、給家族與後代帶來恩惠的商腹。

九、憤慨於無實之罪的詰腹。

十、替代刑罰的賜死。

切腹是日本平安時代以後才廣泛流傳的自殺方法，到了江戶時代得以形成過程洗鍊、並有介錯輔助的複雜儀式，其大體過程如下：

切腹者要沐浴更衣。

用來切腹的短刀放在正前方供物的台子上（也叫三寶之台）。

跪坐在特地鋪設的高台地毯上，左側站着介錯人。

上衣脱至腰帶。

為了在切腹後不往後倒，將兩隻袖子掖到膝蓋下面。

作死前的心理準備，書寫辭世之句。

喝一杯準備好的茶水。

與介錯人慎重行禮，說些拜託之類的話。

再與周圍的監視人行禮。

然後拿起短刀，靜默數秒，一下用力捅進腹部左側。

一般武士用一字型，較高級的武士用十字型。

一字型是刀從左腹刺入，慢慢拉向右腹，再拉回來，稍稍向上一劃。當快完成時，切腹者的身體會曲向前面，脖子會伸出，站在後面的介錯人會看準時機揮刀斬下頭顱，以減輕切腹者的痛苦。

十字型是在一字剖的基礎上，把刀尖向上旋轉，割斷上腹的器官，再向下旋轉割斷下腹的器官。十字型要比一字型更痛苦。其創始人是佐藤忠信。

另外還有一些武士在一字剖後，會將刀尖在腹內旋轉，割斷腹內的所有器官。

介錯人注意觀看切腹者的每一個動作，然後突然起刀，在空中停留一秒，一道閃光，刀起頭落，身首分離。

一片死寂。只有流血的汩汩聲。

介錯人低低伏拜，用準備好的白紙擦拭帶血的長刀，然後站立原位。

沾滿鮮血的短刀，被恭敬地移走。

見證人之一提着頭顱，給檢使役審看。

檢使役點頭認可。

切腹儀式結束。

這裏有兩個看點。一個看點就是介錯人。新渡戶稻造在《武士道》一書中，將介錯人與英語「executioner」的行刑人加以區分。認為介錯人必須由一位具有身份的人來擔任，在許多情況下，是由切腹者的親戚朋友來擔任。而他們之間的關係，與其說是執行者與罪犯的關係，還不如說是主角與配角的關係。而且介錯人的刀法要精，一刀揮下，最好是斷頭留皮，其頭與身，堪以一塊皮連着，足可迅速結束其生命，以免掙扎痛苦，又算全屍。這位介錯人就成了名副其實的「刎頸之交」的朋友了。當然還有一種情況，如果武士戰敗但敗得有血性，對手可能會為了向其勇氣致敬，而自願擔當介錯人。

一個是在日本戰國時代至江戶時代初期，切腹者並沒有介錯人協助，會直接於腹部割開十字形狀，讓內臟爆裂流出，直至失血過多死亡。現代醫學一般認為刀鋒到達內臟時，切腹者就會因疼痛失去知覺。在日本，最後使用十字型方式切腹的名人，是一九一二年的乃木希典上將。一種說法他是為明治天皇殉死的。

㈦ 最具大和色彩的切腹

日本的軍記文學作品中，最早記載切腹行為的，恐怕就是十三世紀的《保元物語》。該書所寫武將叫源為朝，武藝絕倫，勇冠三軍，屢有戰功，後為奸人所讒，受官軍圍剿，兵敗切腹自殺。這是切腹行為第一次在書中出現。值得注意的是，《保元物語》把源為朝寫成一位悲劇英雄，他的切腹行為也就成了一種情操高尚的英雄了斷自己的方法，初步具有了悲劇美的色彩。「死是理所當然之事，活着倒是料想不到的事」這句被日本人所熟知並被定格成日本人生死觀的話，就是出自這本書。

在無數的切腹當中，被日本人認為最具有震撼力和壯絕美的，並作為美談流傳至今的就屬「三兄弟」的故事，說的是叫做左近和內記的兄弟二人，為父報仇決定刺殺德川家康。但他們剛一進入軍營便被捕了。年邁的家康對這兩位年輕人的勇氣感到相當佩服，於是賜予他們榮譽的方式去死：令他們全家男子自殺，包括當時才有八歲的小弟弟八磨。他們三人被帶到一座用做行刑場的寺院。一個當時在場的醫生寫下了現場的日記，描述了以下的情景：

兄弟三人坐在一排。左近面向幼弟八磨說：「你先切腹吧，讓我看看你的切法是否正確。」八磨說：「我還沒有見過切腹，等先看哥哥做的樣子，然後再做做。」哥哥含淚微笑說：「說得好。不愧是父親的兒子。」八磨被安排坐在兩個哥哥的中間。左近將刀扎進左腹說：「弟弟，看着，懂了嗎？切得太深了，就會向後倒，一定要保持雙膝穩定，然後向前傾倒。」內記也同樣一邊切腹一邊對弟弟說：「眼睛要睜開，否則就像快死女人的臉一樣。即使刀尖受阻或氣力鬆馳了，也要鼓起勇氣把刀拉回來。」八磨在兩個人都咽氣之後，便鎮靜地脫去上身衣服，照着兩位哥哥的做法，漂漂亮亮地完成了切腹。

另外，藤原義的切腹自殺，對日本人也有震撼意義。公元九八九年，權傾一世的藤原家出現了一個名叫藤原義的惡棍。他武藝高強，詭計多端。京都的捕快決定對他下手。一天晚上，官兵包圍了藤原義的住宅。只見院宅大開，藤原義袒胸露腹，盤坐於堂上。膝上橫着一柄雪亮的大刀，悠閒地吹着簫。簫聲淒涼，靜寂一片。一曲吹罷，藤原舉起大刀，用力地插入腹部，將腹部一字切開，然後用刀尖挑出內臟，扔向官兵，倒地而死。官兵們嚇得無人敢上前一步。據說這就是切腹的最早來源。藤原義當時設計的這一死亡方式，可能僅僅是為了追求死的駭異而已。但他絕不會想到，這種切腹自殺，在他死後的幾百年，居然成為日本人最悲壯的死的典範。

文學家三島由紀夫的切腹，給人留下印象的是介錯人的失誤而導致的淒慘。

關於這段歷史，旅日作家李長聲在《哈，日本》（中國書店，二〇一〇年）書中有精彩描述：

> 事件發生在一九七〇年十一月二十五日。
>
> 一向守約的三島由紀夫帶着森田必勝、古賀浩靖等四個年輕人準時走進陸上自衛隊東部方面隊總監益田兼利的辦公室。
>
> 三島退回總監辦公室，慢慢地脫下上衣，端坐在地毯上。森田轉到他身後，處於介錯的位置。三島手握三十多釐米長的短刀，摸了摸下腹左側，把刀鋒指向那裏。森田斜視三島的脖頸，舉起十七世紀的名刀。三島三呼天皇萬歲，身體前屈，深吸一口氣，「呀」的一聲，全力把刀捅進肚子。右手抖動，又握上左手，筆直地盡力向右拉。森田揮刀，但慢了一點，三島身體向前倒下，刀深深砍進肩膀。
>
> 另外三個人叫喊：再來一刀。三島呻吟着，腸子露了出來。森田又砍了一刀，砍到身上。「趕快補一刀。」他使出全身的力氣砍了第三刀，腦袋還是沒砍下來。「你來替我吧。」古賀浩靖學過劍術，接過刀，一刀砍斷了三島的脖子。試想，若把這個真實場面拍成電影，恐怕只會讓人覺得切腹自殺反倒死得很麻煩。

據說當時三島痛號連連，慘不忍聞。三島由紀夫死後，他的學生森田必勝也隨即切腹謝罪。盾會的會員將二人的頭顱並排放在一起。

後來據日本警視廳的調查，三島當時「刺入深度是七釐米左右。」而一般是要在十五釐米左右，可見切腹的難度還是很大的。

另一位旅日作家陳舜臣在《日本人與中國人》（集英社，一九八四年）中談到三島的切腹，說他的死「斷絕了人間味」，因而「不是政治的死，而是美學的死、情調的死」。

把切腹當作一種情調，砍頭就成了風吹帽。

⑧ 首次在外國人面前切腹

一八六八年正好是明治元年正月，舊幕府軍在鳥羽伏見之戰中敗北。德川慶喜乘坐「開陽丸」軍艦逃回江戶。這個時候朝廷命令薩摩藩在大阪，長洲藩在兵庫，土佐藩在堺等地，嚴查嚴防。

接受命令的土佐藩，派遣了六番步兵隊和八番步兵隊去堺警備。這時正好停泊在天保沖的法國軍艦，水兵們下艦上陸，並在市中橫行，町民皆恐慌，老幼哭泣，商店也關閉。面對騷亂，土佐藩的步兵隊長要求水兵回到軍艦上。但由於手續不全，言語不通，事態非但沒有收拾，反而鬧成更大的騷亂。在騷亂中，四國土佐藩堺領地的士兵，殺死了十三名法國水兵，受傷多名。事發後法國公使向明治新政府提出最嚴重的抗議。並提出斬首殺害法國水兵的二十名日本士兵，支付賠賞金，土佐藩主謝罪等要求。新政府為了鞏固政權基盤，迫於壓力答應了法方的要求，下令步兵隊隊長箕浦豬之吉、西村左平次及士兵共二十人，執行切腹。

二月二十三日，法國公使及其二十名持槍衛兵，臨場妙國寺觀看。

第一位登壇的是六番隊長箕浦豬之吉，他面向法國人發出雷鳴般的吼聲：「我不是為你們去死的。看我日本男子的切腹。」然後將短刀刺向腹部，用十字型切腹。並用手將內臟拉出，投向法國人那邊。介錯人馬場揮刀，發出鈍聲卻未斬斷頭部。箕浦豬之吉高喊，「馬場君，怎麼搞的？鎮靜些」。第二刀，發出啰聲。箕浦豬之吉又大聲高喊「還未死，再斬」。第三刀終於將其身首分離。

第二位是八番隊長西村左平次。他用一字型切腹，隨即由介錯人斬下頭顱。頭顱飛出五米之外。然後是其他人一一登壇切腹。在第十二位兵卒橋詰愛平出列在預備切腹的座位就座時，臉色蒼白的法國公使向他的侍衛耳語了什麼。二十名持槍衛兵終於堅持不住了，他們裹挾着公使離開座位，不發一聲疾步離開這悲慘血腥的寺廟。橋詰等人強烈要求繼續切腹，但被強行制止。於是原計劃的切腹謝罪公示大會也被迫中止，九人得以豁免生存。之後，這十一名切腹的日本人被埋葬在堺的寶珠院，並立有墓碑，一九三八年被指定為日本國家歷史遺跡。橋詰愛平在兩天後欲咬舌自盡，被搶救生還。一八七七年死，五十二歲，比原定多活了九年。

這起「堺事件」在世界近代史上也十分轟動。歐洲人通過這件事，知道了日本人切腹的風習。大文豪森鷗外的小說《堺事件》就是以此為題材的。

㊈ 信長、秀吉、家康與切腹

基督教國家是禁止自殺的。但在中世以後的日本，切腹成了武士的共識。為了保持自己的體面和家族的名譽，切腹是必需的行為。視死如歸，才是武士的形。為此在武家，大人們從小就讓男孩們用扇子練習切腹，灌輸隨時去死的覺悟。

為了名譽選擇死的作法，在古希臘羅馬都能看到，在古代中國也能看到。但是日本與此不同的是，將切腹集約成一種樣式化的自覺行為，將切腹規範成如果體面被侮辱了就必須去死。

在日本，到了室町時代，切腹作為武士的一種死法被定格了。讀室町後期的軍記物語，有很多在高台上切腹、拉開腸子等的描述。

一五八〇年，羽柴秀吉（就是後來的豐臣秀吉）受織田信長的委託，包圍了鳥取城。想用「餓死」的方法來殺死對方。經過兩百多天的圍城，鳥取城的草木和牛馬全部被圍困的兵民吃光後，終於痛苦地開始人吃人，父母吃孩子。但餓死者還是接二連三地出現。城主吉川經家看到這一切，想用自己的切腹來換取城中兵民的生命。秀吉看到經家的請求被感動了，要織田信長饒他一命，但是經家謝絕了。十月二十四日，秀吉向經家送贈酒三樽及鯛魚五尾。經家在城中設宴，與諸人交杯。十月二十四日未明，經家在城中山麓的真教寺切腹，由靜間源兵衛介錯，享年三十五歲。留下辭世句：「用我一人的切腹，換來一門的名譽和幸福。」福光小三郎、阪田孫次郎等人也追隨主君切腹殉死。

吉川經家死後，鳥取城開城。經家之首級不久被送至安土城的織田信長處。據説信長對經家的「一人切腹可替諸人生命」之言甚為感動，並為其在厚地禪院埋葬祈願冥福。時至今日，鳥取市當地日本人以每年一小祭典，每十年一大祭典，紀念吉川經家的忌辰。四千人餓着肚子對抗三萬大軍近七個月，令鳥取城之戰成為日本戰國史上最為慘烈，亦最有名的戰爭之一。但更壯烈的是在這場「日本二之御弓矢」織田家與毛利家的正面對決中，吉川經家看破死亡，甘願以自己的切腹來換取鳥取城四千人的性命，為自己的一生劃上了一個被後人記住的句號。

在一六〇〇年關原之戰的前夜，德川勢力在攻伐上杉的時候，出現空檔。大阪方面抓住這個空檔乘機崛起，攻下了當時京都的德川根據地伏見城。落城的時候，德川方的鳥居元忠以下的數百名武將，在寺院裏集體切腹。鮮血染紅了整塊整塊的地板。對武將們的行為極為敬佩的德川家康，就將染紅的地板，送往鷹峰的源光庵、西賀茂的正傳寺、大原的寶泉寺、宇治山田的興聖寺等寺院，作修建天花板的木材之用。

四百多年過去了。如今的鷹峰源光庵，至今還留有鮮明的臉足手等形狀的血跡，使人眼前浮現起當年的淒慘狀。

⑩《忠臣藏》究竟想説什麼？

論述日本人的切腹，不能不提的是日本人至今還津津樂道並被濃縮成歷史經典和人生教義，並改編成歌舞伎出演了幾百年的《忠臣藏》。説的是發生在一七〇二年前後四十七名義士集體切腹自殺的真人真事，史稱「赤穗復仇事件」。

當時有赤穗藩（現屬兵庫縣）領主叫淺野內匠頭，奉幕府之命擔任接待上司的差使。擔任這差使的人，須向幕府高官吉良義央請示有關接待細節。而淺野為人耿直，請示時竟只送薄禮，於是吉良不悦並處處與他為難，還當眾羞辱他。淺野實在忍無可忍，欲拔劍殺了他。但為周圍同僚所阻，只在吉良的額上劃了一道傷痕。事發之後，幕府以淺野在殿上行兇為名，勒令其切腹自殺，淺野不得不遵命。他死後，其手下的三百多名武士便成了浪人。淺野有一位忠實的家臣叫大石，決心為主子雪恥。

他從浪人中挑選四十七名對主子最忠誠者，以血為誓。他們整日佯裝成酒鬼，以慢敵心。但吉良方面亦慮及赤穗浪人可能前來報復，所以也日夜防範，不敢怠慢。但還是在一個大雪之夜（一七〇一年十二月十四日），浪人們潛入吉良的府宅殺了他，並把他的頭顱和染過血的刀供奉在淺野的墓前。四十七義士殺死吉良為主報仇，雖符合忠義之道，但終為幕府所不容，遂令四十七人一律切腹自殺以賜體面一死。四十七義士也不抗爭、不逃逸，順從地遵令切開各自的腹部。

冷靜地想想，這是何等地浪費生命的事啊，這是何等的不明智之舉啊。但多少年來，日本人一直喜愛這個故事，尊崇這四十七義士，這又暗含了多少心緒於其中呢？

在日本人看來，四十七義士切腹之死固然有其為忠誠、為責任、為義氣豪邁去死的一面，但是不是還有一種美、一種儀式、一種裝飾，和生的完成，死的美化呢？既然四十七義士能轟轟烈烈地不怕死地去報仇，那當然也能轟轟烈烈地不怕死地去死。生命之美不但在其生，更在乎其像櫻花般地轟轟烈烈地凋零。這是不是就是《忠臣藏》故事的精神內涵和價值所在呢？要不然在多少年前的小學五年級語文課本裏，為什麼還收錄了這則故事呢？要不然日本人為什麼調動一切藝術樣式來表現這一歷史事件呢？要不然成千上萬的日本人為什麼還要來到泉嶽寺墓地，人們留下來的名片，致使墓地周圍一片雪白呢？要不然，日本人為什麼還在十二月十四日這天模仿四十七義士的最後晚餐，一家團聚在一起吃蕎麥麵呢？這僅僅是宣揚愚忠宣揚復仇叫人們捨棄青春，踐踏生命去死嗎？顯然又不是。看來，日本人還是想在國民中宣揚和滲透這麼一種生死觀：人，都可以美麗地去死。生的美學是在對死的美學領悟之後。應該說，這對後世的日本人的生死觀產生了很大的影響。

從這一意義上來看，日本人的切腹自殺所要表明的就是：人除了生老病死的自然死亡之外，除了亂箭射死、亂槍打死或突發天災人禍的非正常死亡之外，還有這麼一種樣式化和藝術化的壯絕死。通常，切腹的場所，或在花前，或在樹下，或在河邊，遠眺群山，近擁庭院，寂靜肅穆。而切腹者一般身穿全身雪白的死裝，解下束髮正襟危座，敞開腹部。在切腹之前，當事人都要寫一些「辭世之句」，可以是和歌，可以是俳句，以表臨死之際也不亂寸心，更不亂情性人格。如上面所述的淺野內匠頭，在切腹之前就寫下了優雅的詩句：

風吹落了盛開的櫻花，
但自然之美依舊存在。

然後舉刀切腹。介錯人再飛刀砍下頭顱，頓時血湧如潮，命歸黃泉。優雅與殘酷，在這一瞬間所顯現出的如此強烈的反差之美，足以給人震撼之力和永志不忘。

切腹的這種循「禮」之死所帶來的壯絕之美，正好迎合了日本人特別是日本武將以死來討個說法，不枉一世清名的心理。因此他們的切腹自殺率相當高。如多少年前看描述二次大戰末期日美軍決死一戰的錄像片《沖繩決戰》。空前激烈的戰鬥打到最後，日軍是整團整師地陣亡，但他們就是寧死不降。一些海軍和陸軍的高官們，趁激戰的空隙，在櫻花樹下鋪上毛布，盤腿而座，解開軍服，露出白衣，橫刀而刺。周圍站着的士兵看着自己的長官含笑地倒在血泊中。一股莫名的衝動，使他們也紛紛傚怯，切腹而死。等美軍衝上來，上百名日軍已經死亡，每個人的腹部都被切開，血流成河。這是沖繩決戰中最悲烈、最壯觀的一幕。這裏，暴力崇拜也好，自虐也好，但其表現出來的悲壯之美，其震撼力不可小視。荷蘭學者布魯瑪把日本人的這一行為稱為「藝術化的自我虐待」。

日本人這種寧可「玉碎」的集體的「藝術化的自我虐待」使得美國人都不明白：戰到這個地步，就軍人的立場而言，已雖敗猶榮了，投降可保全性命，為何不降？美國政府和國防部曾經為此很認真地召集學者研究日軍切腹不降的心理以及日本民族的國民性。這些研究後來也就變成了《菊與刀》等名著，流傳了下來。

不但日本武將如此，日本文人也有以切腹為美的。如創立茶道的文化名人千利休，在七十歲那年，就以切腹結束了他充滿戲劇性的一生。這位把普通的喝茶提升為一種有審美價值（「空寂」）的神聖儀式的文人，也以切腹的神聖儀式了斷了自己。雖然是被豐臣秀吉賜死的（被賜死原因有好幾個版本，不過侍君如侍虎可能是正解），但在切腹前，千利休安然坐於茶室裏，以平常心，閉目靜聽沸水之聲，發出最後的辭世詩：

白日青天怒雷走。

聽着茶壺裏燒沸的水聲，千利休坐在草席上。為了便於切腹，調整了坐姿。並對介錯人說：還請稍等一下。沒了力氣，我會舉手的。說完，便用短刀刺向腹部。第一回沒有插到深部，便拔出短刀，再次刺向同一部位。這回切開了腹部，取出內臟，自在地掛在茶壺的鉤子上，再回坐在榻榻米上。這一瞬間，介錯人揮刀砍下了首級。

四十多歲時嫁給千利休的妻子宗恩，有「戀妻」之稱。是她守望着最後時刻的千利休，並跨過千利休的「血海」，用絲綢白小袖，無言地覆蓋自己的丈夫——一具沒有頭顱的遺骸。

⑪ 從切腹中繁衍出兩種文化內涵

「風蕭蕭兮易水寒，壯士一去兮不復返。」如同烏江自刎的項羽，如同投身汨羅江的屈原，英雄的自殺行為常常是壯烈的、悲愴的、美麗的、也是令人懷念的。切腹自從有了這樣美麗的效應以後，日本的政治家就巧妙地利用它並將其政治化，將其作為上司對下屬懲罰的「刑罰」，倒也堪稱大和民族「智慧」的一絕。這一做法開創於德川幕府時代。

老奸巨滑的德川家康等人，大概覺得如此受人崇敬的切腹儀式，用來叫有榮譽感的武士去死，是最有效而抗拒最小的方法。名譽的最高形式就是切腹，因此切腹也是屬於有面子之死。上司能給你體面的死（賜死），作為下屬的還能說什麼呢？哪怕心裏不服，但基於上司還能給面子，便也毅然決然了。

切腹又是一種宮廷權術，一種整人的計謀。這種政治的骯髒性和政治人物的用心險惡性，在日本每一時代的切腹自殺中是顯而易見的。

對此，日本人從儀式化的切腹中繁衍出了兩種文化精神內涵：即壯絕美和權謀術。

這兩種內涵經巧妙地結合後，「以死謝罪」的觀念和意識便噴薄而出了。

以死來謝什麼「罪」呢？謝自己無能為力的「罪」？謝自己困惑不已的「罪」？謝自己沒有把公司經營好，應該向員工負責的「罪」？如此等等。這些「罪」從非日本文化圈來看，根本就不是「罪」，而日本人則實實在在地視這些是「罪」。因此，日本多自殺，特別是多名人、多責任者自殺就成了一道「風景線」。如二〇〇〇年四月，日本大百貨公司 SOGO 的一名六十三歲副社長在家中上吊自盡。熟悉他的朋友說，這位副社長責任感極強，是個非常求上進的人，長年來身心的疲憊被認為是造成他自己了結生命的主因。如二〇〇一年九月二十八日，曾獲一九六四年奧運會柔道重量級金牌、日本東海建設公司的社長豬熊功，在自己的辦公室裏切腹自殺了。原因是公司經營不振，只得以死謝罪。又是奧運金牌得主，又只有六十一歲，有必要自殺嗎？難道就不能重振旗鼓，跌倒了再爬起嗎？中國人肯定會這樣發問。日本著名的單口相聲演員桂三木助，年僅四十三歲，正是風華正茂，如日中天，卻在二〇〇二年一月自家的洋樓跳樓自殺，震驚日本社會。他在遺書中表示自己有無力感。再如二〇〇七年五月二十八日，當時安倍晉三的內閣成員、農林水產大臣松岡利勝，在東京寓所上吊自殺。現任內閣成員自殺身亡在日本政壇尚屬首次，其對日本政治和國民的衝擊力是相當大的。為何自殺？據說煩事纏身的大臣，是為了幫助安倍解脫來自國會的困境。因此，不從這裏出發審視問題，就看不懂日本人獨特的生與死的思維方法。

⑫ 瞬間美掩蓋了善惡

不管怎麼說，自殺總不是人人想為的事。

青春不再，生命不復。誰不珍惜自己的生命呢？哪怕武士精神與理念再強的日本人，他們也並不是想像中的視個體生命為草芥的人。早在《徒然草》中就有「存命之喜，焉能不日日況味之」的生命警言。

那麼，問題的邏輯是：你要免於以死謝罪的自殺，你就必須認真負責地一絲不苟地幹每一件事情。這樣，就引出了認真和負責的概念。被視為世界上最認真的日本民族，其認真精神的由來竟與動輒切腹自殺有關。看似不可思議，其實在邏輯上能説通：一個人若每天想到如果失敗就會去死，那麼做事怎會馬虎，怎能不負責任？當然，中國古訓有「人非聖賢，孰能無過」之説，事情做壞了大可重新來過，何必自殺？但這不是日本人的想法。為了一次幾次的失敗去死，是否值得？這不是思考的重點。重點在於，因為失敗就必須切腹，所以很多事情就成功了。日本人不是喜歡輕生，而是視責任重於生命。這是一個值得研究的十分有趣的文化課題。

但是問題仍然有另外一面。由於日本人近乎宗教信仰般的過分強調並刻意追求切腹樣式的「瞬間美」，於是在善惡、是非、好壞等判斷上，陷入了價值變形的怪圈：這人哪怕是壞人，但只要死得具有悲壯美的效應，他所做的一切都可諒解。如果他是冷靜地按照禮儀完成切腹，他仍然被當作英雄來崇拜。於是在日本的歷史上，很少有壞人出現，很少有民族敗類的説法。如四十七義士的復仇事件，如從今天的法律角度看，是根本不能成立的，因為是四十七義士犯罪在先（為主子報仇，他們合謀取了吉良的首級）。但是事後由於四十七義士死得壯絕，在民眾的心中就成了世代傳詠的英雄。這種以審美標準而不以倫理標準來判斷善惡，是日本人思維的一大特點。

因此從某種角度上説，對日本人是有理（善惡）講不清的，因為他們從不講理（善惡），也沒有理（善惡）可講。如對於參拜靖國神社，前首相小泉純一郎就説，對死者進行參拜，表達敬意，這是活着的人的心靈自由，他人不得干涉。這是典型的不分善惡，毫無道義原則，只從行為本身的美意識出發的「缺德」（這裏借用中國學者程麻的一個觀點。程認為，總感覺日本人缺少點什麼。缺少什麼呢？就是缺德。這一概括還是相當有精度的。參見《零距離的日本》人民文學出版社，二〇〇七年）的表現。由於沒有絕對的善惡觀念，所以也就沒有道德負擔，沒有精神痛苦。前一天還在向敵人進行自殺性攻擊，第二天就舉着鮮花迎接敵人佔領本土。這種「擁抱失敗」的做法在世界上恐怕沒有第二個民族幹得出來，而日本人就能做得那麼自在。因為他們是從美意識出發來審視問題的。

因此在日本這個國度裏是沒有賣國賊、叛徒，更沒有侵略者的說法。如在橫須賀市的久里浜公園裏，就有打開日本門戶的美國人佩里的塑像。日本人每年還要在塑像前載歌載舞。這恐怕在世界上也是少見的。

㈩㈢ 切腹者的精神袈裟

無論是儀式化也好，瞬間美也好，切腹總是與血腥、暴力、自殘、痛苦的形象相連。既然是血腥的、暴力的、自殘的、痛苦的，那切腹者的勇氣從何而來？其切腹者的力量從何而來？這個問題的深層也就是說，他們披上了怎樣的精神袈裟？

於是，我們將目光轉向了活了九十六歲的日本思想家和宗教家鈴木大拙。更將目光轉向了他的一部著作《禪與日本文化》。他在「禪與武士」的章節中，直言「禪成了鼓勵日本武士戰鬥精神的宗教。」（《鈴木大拙說禪》浙江大學出版社，二〇一三年）這在邏輯上是如何可能的呢？

這是因為禪強調人們一旦決定了進路就不回頭。這是禪的道德。此外，禪還無差別地對待生死。這是禪的哲學。鈴木大拙說，禪首先從道德和哲學這兩個方面支持武士。

其次禪的修行是單純、直接、自恃、克己。這種戒律式的傾向和戰鬥精神是很一致的。

再次，禪與日本武士階級有歷史的聯繫。一般認為，榮西（一一四一至一二一五年）是最早把禪介紹到日本的僧侶。而這個時期正好是鎌倉幕府時期，也是武士抬頭的時代。

禪為了達到究極的信仰，除了選擇最直接的方法外，還要求有異常的意志力，而意志力正是武士所必需的東西。

禪主張頓悟，主張通過自我修煉從生死中解脫出來，達到「死生一如」的境界。而超越生死的桎梏也是每個武士要面對的。日本曹洞宗開祖道元也曾經在永平寺講「生亦一時，死亦一時，如春而為夏，夏而為秋，秋而為冬」的自然循環，告誡武士們捨生忘死。為了解決生死苦惱的問題，武士們也經常向禪僧參問玄機。日本南北朝時期的著名武將楠木正成在湊川欲迎戰足利尊氏的大軍時，來到兵庫的一個禪寺，他問禪師：生死交謝時如何？

禪師答道：「兩頭如截斷，一劍倚天寒。」

這裏的一劍，既不是生之劍，也不是死之劍。在這裏產生二元的世界，同時，生死以及一切，為它特有。鈴木大拙說這是「存在之劍」。

日本戰國時代，武田信玄與上杉謙信都是日本戰國時代非常有名的戰將。兩人的領地一個在日本的北部，一個在日本的西部。在川中島的一次對陣（一五六一年九月）中，謙信想要一決雌雄，便頂着晨霧，單騎奔襲信玄的陣地。當他看見敵將信玄和幾個部下正悠然地坐在椅子上，便大喊一聲「汝想奈何，看刀說話」，便揮刀砍向信玄。

信玄毫不慌張，泰然自若地應了一句「紅爐一點雪」，便用手中鐵扇架住了謙信的刀。

信玄想用「紅爐一點雪」來說什麼呢？

原來，信玄曾在甲州鹽山惠林寺跟隨快川禪師修行。而謙信也對毗沙門信仰深篤，曾跟從越後高田林泉寺的益翁宗謙禪師參禪。

「汝想奈何，看刀說話」是說若被我一刀兩斷，你將如何？他問的是「你將如何來擋住死？」

對此，信玄回答「紅爐一點雪」。這是說燒得通紅的炭火上，不知從何處飄落一片雪花。雪花瞬間消失得無影無踪。

在迎面飛來的刀鋒之下，無生也無死。即絲毫沒有對生的執念，也沒有絲毫對死的恐懼。生也好，死也罷，只是無心地舉起鐵扇招架而已。謙信與信玄，這兩位武將都對禪宗造詣很深，他們以死相賭的問答，既是武士對死的問答，也是禪對死的問答。可見武士與禪之間的內在關係。

在北條氏滅亡的時候，還有一個禪武士叫長崎次郎高重。有一天他訪問一個禪匠，這禪匠是他的禪父，也是北條高時的師父。他問道：「如此大事之時，勇士應如何？」

禪師馬上答道：「莫如揮刀勇往直前。」

這位武士馬上悟到了這話的含義。他十分勇敢地參加了戰鬥，終於竭盡全力倒在了主君的面前。主君還叫來介錯，砍了他的頭。說，這就像武士的死法了。

刀是武士的靈魂。用刀結束生命，滿足了靈魂的要求的同時，也使得自己的死魂靈升上了天。從這點來看，鈴木大拙這句話還是概括準確的：「日本人也許並不具有特別的哲學，但確實具有死的哲學。」他說，「潔淨的死」，在日本人的心中是最可親的思想。這裏的「潔」就是「無悔」、「義無反顧」、「極其沉着」、「像個勇士」等的意思。而用什麼來表示這個「潔」呢？用最痛苦難忍的切腹就是最完美的純粹形式。無論是為了怎樣的主義或主張，只要自己認為正確，就有犧牲生命的覺悟。這就是武士與禪結合得最成功的地方。所以，鈴木大拙十分欣賞這句話——一個寫了關於日本佛教著作的外國記者說的切中要害的話——「禪是日本的性格」。

西鄉隆盛這位有「最後的武士」之稱（好萊塢電影《最後的武士》主角勝元盛次武士的原型就是西鄉隆盛）的明治維新的功臣，在最後慘烈的戰鬥中，一顆子彈打中了他，穿腹過股。但他還是慢慢地跪坐起來，儼然正襟，取出短刀，刺向腹部，然後讓屬下幫他「介錯」而死，完成了武士的莊嚴，更完成了「潔淨的死」。

在日本僧人天岸慧廣的《佛光國師語錄》中，有一個和尚在脖子上架着大刀的時候還留言：「珍重大元三尺劍，電光影裏斬春風。」

這是說，不管你有多麼快捷的刀法，砍下的不過是一縷春風。風是什麼？不就是空？是空，你還恐懼什麼，害怕什麼？

日本武士的切腹者，一般都具有這樣的領悟和風度。這正如戴季陶在《日本論》中所言：日本人的切腹，到最後一刹那為止，都不願意拋棄努力的義務，不使身體有傾斜，不使十字紋有偏倚，不把使用後的武器隨意散亂着。由思想所生的信仰，由信仰所生的力量，繼續到他最後的一刹那。（參見《日本論》社會思想社，一九八〇年）

⑭ 切腹與恥感與義理

切腹之所以能成為一種文化，與切腹這個行為本身所涉及到的恥感文化、義理文化、世間文化等有着割不斷的聯繫有關。恥感文化的極致、義理文化的極致、世間文化的極致，是不是就是切腹文化盛行的主要原因？

相對西方罪感文化，日本是恥感文化。這是個老話題了。最先提出這個問題的是美國文化人類學者本尼迪克特。

這裏，老話題新論的是，因為是罪感文化，所以決定了西方人生死的是罪。因為是恥感文化，決定了日本人生死的是恥。西方人以神為指向，一切看神的眼色行事。日本人以他人為指向，一切看他人的眼色行事。西方人向唯一不二的神起誓，因而具有絕對的價值。日本人向本身就是捉摸不定的世間起誓，因而具有相對的價值。絕對的價值導致絕對的信仰，相對的價值導致相對的信仰。而一旦信仰趨於相對，義理和恥辱也就處於以他人為視界的相對性中。所以在「義理」的卵翼下，潛藏着各種詭辯、藉口和偽善。

而日本人一旦受到了侮辱，受到了來自義理方面的挑戰，唯一能做出反應的就是報復。這個報復對象當然主要來自於挑戰義理，侮辱對方的他者。但同時這個報復對象也可以轉向自己。也就是説，當這個報復對象不易被報復，或者當這個報復對象逃過了數次的報復機會，那麼，日本人就會將這個機會留給自己。用自己的手將自己結束，用自己的手洗刷汙名，就成了日本人解決問題的最後法寶。而且，將自己結束得越痛苦，越禮儀，報復的力量也就越大，同時也就將對方殺死在觀念之中。

比如在切腹中掏出肚腸，就表示一種「無念」和「遺恨」。切腹者的家族或後代會記住這個「無念」和「遺恨」，並有實施報復的責任和義務。而對切腹者的對立面來説，「無念」和「遺恨」將化為怨靈作祟。也就是説，切腹者的對立面將一輩子活在恐懼中。這樣來看，沒有比切腹更好的形式能表現這種報復了。因為是在報復對方，所以，切腹者極端的冷靜與態度上的沉着就不是一種做作了，不是在演戲了。所以，切腹在日本成了一種可以用來抵罪、洗恥、悔過、贖友的手段，成了武士道中法律上的刑罰。

報復，在日本語中叫「仇討ち」（あだうち）。這「仇討ち」與日本人的「初夢」（過新年做的第一個夢）有關，倒是令人驚訝的。在日本過新年做夢，被認為最好，最吉利的夢是什麼？第一是富士山，第二是鷹，第三是茄子。而這三大初夢的解釋與日本歷史上三大復仇事件有關。這三大復仇就是曾我兄弟復仇事件、元祿赤穗復仇事件、伊賀越復仇事件。

第一個富士山，講鎌倉時期曾我兄弟終於實現了等待已久的復仇願望，在源賴朝富士狩獵的時候，替父報仇殺了工藤祐經。歌舞伎就將它作為題材，每年要在日本上演一個月。

第二個鷹，講四十七赤穗浪人為主君淺野內匠頭復仇，殺了吉良上野介。鷹則是忠臣藏淺野內匠頭的家紋。

第三個茄子，講江戶時代的伊賀國上野越，渡邊數馬為了替弟弟報仇，借助荒木又右衛門的力量，殺了仇人河合又五郎。而茄子則是渡邊數馬的家紋。

過年的初夢就不忘復仇，而復仇的結果一般就是切腹。這樣，初夢——復仇——切腹就有了文化上的關聯。而一旦有了文化上的關聯，行為方式也就定格成型了。

當名譽的義理受到威脅時，就把攻擊轉向自己，也就是說，不去殺害他人而把暴力施向自己。當日本人感到世道不公平，感到方程式的兩邊不相等，感到他們需要用「晨浴」洗刷污穢的時候，他們更多地趨向毀滅自己而不是他人。

日本人說，就是殺人兇手，我也可根據事由給予原諒。但對於嘲笑，就毫無加以原諒的餘地。對嘲笑、誹謗唯一可行的反應就是報復。新渡戶稻造在一九一〇年撰寫著作說，在復仇中有某種滿足我們正義感的東西。我們的復仇觀念同我們的數學技能一樣嚴密，在方程式的兩邊都求出之前，我們不能擺脫一種沒有什麼餘下未做的感覺。

這是多少年以前的事了。日本有一位畫家叫牧野吉夫，有一天他去拜訪他最為信任的傳教士，說想去美國。而那位傳教士則大叫：什麼，你也想去美國。這位畫家感到受到了莫大的嘲笑。沒說一聲再見，回頭就走了。

事後這位畫家寫文章說：請讓我給兩個詞作出自己的定義：殺人犯——殺害他人的肉體的人。嘲笑者——殺害他人靈魂與心靈的人。靈魂與心靈比肉體珍貴得多，因此嘲笑是最可惡的罪行。

義理可以是意味着家臣對主君至死不渝的忠誠，但同時也可以意味着當家臣感到被主君侮辱時，突然對主君產生極度的憎恨。即所謂的「受辱人的謀反」。

有一個德川第一代將軍的傳說故事。德川家康家臣中的一人，聽說家康曾經罵他是「一個將被刺在喉嚨的魚刺鯁死的傢夥」。這也就是說不得好死。這當然是嘲笑是侮辱。這個家臣忍無可忍，發誓不忘這個恥辱。當時正值家康新定江戶為首都，敵人尚未徹底肅清。這個家臣向敵方的諸侯表示，願意從內部放火燒燬江戶。這樣他就可以盡到「義理」，實現對家康的報復。所以義理並非僅僅限於忠誠，在某種場合也是教人叛逆的德行。捱打人的反叛與受辱人的反叛，在本質上是沒有區別的。

⑮剩下的就是選擇方式的問題

切腹作為一種自殺手段和形式，在今天的日本社會，已經不會成為主流了。全面的退出歷史舞台也只是個時間的問題。但支撐切腹文化的恥感和義理，以及「當頭棒喝」、「身心脱落」的禪學思想，還是深入到了日本人的骨髓中。這正如日本文化人類學家石田英一郎說過：「民族性一旦形成，它的變化就像核性格一樣，需要幾萬年的時間。」

現代日本人對自己採取最極端的行為還是自殺。他們的信條是，自殺若以適當的方法進行，就能洗刷自己的汙名，就能洗刷遭到的侮辱，恢復名譽。新年那天無力還債的人，因某種不幸事件引咎自殺的官員，以雙雙自殺來了結無望的戀愛者，受到上司侮辱的公司社員，受到欺辱的少年或考試不及格的少女等，他們都將最後的「暴力」施向自己。

死是無從逃脱的。那麼剩下的問題就是怎麼死。這是選擇的方式問題。所以切腹雖然已成過去式，但其切腹的構造仍然存在，自殺遺風在這個島國仍然十分強勁。每年超過三萬人的自殺，這個比率按人均試算的話，絕對屬於高自殺率國家。當然現代日本人多採用跳軌，跳樓、跳水或者上吊等自害方法。尤其是跳軌（日本自殺者都樂於選擇），那跳下的瞬間和列車撞擊的瞬間，其殘酷、其血腥、其破碎的場面，更甚於切腹。因此可以說它是現代版的切腹。而站台上等車的日本「看客」，他們的神情是麻木的，目光是茫然的。他們絲毫不為場景的血腥而震撼而激動。這是為什麼？原因有二。

一個是他們也是活在這個「切腹構造」中的一員，見怪不怪了。

一個是他們或許就是下一個跳下去的後備軍。想像自己或許也有這麼一天，有什麼可震撼可激動的呢？還不如微笑地交出靈魂吧。

在考試的當天，日本高中生在一起會這樣對話：

「昨天很早就睡了。」

「昨天玩網絡遊戲太多了。」

「昨天看電視劇了嗎？很有趣。」

顯然，這是在為考試失敗打伏筆。

也就是說萬一考試成績不好，不是我的腦筋不好用，而是有各種原因導致沒有好好複習。

尋找理由，體面自己。不要在熟人面前暴恥，更不要在熟人面前放棄義理。

可見，切腹文化在日本的滲透和擴展是多麼的可怕。一般市民即使不特意地用武士的方法進行鍛煉，但也確實吸收了這種精神。什麼精神呢？

當榮譽喪失，唯有死才能解脫。

死亡能讓人從恥辱中重生。

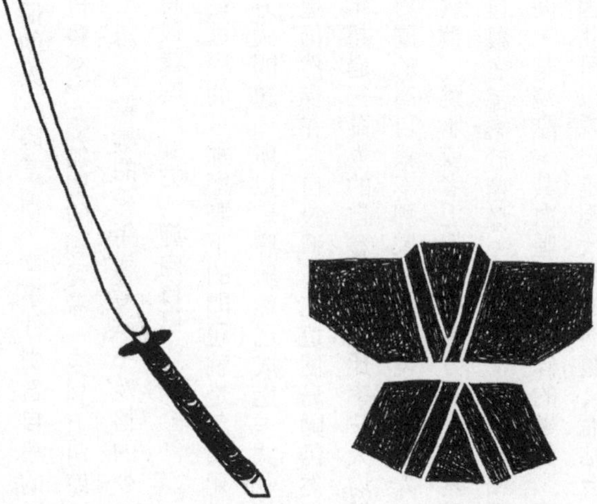

第六章

不在墓前哭泣的含義何在？

——死生文化的明暗顯幽

㈠ 不要在我的墓前哭泣

要瞭解一個國家和民族的文化，最有效最便捷的方法是什麼？就是考察這個國家的人是怎樣看待生死的，是怎樣理解死後世界的。可能有人會反駁說，兩千多年前孔子就說過「不知生焉知死」的話，可見孔子對死的看法是消極的。但是，孔子不愧是智慧之人，他這句話的反義也是能成立的：就是因為不知道死，所以才不知道生。要知道生，是否就必須知道死？真所謂不去墓地，焉知文化。

死也叫「他界」。或許是淨土，或許是天國。但肯定不是去已經生活過的這個世界，而是去陌生的冥界的意思。二〇〇九年日本有一部電影叫《入殮師》，獲得了奧斯卡外語片獎。這部電影是根據一本暢銷書《納棺師日記》改編而成的。作者是青木新門，是一個已經觸摸和化妝過三十多具遺體的入殮師。一般人不敢觸碰的遺體，他能憐愛地輕輕抱起，自如地為死者美容化妝。電影的英文名字叫《Departures》，直譯是「出發」的意思，寫的是為死者送行至他界的故事。影片細膩地展示了日本獨特的生死文化——真摯地面對死者，撫慰每一位生者的心靈。

影片中的主角大悟接到的第一份工作便要面對一個死於家中、身體開始腐爛的老婦。滿屋的腐臭和噁心的蛆蟲，令他開始懷疑自己的入行決定。但他最終還是戰勝了自己。他對死者行莊重之禮，然後為其細膩地化妝，送死者走向另一個世界。同時，他向活着的人們發出了這樣的信息：將死亡化成溫柔的手勢，這是納棺師的職責，也是活着的人的職責。

或許，唯有日本人，才能夠拍出《入殮師》這樣的電影；也只有日本人，才能把死描繪得如此美麗。《入殮師》的編劇小山薰堂在談感想時說，有個入殮師告訴他一句印象至深的話：死是一種最高境界的平等。如果不能直面死的話，那麼也不可能平等地對待生。

前幾年，男高音歌手秋川雅史在NHK紅白歌會上演唱的《化作千年之風》也在日本引發熱潮。以一百一十一萬張的銷量、十億日元的收入獲得二〇〇七年度單曲冠軍。這首帶有美聲唱法的歌曲，本意是想慰藉在大地震中死去的魂靈，但它那渾厚的旋律，料想不到地起到了撫慰生者的悲傷、傳遞生者與死者間奇妙關係的作用。歌中唱道：

不要在我的墓前哭泣，
我並沒有睡在那兒，
而是化作千年之風，
吹拂在無限寬廣的天空裏。

一位失去女兒的母親說，不明白今年有許多杜鵑為什麼在自家周圍鳴叫。聽了這首歌後的瞬間，就明白了：嘿，那不是女兒的化身嗎？「媽媽，我已身心輕盈，化為千年之風，翱翔在廣闊天空。」這位母親一下子釋然，頓感輕鬆。

一首安魂曲在迎新年的舞台上唱響，如果從大吉大利的陰陽層面來說，這是否會帶來晦氣和歹運？我們中國人或許就帶有這樣的思維。因此這類歌曲是絕不會上春晚舞台的。但日本人並不是這樣思考的。日本人聽這首歌曲時並不感到沉重，也不會聯想到不吉，更不會染上悲傷的情緒。因為他們認為人死後會成神佛，而自己與神佛同在，這有什麼好悲傷的呢？

在東京大學醫學部做過多年人體解剖的學者養老孟司，寫有《死之壁》（新潮社，二〇〇四年）一書。雖然很薄，但很暢銷。他在書中說了一個觀點：無論是癌症的生存率，還是SARS的死亡率，都及不上人本身的致死率——百分之百。也就是說，世界上只有一件事是可以拍胸脯保證能做到的：凡人都要死。為此，養老孟司批評東京都內的某一住宅社區的設計者腦子進水了。為什麼這樣說？原來有一天這個社區的住家有人自殺了，為了解剖這具死體，養老孟司帶幾位同事去搬運尸體至學校的解剖室。死者住在十二樓。他們把遺體納棺後，想通過電梯搬運下去。但是怎樣都橫不進電梯（電梯設計得太窄小了）。最後費了九牛二虎之力將棺木垂直豎起，才勉強搬入電梯。養老在想：這幢住宅是不死人的？於是找來設計者詢問。設計者是這樣回答的：申請社區的住戶都是年輕的夫婦。他們都是臨時居住的，等積蓄了些錢，都會買房子搬走。

果然，設計者還是天真地幻想，住在這裏的人是不會死的。

住有幾千人的社區，會不死人？他們就不生病？他們就不自殺？

養老孟司怎麼也不相信。現代人怎麼會把死的日常化這一命題給忘記了呢？

㈡死的授課的趣味性

日本人把思考死的問題叫「始末」。宗教學者山折哲雄就寫有《叫作始末的這件事》（角川學藝出版，二〇一一年）這本書。他認為「始末」是個很形象的說法：生為始，死為末。生死轉換為始末，更突出何謂死。

最近，以作家、作詞作曲家、寫真家的身份活躍於日本社會的新井滿，為中學生開設了死的課程。對象是新潟縣新瀉市立寄居中學二年級的學生。

新井問學生：什麼叫死？好不容易生了一回，當然不想死。但是，人生的開端是生，人生的終點是死。在面向死的同時，我們活着。明白了這點，人的憂慮就沒有了。現在請你們認真地思考這麼一個問題：對你們來說，最喜愛的人是誰？最喜歡的東西是什麼？然後請畫畫。

同學們陷入沉思。喜愛的人是誰？貴重的東西是什麼？

喜愛的人是父親，是母親，是家族成員，是朋友的笑顏，是可愛的小動物，是地球。

同學們按照自己的理解畫出不同的畫。新井滿自己也構畫自己的妻子與孩子們。

接着，新井對同學們說：好。現在開始「死」的模擬體驗。看看所謂的死，究竟是什麼？

所謂死，就是分別。就是與喜愛的人，與喜歡的東西，再也不能見第二回。現在，請將你們剛才的繪畫燃燒掉。拿出勇氣，燃燒它。看看畫像燃燒成灰，是一種怎樣的心情？

自己最喜愛的畫，燃燒成灰燼。父親的畫，母親的畫，單簧管的畫，小狗的畫，地球的畫——全部從這個世界上消失了。再也不能見第二回了。同學們，你們一定很悲傷，一定很難受。我也是，非常的悲傷。

所謂的死，就是這樣的感覺。心愛的人死了，就是這樣的感覺。如果你們不幸死去了，你們的父母也一定是這樣的心情。請記住這種心情，永遠也不要忘記。

所以，死，就是分別。

那麼，活着，又是什麼呢？

如果想見面的話，就能見面。這就是活着。

還能見父親，還能見母親。心愛的人，喜歡的東西，還能再見。所以，活着是了不起的，是美麗的，生命是偉大的。謝謝，生命。萬歲，生命。

一位姓伊藤的同學說：我畫了麒麟和海豚。燃燒後，非常的難過。有一種要珍惜每一天的感受突然湧出。

一位姓山下的同學說：我畫了大夥的笑顏。燃燒後，有一種我所喜歡的人都消失的感覺。非常的悲傷。深深體驗到了活着真美好。

一位姓小澤的同學說：我畫了家裏人和單簧管。燃燒後，我控制不住地哭了。回到家裏一看，爸爸媽媽不是好好的嗎。頓然感到非常的開心。晚飯後，我又吹起了單簧管。

㈢ 為什麼最後的瞬間要飲水？

人在快要死的時候，往口裏送點水，叫「末期之水」。這來自日本人的共食信仰。日本人確認共同體的一個方法就是有食共飲。而人死後，什麼東西都不能吃了。所以將自己喝過的水，給彌留之際的病人再喝上一口，具有最後告別的意思。實際上在這個時候，奄奄一息的病人已經不能喝水了，只是形式上用介草的葉子沾點水，在蒼白乾澀的嘴唇上點一下而已。這個設想與送別會是一樣的。只不過在送別的宴會上是用酒來代替水。

讓快死去的人含上末期的水，這個風習的根底還在於魂靈不滅這個宗教意識。死後將去另一個世界。但即便去了另一個世界，魂靈也不會消失，還存在與活人心心象通的可能性。所以作為同一共同體的一員，在肉體消亡的最後瞬間，與我們共同舉行飲水的儀式。

國家不同，風俗習慣不同，做法也不同。不一定都是水，有的是用鹽，有的是燒香，有的是用香粉塗於掌中等。這些不同的方法都是對將要死去的人表示的一種心情。在日本，則是從共食習俗出發，舉行的是末期之水的儀式。這個儀式現在還在繼續。以表示對死者的送別，並確認連帶的魂靈，共食信仰等。

重危病人的呼吸間隔拉長，心電圖熒屏顯示脈動在走弱，沉默的空氣瀰漫着搶救室。

決定性的最後瞬間，終於來了。

日本的醫生會怎麼說？

肯定先說：「ご臨終です。」

然後再說：「午前一時三分でございました。」

宣告完死亡的時間，醫生低下頭，以求得家屬的理解，因為醫生最怕病人死在他手裏。

這時的語言是最小化的。語言以外的空間和時間由空氣來支配。這個場合的空氣是什麼？是宗教的嚴肅性？不是。或許是聚集在病床前的親朋好友們各種不同的思慮。

在確認了死亡之後的第一個儀式是什麼？就要將死者頭朝北安置。這個習俗由來於佛教。據説其開祖釋迦牟尼在圓寂之時，採用的睡姿就是頭朝北面。

㈣ 日本人為什麼接受了火葬？

現在日本人死了，都是怎麼下葬的？百分之九十九以上都是火葬。有土葬、海葬的嗎？可以説基本沒有。

日本的火葬開始於何時何人？一查歷史，原來是從天皇開始的。而且是從女天皇開始的。她就是生於公元六四五年死於公元七〇二年的持統天皇。持統女帝是個強勢的執政者，是個厲害的女掌權者。她有兩個厲害，一個是權力慾厲害，一個是性慾厲害。但是她也有三個延續至今的經典做法。一個是伊勢神宮每二十年遷宮一次的「式年遷宮」是從她開始的。一個是日本天皇即位必須要舉行的一個重要的祭儀——大嘗祭也是從她開始的。另一個就是火葬，日本的火葬也是從她死後開始的。

日本最古老的詩歌總匯《萬葉集》中，就有不少詠唱初瀨山和佐保山的火葬詩歌。日本的淨土真宗是鼓勵火葬的宗派。最初的火葬當然是野燒，就像印度錫克教一樣，在眼前看着焚燒遺體。在沒有石油的年代，需要大量的柴薪。真宗的寺廟設置了「火屋」，「三味所」等火燒場所。由於火力很弱，往往是傍晚點火，到拾骨為止要到第二天的早上。江戶時代的火葬情景，小林一茶在《父親終焉日記》中有記載。

一九九九年，日本最新式的火葬場在神奈川縣橫濱市北部開張。穿過綠色的隧道，就是有火葬爐十六基的火葬場。根據入棺死者的體重不同，可自動調節火力。使用都市煤氣作為燃燒源。橫濱合計有火葬場五座。其人口為三百五十萬。按照二〇〇二年人口動態的統計，年平均死亡率是百分之零點七八，每天的死亡數為七十人。按五十四座火葬爐計算，橫濱市衛生局的幹部説，這已經很充分了。橫濱北部火葬場還打破以前的禁忌，對外開放，周六周日每次都有近三千人前來參觀。有親子三代，有年輕夫婦，有被宣告餘命三個月的病患。在一九九五年阪神大地震後，橫濱北部火葬場也吸取教訓，儲存了兩萬立升的輕油。就是怕萬一地震破壞了都市煤氣管道，可迅速替代。至於為什麼不多不少只儲存兩萬升的輕油，這是按照一具遺體火化所需七十五立升輕油來計算，可火化二百六十六具遺體。這個數字，火葬場認為即便發生了死人的災害，也可應對兩天。但是，日本環境齋苑協會還是發出警告說，與關西相比，關東人口的火葬爐極端缺乏。如兵庫縣平均每十萬人的火葬爐是四點六基，大阪府是三點六基，東京是一點三基，神奈川是一點五基。當然火葬也有一個溫室效應的問題。日本每年有超過一百萬人死。一具具遺體的火化，排出的是怎樣的溫室效應？據統計是相當於七百二十萬台空調排出的二十萬噸氣體量。

日本火葬的普及率在世界上是屬於領先的。戰後不久的一九四七年就達到了百分之五十三。到了一九九九年上升為百分之九十九點三。而同年英國火葬普及率是百分之七十點三，美國只有百分之二十五點三。法國是百分之十六，意大利是百分之四點零九。大多數日本人之所以能很快地接受火葬，這裏面有幾方面的原因。

一個是受佛教的影響。在佛教世界，所有的死者都火葬。佛教為什麼要火葬？這與佛教的發源地印度炎熱的氣候有很大關係。人死後如不立即處理，遺體就會迅速腐爛。印度人將火葬後的骨灰撒入恒河。傳說釋迦死後不久，也在恒河的河原火葬，並準備將骨灰撒入恒河之際，骨灰突然閃爍起珠玉般的光輝。於是便叫佛舍利的弟子們將骨灰帶回去，在各地建造寺塔。以後就以釋迦火葬為例作為佛教的基本葬法。佛教傳入日本後不久，日本人也接受了焚燒遺體，魂靈的淨化會更向上的思想。同時日本人也相信了如果殘留遺體，反而不能在極樂淨土中得到安樂的説法。火葬也就逐步推廣開了。

一個是日本人魂歸故土的信念。對此民俗學家柳田國男是這樣解釋的：人的遷移頻繁了，離開故鄉在他鄉立足度日的機會多了，這也是明治以後的顯著現象。但死了要埋在家鄉墳墓裏的願望則根深蒂固，遺族需要把骨灰抱回來，這就不得不火葬了。

一個是法律上的束縛。一九四八年日本制定《墓埋法》。其中第四條規定：埋葬或者燒骨後的埋葬，不能在墓地以外的區域進行。火葬在火葬場以外的設施不能實施。可見在日本，火葬場也好，墓地也好，都必須要有都道府縣知事的認可，隨意處理和埋葬是違法的。當然土地不足和衛生也是火葬普及的另一個理由。因為如果土葬的話，從肉體自然腐敗到白骨化程度需要很長的時間。而且屍體在土中很容易繁殖細菌。韓國原本屬於土葬國家，也是因為土地不足和衛生的原因，火葬才佔多數。

㈤ 最後歸無的往生諸相

日本在二〇一一年三月十一日，發生了千年不遇的大地震和大海嘯。死了兩萬多人。震後的大問題是遺體如何處理？由於燃料不足和停電等原因，火葬場無法啟動正常程序。好不容易通上電了，燃料（石油等）的供應也有了，但由於各市町村的火葬場處理能力的限制，不能及時大量焚燒遺體，因為屍體每天都在增加。

遺體的腐爛問題眼看就要發生了。有的自治體下達了土葬的指示。作為緊急特例，只要是衛生條件許可的場所，土葬也只能硬着頭皮上了。僅宮城縣石卷市就有一千具遺體被土葬。而土葬的場所就是震前的棒球場和足球場。但是日本人對土葬有強烈的抵抗感。這次遺族們也都表達了火葬的訴求。有的自治體迫於遺族們的壓力，把埋下的遺體又挖出來火葬。有的自治體乾脆撤回了事前的土葬方案。但也有一部分遺族同意土葬。在土葬之前，日本警方對每一具遺體都進行了認真的屍檢，目的是查明死因並登記在冊。雖然沒有了火化的程序，但是增加了自衛隊的軍人禮儀，表現了對死者的尊重，也算是給遺族的一種精神安慰。

日本是個佛教徒很多的國家。前面已經說了，佛教和火葬有很深的關聯。「荼毗」是佛教用語，意思就是火葬。佛陀也是荼毗，所以火葬信仰也就很意識化了。

佛陀在死（涅磐）接近的時候，有一段與弟子們的問答。

弟子問：尊高的佛陀，修行完成者的遺體如何處理才好？

佛陀答：弟子呵，你們將修行完成者的遺骨供養（崇拜）作一般的處理即可。

這「一般的處理」是個什麼概念不清楚。但有一點，從佛陀的言行來觀察，是不希望舉行隆重和盛大葬禮的。

但是弟子們還是違背了佛陀的心願。他們沒有把佛陀的遺體悄悄處理。而是舉行了盛大的葬禮。或許是佛陀的影響力太大，或許是佛陀入涅磐要讓世間廣為知道，起到佈教的作用。之後佛教在歷史上的發展，與這次葬禮不無關係。

日本的親鸞和尚也是這樣。死前，親鸞留下遺言：我死後屍體扔到鴨川餵魚。表明了不留遺骨不建墓地的意願。但親鸞死後，弟子們還是為他建造了廟堂，這就是有名的本願寺。日後成為日本佛教史上一個重要象徵。

因為是開祖，所以佛陀也好親鸞也好，都對自己的「始末」沒有兑現。

在近代日本人的意識中，死是自己完全的空無化，意味着絕對的終止符。空與無，日本人更喜歡無。無常、無心、無私、無一物、無盡藏等。日本人喜歡「無」字冠語。呈現出佛教的「無思想」。無的精神能安定日本人。無的思想不是單純的虛無主義，也不是虛無的思想，是無盡藏的能源創造出的無，是西田幾多朗的「絕對無」哲學，是基督教徒內村鑒三的「無教會主義」。日本人傳統的宗教感受性可見一斑。

《般若心經》是佛教的入門書，也是日本人死後和尚唸經用得最多的版本。《般若心經》強調「空」的思想。如「色即是空，空即是色」就是有名的句子。但在二百六十二個文字的短經中，「空」字只有七個，「無」字倒有二十一個。對日本人來說可稱之為「無」字經。這刺激了日本人的宗教感受性，很多人喜歡《般若心經》。現在還有很多日本人抄寫經文，最多的就是《般若心經》。唱着「無」「無」「無」的經文，好像力量就出來了。

貫穿日本文化的無常觀，從平安時期的《源氏物語》經由鴨長明的《方丈記》、《平家物語》到蓮如的《白骨御文章》，再到歌手美空雲雀的《像河水一樣流去》，體現出最後歸無的往生諸相。「無一物中無盡藏」。按照宮澤賢治的說法是「化為宇宙的塵埃散向八方」。

㊅ 在生死之間來來往往

近年日本創生出「後期高齡者」這一概念，並推出了後期高齡者的醫療制度。

一過七十五歲就是後期高齡者了。自己對死的感覺更清晰了。什麼叫後期？後期就是末期的意思。末期就是臨終的意思。這正好和日本的固有概念「翁」相吻合。翁是尊重的思想。能樂《翁》中的翁，是長滿銀髮相當和藹老人的面。在日本能樂五流，元旦必定要上演《翁》劇。作為特別的節目，在新年裏祈禱五穀豐登。從人生的軌跡來看，老人才是更為接近神的階段。而能夠在神面前露臉的老人，也是個值得人們尊重的老人。這裏就生出尊重的觀念。在十五世紀世阿彌的能樂世界裏，老人是經常出現的。《高砂》《離波》《屋島》《實盛》《忠度》《融》《野守》等都是老人作為主角的劇目。

日本首次進行國勢調查是在一九二〇年（大正九年）。從一九二一年到一九三一年，日本人的平均壽命是女性四十六點五歲，男性是四十四點八歲。第一位的死亡原因是肺結核等傳染病。一九五〇年（昭和二五年）的國勢調查表明，女性為六十一點四歲，男性為五十八歲。迎來了人生六十年。到二〇〇九年男性是七十九點五九歲。女性是八十六點四四歲。戰後六十年間人生進入到了八十歲的階段。這是相當快的躍進速度。「人生五十年」是十六世紀室町時代日本人的壽命模型。織田信長唱着「人生五十年」，跳着《敦盛》歌謠舞，出陣桶狹間的戰鬥。這是一五六〇年的事情。本能寺之變這位混世魔王被殺，正好是五十歲還差一歲。之後日本人的老人福利都是按照人生五十年來設定的。到了今天急速地長壽化，顯現出很多問題，說明應對人生八十年的人生模型還沒有完全確立。

一九九七年日本癡呆性老人數量是一百萬。到二〇二五年為二百三十萬。二〇〇九年的統計，六十五歲以上的人口數為二千九百萬人。七十五歲以上為一千三百七十萬人。六十五歲以上的人口超過百分之七以上就是高齡化社會。日本人平均壽命世界第一，為八十三歲。男性七十九歲，女性八十六歲。六十五歲為高齡者，還有近二十年好活。日本政府的定義是：六十五歲到七十四歲，為前期高齡者。七十五歲以上為後期高齡者。這就生出各種問題。

生老病死。這是佛教用語。表明人生的四苦。誰都不能逃避和倖免的就是這四苦。生是明亮的世界，老病死都是暗室的世界。在西洋的感覺上，老也好，死也好都是屬於否定的對象。這種思考一直延續到現在。只要看看西方哲學就明白了。笛卡爾說「我思故我在」。只承認生，不承認死。死與生是斷絕的。不錯，他們也在為老病死而盡力，但在意識的底層，沒有考慮這個根本的價值問題。現代哲學直到海德格爾才有根本的轉向。在東洋的感覺上，情況稍有不同。日本人不是僅僅抓住死這個點，而是從生的移動這個思考點來看問題。所以死不是單純忌諱的對象，也不是逃避的對象，更不是嫌棄的對象。死是從生的世界向死的世界移動中的一個必經過程。

從事民俗學田野調查的第一人柳田國男，在《遠野物語》中寫了一個老人的共同體——蓮台野。六十歲以上的老人都被趕到蓮台野這個地方居住。男女不問只要一到六十歲就去蓮台野。這裏是老人生活的共同體。在蓮台野的附近有墓地。老人們每天去田地幹些力所能及的農活，作為報酬就是每天的口糧。傍晚回到蓮台野。睡覺時談論的話題是墓地。墓地是死的世界，蓮台野是置於生與死中間的共同體。老人們每天都在生與死之間來來往往。讀《遠野物語》，沒有感覺到悲涼的棄老傳説。這是村落的智慧。不僅岩手縣遠野地區是這樣，在過去日本各地都有這樣的老人共同體。

㈦ 日本人死的樣板是西行法師

怎樣控制飲食是現代社會的一個重大課題。好東西吃得太多，糖尿病、高血壓等生活習慣病就會找上門。在過去只要生病了，自然的飲食就減少，最後進入到不能進食的狀態中迎接死神的到來，這叫老衰死。但是現在的醫院通過點滴和插管等強行輸入營養液，自力不能進食的病人就通過人為的方法延命，哪怕一個星期也好，甚至兩天也好。

不必要的營養劑不輸入，自然地讓身體慢慢枯竭，在陶然中永眠。日本人認為這才是理想的死法。

這個死法的典型就是西行法師（一一一八至一一九〇年）。這位有「櫻花歌人」之稱的鐮倉初期的隱遁歌僧，二十三歲出家。「情鍾願死櫻花下，仲春之夜月圓時。」這是他著名的和歌。舊曆二月是櫻花的季節。想死在滿月春夜的櫻花樹下。正是按照事先的設定，他於二月二十六日死去。

這是偶然？決不是。他在實踐自己的斷食。

西行曾經遊歷諸國，足腰硬朗。但也時常斷食修行，知道自己的體力在兩日斷食後會是怎樣，三日斷食後又會是怎樣。空海在晚年也是斷食後入定的。西行是在悄悄模仿他。他在半年前就計劃性地慢慢地少食，直到最後的不食（斷食），在漸漸地成枯朽狀，和着自然的節奏，讓生命之火奄奄一息。

舊曆二月二十五日，也是釋迦的入滅日。很顯然西行是以涅磐日為目標。但若與釋迦同日，又不合宜，於是死期比釋迦晚了一天。這都是他的精心計算。枯槁硬直的身軀，和着繽紛落櫻，了卻了春死之心。一個青衫白髮的老人，躑躅獨行在彼岸的山道間。「此身百年後，若有行人相弔念，當奉櫻花獻我佛。」這是西行法師對後人的一個小小的要求。

當時沒有人理解西行的行為。沒有人知道西行的心緒為何意。

只有一個人知道。他就是西行的師長藤原俊成。他唱道：

祈願能在櫻花下臨終，
走向蓮花的世界。

原來，西行計算的是通向極樂往生之路。很多年後，佐佐木信綱在《憶西行上人》的和歌中寫道：

月色水光俱皓皓，
夜半巖頭僧一人。

自己選擇死，不是自殺的行為嗎？但它的另面是：計算着的死，可選擇的死，這是對死之覺悟的一種姿態。這是理想的臨終做法。這是生為了預期的死之典型。

不舉行葬禮，不做墓地，不留遺骨。這是八十四歲高齡的日本宗教學家山折哲雄宣稱的「三不主義」。他說他嚮往西行的死，要像西行一樣，在盛開的櫻花樹下，在滿月的春夜，計算着死。

㈧ 遺骨放在嘴裏啃嚼

日本人對遺骨有很固執的偏愛。這是民族風習使然。柳田國男在戰後的民俗調查中發現，死者的家人常常有啃骨頭和涮骨頭的習慣。

日本當代文化巨匠五木寬之，在二十世紀七十年代寫有非常暢銷的青春長河系列小說《青春之門》。在「築豐篇」裏，有主人公伊吹信介決定闖東京拼搏的場面描寫。他從龍五郎枕畔的骨壺（骨灰罐）裏取出死去的母親的幾小塊遺骨，用手帕包上，藏入袋中。然後向沉睡中的龍五郎默默告別。在上京路上的汽車裏，信介閉上眼，手伸進內側衣袋裏，拿出白色的信封，小心地取出白花花的遺骨碎片。他把一小片塞進嘴裏含上。微微的帶有骨腥味，脆鬆但有嚼勁。不一會兒，骨片在嘴裏「咯吱咯吱」很清爽地成了碎末。日本人說如此「骨神」的行為，表現了對養育母親的愛。

電影演員高倉健在隨筆集《南極的企鵝》中，也有一篇寫有「骨神」的行為。高倉健在文中寫道：

母親去世的時候，我正在拍攝電影。葬禮沒能趕上。一周後，我回到了故鄉。

點上香，看到骨灰盒，突然有想見母親遺骨的衝動。便打開佛壇的骨灰盒。當看到母親遺骨的瞬間，有一種不想與母親分別的慾念。於是把遺骨放在嘴裏咯吱咯吱地咬着。站在一旁的妹妹們悲鳴地大叫：「哥哥，快停下。」

或許在妹妹們看來，我的舉動有些怪異。那個時候理性失去了作用，代之而起的是強烈的衝動：不管怎樣也不想和母親分別。

人的一生有喜悦。即便成了白骨，也不想分別的喜悦，讓喜歡的人總是能見到的喜悦。

人的一生有悲痛。就是所愛的人，不知道會在什麼時候，必須與他（她）分別。

但是，母親在我的心中，還活着。

日本著名的民俗學家折口信夫，有一個唯一的女弟子名叫穗積生荻。她有一次在回憶尊師火化的場景時説：

火葬場裏，折口的弟子們聚集在一起。遺體火化後，遺骨送了過來。我從人群中擠到前面，挑出一塊折口尊師的遺骨，放在嘴裏啃嚼。

後來有日本輿論設問：一直以不喜歡女性出名的折口，有這樣一位慕名和崇拜的女弟子，是否表明了二人之間有常人難以理解的感情？

日本還有這樣的記載：昭和五十年代的時候，暴力團之間常有相互抗爭。被殺死的暴力團頭目火化之後，組員們把他的遺骨含在嘴裏。這是發誓報仇的一種舉動。

再聯想到本願寺第八世，親鸞之十世孫，室町時代淨土真宗的中興之祖蓮如的《白骨御文》，日本人的「骨神」文化更有了一脈相承性。蓮如在御文中寫道：「吾人未嘗聞有享萬歲者，光陰稍縱即逝，誰人能保百年形體？是我死，抑或人亡，不知今日，抑或明日。苟延生命之人猶是露水一滴，多似荒野中草尖上的露珠。人身朝為紅顏，夕為白骨。」

蓮如的真宗門徒之所以大增，勢力之所以也大增，絕對與這篇《白骨御文》有關。雖然這篇御文既不是教養理論也不是強行先祖供養，但是讀了這篇御文，日本人都明白了死是怎麼一回事，死後大家都成了白骨。所以淨土講往生，只要唸佛就可以了。其他什麼也不要做。這種單純的做法，在一般大眾層面特別是在農民層面得到了廣泛的滲透。日本中世後期火葬在庶民中普及的背景之一，就是蓮如的《白骨御文》的影響。

這種遺骨信仰再推至極端，就生出了日本人夾白骨的習俗。親人的遺體火化後，工作人員會到休息室來通知家屬，請家屬裝骨灰。之後推出一張小桌子，上面是一副完整的人體骨架。除了胸腔的骨架已被燒成小碎塊之外，其他部位的骨頭基本都是完好的。小桌上擺放了兩雙竹筷子（約四十釐米長），家屬們（男左女右）兩人一組，一人用筷子夾起遺骨，傳遞給另一個人，然後將其放入骨灰罐中。順序是首先撿牙，然後是從腳骨開始夾起，手骨、腰骨、背骨、肋骨、胯骨，喉結等各撿一塊。由於胸骨被燒成了小碎塊，難以夾起，所以由工作人員用小銼子全部收拾好，倒入骨灰罐中。頭骨是最後夾放，必須由死者最親的人，將頭骨一點一點完全夾起放入骨灰罐中。然後蓋上蓋子，套上金色紙外套。至此，遺骨就完整地裝入骨灰盒中了。

夾白骨時，沒有人哭哭戚戚，更沒有人說我害怕，不想夾之類的話。因為在觀念上，這是在舉行死者再生輪回的儀式。而焚屍的工作人員能將推入熊熊火爐的遺體，最後還能保持住完整的人形骨架，也可見其小心翼翼地的程度和對死者恭敬的程度。由於筷子的一個功用是用來夾骨灰的，所以日本人特別忌諱在用餐時往別人碗裏夾菜。

日本環境齋苑協會的島崎昭理事長，曾經視察過歐美的火葬場。在德國火葬場他看到驚人的一幕：火葬場的員工用腳踢裝有遺骨的收納器，省去了用手的運送和傳遞（參閱高橋繁行《葬祭的日本史》講談社，二〇〇四年）。這在日本是絕對不可能的。而據松濤弘道在《世界的葬式》中說，美國火葬普及的一個理由就是骨灰能做肥料。這也與日本人的遺骨信仰有很大的差距。

⑨ 肉體、靈魂、白骨三元素

在日本，供養死者的肉體和遺骨的最初動向，是從平安時代開始的。具體地說是在藤原道長的時代。

當時在京都南郊宇治木幡地，有座叫淨妙寺的。這是道長在一〇〇五年為了憑弔家族的菩提而修建的寺廟。這塊土地原本是藤原家的墓地。藤原家的一族只要是誰死了就運送到這裏埋葬。木幡地有屍骨成堆的記錄。當時幾乎都是風葬，遺臭飄遠。誰也不想來參拜，是個很凄涼很可怖的場所。

道長為此發愁，於是在該地建造寺廟供養先祖。道長自己死後也埋葬在這裏。藤原道長的兒子藤原賴道，在木幡地近處買下一座宇治別墅，不久投獻出去，後改為寺院。這就是後來的宇治平等院。當時流行的是末法思想，認為積極地修建寺院，有利於家族繁榮和極樂往生。正是抱着這樣的思想，當時的貴族們也積極地參與寺社的建設。

就是在這樣的大背景下，火化後的遺骨被安置在寺社佛堂被供養的風習，開始在天皇家和身份高貴的貴族之間流行開來，然後再向一般庶民普及。日本有座名山叫高野山。之所以有名的一個原因就是一般庶民的安放骨灰是從高野山開始的。

不錯，高野山的開山祖是弘法大師空海，這是座真言密教的修行場所。但同時也是死者升魂的聖地。山上是淨土，死者的魂靈升至山上。在這裏，遺體的一部分如遺骨、遺髮等被收納的話，死者的魂靈和遺骨就會合體成佛。這個思想的實踐，後來就演變成「コツアゲ」（撿骨灰），並收納於高野山供養。

從這裏可以看出，日本人對於死的觀念，是從肉體、魂靈、白骨這三元素來構成的。

肉體在死後不久開始腐爛。日本人對這個污穢所帶來的忌避感和懼怕感很強烈。但同時就魂靈而言，日本人從古代開始就對魂靈的作祟非常在意。如《源氏物語》中就有生靈、死靈等各種怪物登場，活着的人不得不鎮魂的描寫。日本人相信魂靈的作祟，並對此有非常恐懼的感覺。而供養遺骨是祭祀除去了污穢、得到淨化後的肉體。通過祭祀再鎮住縮蜷在裏面的怨靈作祟，具有鎮魂的意思。這是日本人非常容易接受的思考方法。

魂靈升山是古來日本人的山嶽信仰。佛教傳來後山嶽信仰又融入淨土信仰之中。無論是山嶽信仰也好，淨土信仰也好，其中都添附了遺骨供養的大義名分。並在日本特殊的風土中，混合成一種特殊的文化——納骨文化，即活人與死人，生者與死者的一體化。作為宗教儀式的啃白骨，一個重要看點就在於，將死魂吸進自己的體內，並超越死魂與自己的一體化。

⑩ 葬禮解決兩個問題：肉體與靈魂

人死究竟是肉體的死還是靈魂的死？或者二者皆死？

人死就是肉體死。就是意味着百分之百的肉體死。這個思想的源頭在法國啟蒙思想家拉美特利（一七〇九至一七五一年）那裏。他在《人是機器》中提出一個理論：人只不過是一架單純的機械。帶有肉體的機械。所有的魂都不存在。

果真如此嗎？人就是由單純的肉體組成的嗎？是不是還有靈魂在其中？即便是肉體死了，或許靈魂永遠地存續？或者一半存續？或者百分之三十存續？

信奉神道系統的日本人或許會這樣說：我真是見了靈魂。壞人的靈魂是黑的，善人的靈魂是白的。

基督教的理論是靈肉二元論。他們萌生出這樣一個意識：肉體是靈魂得以寄生的一個地方。所以在基督教圈，器官移植的抵抗是最小的，或者説幾乎沒有抵抗。為什麼？主家人的靈魂已經不在了，肉體租借給你又有什麼關係？而在基督教社會，火葬也是忌避的一件事，他們主張土葬，保持生前的肉體土葬是他們最願意接受的。這個做法的背後有其復活的思想。即死者的靈魂要返回至肉體。所以燬掉肉體的火葬他們是盡可能避開的。這種認識，與日本人完全不同。

日本人的靈魂觀是靈肉一元論。其最大的象徵就是對器官移植表現出消極的姿態。因為在日本人看來，人死後的器官裏同樣宿着魂，所以拒絕提供器官。日本人在出棺的時候，將故人的茶碗打碎，製作假門，脱去鞋物等，就是對死者靈魂恐懼的表現。靈肉一元的觀念在平安時代初期的《日本靈異記》就有殘留。《日本靈異記》是佛教文集，表明佛教也在思考靈肉一元的問題。

如果按照現代醫學書的定義，人死就是肉體的死。那麼有人會問：葬式又具有怎樣的意義？那麼只能這樣回答：葬禮是用來單純處理肉體的。

但是現在的日本人基本不同意這個看法。人有靈魂。所以葬禮不單純是用來處理肉體的，同時也是用來處理靈魂的。也就是說，日本人的葬禮主要解決兩個問題：一個是肉體，一個是靈魂。

古代日本人還有這樣一個信仰，就是死的污穢（ケガレ）。

這個發想，佛教和儒教中是沒有的。這是日本古來的死生觀，與神道相連接。

這裏的污穢最初並沒有不潔的意思。古代神道認為，「ケ」並不是「穢」的意思，而是「氣」的表徵。如元氣、陽氣、陰氣等。我們在日常生活中，隨着年歲的增長，會感覺「氣」有所減弱，或者説元氣不足。也就是説氣開始枯竭了。古代日本人認為，這就是「氣枯れ」，即「ケガレ」。所以就生出如何使元氣恢復的想法。日本人想到了舉行「祭り」（祭祀）的活動來恢復人漸衰的元氣。他們相信非日常化的「祭り」活動，就能在日常中恢復元氣。日本人説這就是「晴れ」（hare）。所以日本在「祭り」的時候，穿戴的和服就叫「晴れ着」。之後又派生出「晴れの門出」，「晴れの間」等用語。

到了中世以後，日本的神道學者對「ケガレ」提出了新的異議。認為「ケ」是否是食物的指稱？《萬葉集》中就有「家にあればケに盛る飯を食べにしあれば」的詩歌。這表明「ケ」就是食物。人吃了「ケ」積蓄了能量。而食物一旦沒有的話，人的能量也就枯竭用盡。於是就發生了「ケガレ」。

如果這裏的「ケ」是食物的意思的話，那食物放久了就會變質發霉。這在觀念層面上日本人慢慢生出了「ケガレ」是不淨不潔的概念。於是就創生出死就是「穢れ」的詞語。在日本神道中有「黒不淨」，「赤不淨」的説法。這裏的「黒不淨」就是來稱呼死體的。「赤不淨」是指血。因此在過去的日本，生理期中的女性是不能參拜神社的。從事漁業、狩獵、木工等職業的人，必須與孕婦分居。

日本人認為，人一死，不淨就發生了。所以在過去，死人抬出後其屋子要燒燬。全部燒掉成本會很高。所以那個時候的日本人就在家人死之前建造臨時小屋。等到死後燃燒這間小屋即可，包括死者用過的東西。此外，神棚的封印、屏風的倒放、死者頭朝北枕等這些風習，都是想遮斷來自外部的侵入。因為死會引起污穢，而神則嫌棄污穢。日本人在葬禮回家之前，必須用鹽清身清心。就是生怕將葬禮上死者的污穢（ケガレ）帶回家。

過去的日本人還相信死者身上帶有細菌，也就是死穢。它必定會在死者的親人周圍傳染開來。平安時代初期設定的律令條目《延喜式》中，記載了這種死穢是如何傳染的，寫得很有趣。

比如，A家死了人。A家的親屬全員都是染上了死穢。如果有B家的人到A家訪問，那個人就把A家的死穢帶回去了。B家人全員也因此染上死穢。之後有又C家的人到B家訪問，這個人當然染上了死穢，但回去後C家的人卻沒有染上死穢。但是，反過來B家人去C家訪問，C家人全員都染上了死穢。但是假如D家人訪問傳染B家的C家，D家人也不會傳染死穢。

這也就是說，如果說A家是父，B家是子，C家是孫，D家是從孫，死穢的傳染只限於子與孫之間。

此外，《延喜式》這本法律書還明確規定了死穢的期限為四十九天。這個期間帶有不淨的人必須避開與他人的接觸。這也叫「忌」。表明社會性地強制節制自己的行為。另一方面，自覺地節制自己的行為叫「喪」。它沒有時間限定也沒有穿戴上的限定，全靠自己來決定。此外，在喪中如有人前來祝賀等諸如此類的事宜，必須還禮。因為喪與忌不同，沒有與他人禮尚往來的禁忌。日本人在家人死後，就向親朋好友寄明信片。明信片寫有「正在服喪中，請免賜年賀狀」。實際上，喪是自發的行為，應該把「喪中欠禮」改為「忌中欠禮」才是。

問題是葬式結束後，日本人還有一個「年忌法要」的制度。分一周忌，三回忌，七回忌，三十三回忌。由於日本人避嫌死穢，為了鎮住死穢，必須舉行葬式。從一個側面說肉體的處理，隨着葬式的結束而結束了。但是靈魂的處理還沒有結束。這裏日本人借用了儒教的思考方法。

儒家學說中的一個基本思考是人由「魂」與「魄」兩方面組成。魂是精神面的神靈。魄是肉體面的神靈。人活着的時候，魂與魄的平衡會得以調和。但人死後，魂與魄就分離了。或者說魂與魄分離的瞬間就是人死的瞬間。人死後，魂升天成神。魄入地成鬼。在平時魂與魄並非是可怖可憎的存在物。但是當遭遇非天壽的橫死，人的魄就成為惡鬼，會作崇活人帶來恐懼。為了鎮住這樣的惡鬼，儒教中創生了一種儀禮。這就是「招魂復魄的儀式」。就是讓上天的魂與入地的魄再一次地合體，死者就會在現世再生。這個儀式成了儒教很重要的祖先祭祀。日本人接受了儒教的這種思考方式，相信人死後有類似魂的東西，如果不祭祀的話就會作崇。

日本江戶時代的佛教，就因此創生出各種法要，來對應死後的世界。

首先，人死後的瞬間靈魂是兇猛的。這叫「荒魂」。在荒魂中，最為兇猛壯態的是「精靈」。為了不讓精靈出現，遺族就必須非常慎重地祭祀荒魂，使其最後成為「和魂」。這是最好的也是最高的結果。日本人將精靈和荒魂的階段統稱為「ホトケ」(hotoke)，也就是亡魂的意思。這是死後兇猛狀態的靈魂。其中最為兇猛的時期是四十九日間或百日間的靈魂，能見到精靈的階段。所以日本人強調追善供養的重要性，就是為了抑止荒魂，創生出和魂。而成為和魂的靈魂，也叫「カミ」(kami)。也就是日本式的神的意味。

㈩㈠ 正月、盂蘭盆會和彼岸的真意

新年元旦開始的幾天，日本人也叫正月。這裏的問題是正月單純的就是慶賀新年嗎？

原來在日本正月也叫「歲德神」，是先祖大人的集合靈。也就是說各家先祖大人的集合靈，回到各家的時期也叫正月。

先祖大人回來的神靈記號是什麼？就是「門松」(kadomatu)。所謂門松就是用松枝紮成的裝飾物放置門前。日本人過新年的時候都要在門前放置各自有代表性的門松。這是從平安時代開始的風習。如果沒有代表性的門松做記號，先祖就有走迷路跑錯門的可能。先祖回到家，要做的第一件事就是與子孫們圍坐一起共食雜煮，這也叫「神人共食」。在正月裏使用的筷子，兩端必須是圓形的，表明一方是給先祖使用的。為了迎接先祖的回歸，十二月十三日家裏必須歲末掃塵，準備祭場等。這在日本語中叫「すす払い」（susuharai）。一家之長是舉行祭祀的神主，因此神主必須從十二月十三日開始忌物，潔白清新，也叫「精進潔齋」。這也就是說日本的正月是先祖大人回歸故鄉的日子。當然現在的正月有許多活人來拜年，當然也就顧不上先祖們了。所以元旦作為歡迎先祖儀式的意義也就漸漸地失去了。

不過，日本夏天的盂蘭盆會也是先祖大人集合靈回歸故鄉的日子。日本語也叫「お盆」（obonn）。但是這裏所不同的是，這個時期回來的先祖是還沒有成為神的精靈與荒魂的先祖。也就是「ホトケ」的集合靈的回歸，所以也叫「お盆」。就像十二月十三日是為迎正月而準備的日期一樣，七月七日是為迎盂蘭盆會而準備的日期。具體的說也就是在家中搭建精靈棚，迎接先祖回到子孫們的家中。先祖回家再回去需要交通工具，所以，在盂蘭盆會期間，日本人的家裏都要準備黃瓜或茄子之類的東西，表示「精靈馬」。先祖們正是騎着精靈馬來去的。黃瓜是表示跑得快的馬，象徵從彼世回到家裏是越快越好。茄子是表示跑得慢的牛，象徵從現世再回到彼世能慢點就慢點。這表明先祖們喜歡的仍然是現世，與子孫們在一起，吃喝玩樂，想必有趣。

在盂蘭盆會期間的夏季，日本各地還要舉行花火大會，如東京最有名的隅田川花火大會、東京灣花火大會、神宮外苑花火大會等。花火大會的本質也在於先祖供養，邊看花火，邊緬懷先祖，祈禱彼世的幸福。

這樣歸納而言，如果說日本的正月是為迎接已經成為和魂的先祖節日，盂蘭盆會則是為迎接「ホトケ」階段先祖的節日。日本的節日都是以生者為中心而規定的，所以不能以迎接死者的理由而規定節日。盂蘭盆會雖不是正式的節日，但是比正式節日更為重要，所以政府機關和公司都會放假數天。

在日本，還有一個在春秋間（三月十八日與九月十八日）舉行的「彼岸」佛事。據說起源於恒武天皇（七三七至八〇六年）時期。但這是與正月和盂蘭盆會完全不同的佛教行事。它不是習俗，而是與花祭、成道會等相同的佛教行事。這是相信先祖的靈魂還在沉睡之中，便去墓地供花，供物、詠經、燒香等。這些祭奠雖然也有安慰先祖靈魂及怨靈的要素在內，但在本質上不屬於先祖的靈魂從彼世回來的日子、所以必須分開來思考。

日本人為什麼要對先祖作這樣的供養？有兩點對立的感情在其中。一個是對死者靈魂的恐懼，一個是對死者的追慕，兩種感情糾集在一個行動模式中，表現出來的就是先祖供養。從原本上說，日本人古來就有守候先祖之靈就能獲得幸福的說法。

據傳，日本人對先祖供養的執着，還來源於這麼一種說法：你有兩位親人。而你的親人又有各自的親人共四人。這四人又有二位各自的親人。合起來共八人。再往前追溯是十六人。再往前增加至三十二人。到二十五代左右，就超一億人了。你就是有這麼多的先祖們存在才有你的今天，你的身上流淌着無數先祖的血。所以，對先祖大人必須報恩感恩。其方法之一就是先祖供養。

天真的日本人就這樣相信了這套邏輯遊戲。但這裏有個思想倒是不可忽視的。在遙遠的過去有先祖，在未來的將來有子孫，我們就活在這遙遠和將來之間，就活在這個流動性之間。日本人在佛壇前對先祖說對不起了，對子孫說添麻煩了，由此生出了「恥」和「責任」的意識。這個意識再集約成一個文字就是「家」，如結婚儀式寫某某家的結婚喜宴，葬禮儀式寫某某家的葬禮。

㈩㈡ 到底有沒有死後的世界？

孔子也好，釋迦牟尼也好，蘇格拉底也好，都避開對到底有否死後世界的表態。

在《蘇格拉底的審判》這本書中，對於到底有沒有死後的世界這個問題，蘇格拉底是這樣認為的：不管死後的世界是有是無，死是一件幸福的事情。為什麼呢？如果沒有死後的世界，死便是連一個惡夢也不會做的永遠的安眠，這是一件幸福的事情。如果有死後的世界，死去的人都居住在那裏的話，這也是一件幸福的事。

孔子對死後的世界更是隻字不提。他在《論語》中「不語怪力亂神」，說「未知生，焉知死」。表明對玄妙神秘的超自然世界不感興趣。但孔子以後的王充（二七至一〇〇年），他斷言沒有死後的世界。

釋迦牟尼是怎樣看待死後的世界的呢？當弟子問他的時候，他只說了兩個字「無記」。

什麼意思呢？不說有也不說沒有。只是說沒有這方面的記錄。

那麼日本人是怎樣看待死後的世界呢？

天台宗的小林隆彰（比睿山延曆寺的長老），經常被信徒問：真的有彼岸嗎？

小林反問：你認為有明天嗎？

信徒說：有。

小林問：能證明嗎？

信徒說：不能證明。

所以小林說彼岸也是這樣。

柳田國男的《遠野物語》中記載了明治時代的一件事情。有一位男人與妻兒一起生活。突然遭遇海嘯，妻兒不知去向。一年之後，在月夜的海邊散步的男人，看到對面走來男女二人。一個是已經死去的妻子，帶來的另一位男人也是在海嘯中失去生命。現在這二人結為夫婦。當男人問：孩子可愛嗎？妻子變色哭泣，趕緊逃離了現場。這個故事表明，死者在生者的面前露臉談話。此岸和彼岸的境界並不是想像中的那麼分明。

死後的世界到底有沒有？這個問題難以回答。但是有一點是肯定的，人這種動物，願意相信有死後的世界，也就是還有一個拯救這個世界上不合理的犧牲者的地方存在。有一句話說，魔法是弱者的權力，幽靈是弱者的復活賽，表明的就是這個意思。

死者不是安息在墳墓中，而是面向生者，永遠活在生者的心裏。

基督教的彼世是天堂與地獄。佛教的彼世是極樂與地獄。

而對中國人來說，生的世界是陽間，死的世界是陰間。

而對日本人來說，洩走了靈魂之氣的軀體留在現世，很快就會腐爛掉。而脫出軀體的靈魂將去哪裏呢？最後還是要去彼世。

有天堂或地獄，有極樂或地獄，就有一個誰該去天堂（極樂），誰該去地獄的問題。而要辨別誰該去天堂或地獄，就必須要有審判官了。基督教是由耶穌基督擔任審判官，佛教是由閻羅王來做審判官。但問題是有審判官參與的審判，不公正也就隨之發生。如裁判蘇格拉底的雅典審判，裁判耶穌基督的以色列審判，現在看來都是欠公正的。

幸好日本的彼世沒有天堂與地獄，極樂與地獄的區分。人一死，終歸要去彼世。不管是善人還是惡人，不管是好人還是壞人，去了彼世就可以成佛。表現這個思想的代表人物就是法然和親鸞。而且彼世與現世沒有什麼不一樣，只是有一點不一樣，那就是彼世與現世的任何事物都是顛倒的。彼世的白天是現世的黑夜，彼世的黑夜是現世的白天；彼世的早晨是現世的黃昏，彼世的黃昏是現世的早晨。彼世的人穿衣向左扣，現世的人穿衣向右扣。同樣，彼世的人向開水裏放茶葉喝，現世的人往茶葉裏沖開水喝。

這就聯想到日本人守夜的習俗。在古代守夜就是葬禮。葬禮是在黃昏，即初夜舉行。北海道阿伊努社會至今仍在初夜舉行葬禮。明治天皇的葬禮也是從黃昏開始的。為什麼要在初夜，即黃昏舉行葬禮呢？那是因為彼世和現世是顛倒的，現世的黃昏就是彼世的早晨。芥川龍之介在小說中描寫的「河童」，在出生之前就能用自己的意志選擇是否降臨人世。這樣的自由，我們人類卻沒有，但我們人類卻有選擇葬禮時間的自由。

那麼，到底有沒有死後的世界呢？日本學者加藤徹在《漢文力》（中央公論新社，二〇〇四年）一書中，卻給出了另外一個思路。他寫道：

> 請想像一下，如果你死去被火化後將是怎樣的一個情景呢？構成你的身體的十的二十七次方（一百億的一百億倍的一千萬倍）以上的原子會立即擴散到大氣中，三年或者四年後便幾乎均等地分散到全世界。地球的大氣總量大約是一千零二十一公升，算起來一公升的空氣中就包含了一百萬個你的原子。構成你身體的原子，也許在非洲變成了花朵，也許在愛爾蘭變成了馬鈴薯。也許落到了太平洋中變成了魚，也許剩下的原子隨着風向，繼續在空中飄着。如果你的祖父祖母被火葬了已經四年以上的話，無論你在這個地球的什麼地方，只要你吸一口氣，那麼你就吸進了十到數百個構成你祖父和祖母身體的原子。

那這是否也是一種死後的世界呢？

⼗三 兩座墓——參拜的墓和拋屍的墓

古代日本人相信萬物有靈論。死就是靈魂脱離了肉體。靈魂離開了有生者，因而那就是死者。所以古代人一看到人死了，靈魂要離開其軀體，就趕快想把人魂叫回來。這就是所謂的「叫魂」。日本人將脱開靈魂的肉體叫「亡骸」（なきがら）。亡就是魂蛻殼的意思。亡骸和蛻殼這兩個詞有着密切的關係。蛻殼是指蛇蛻了皮的殼。

日本學者梅原猛在《日本人的靈魂》（光文社，一九九二年）中認為，古代日本人大概認為人死了就如同蛇蛻皮，認為蛇蛻掉舊皮，蒙上另外的皮再生，人的靈魂也同樣丟掉舊的肉體，獲得另外的肉體而再生。如繩文陶器是非常傑出的藝術品。尤其是主要在諏訪湖四周出土的所謂「勝阪式」的中期陶器確實很美，其圖樣主要是蛇。這種圖樣是把頭部呈三角形的蝮蛇圖樣化。扭動的蝮蛇的力量正是繩文陶器的可怕的力量。

為什麼優美的勝阪式陶器的主要圖樣是蝮蛇的圖樣呢？梅原猛認為這顯然是因為當時這一地帶廣泛信仰一種對蛇的崇拜，特別是對蝮蛇的崇拜的宗教。這種繩文陶器的可怕的力量是來源於當時這一地帶盛行的以蛇，特別是以蝮蛇為神的宗教。

這樣來看的話，古代日本人之所以把蛇當作神來崇拜，除了蛇具有毒性，能毒死人之外，還有一個原因就是蛇能蛻皮，能重新再生。也就是説，蛇是死而復生的生命象徵。人或其他動物一旦死了也會再生，但在現世不可能具體地看到其形象。而蛇給人們的具體的形象是，蛇蛻了皮，拋棄了舊的身體，再生為新的生命。所以蛻殼和亡骸的意思是彼此相通的。

這種亡骸是要拋棄掉的。因為這種亡骸是走了魂的空殼，把它隨意地拋棄在山野裏是處置的方法之一。鴨長明在《方丈記》裏所説的「鳥邊山」（在京都市東山區阿彌陀峰），就是一座拋棄亡骸的山。鳥來到那裏啄食亡骸。古代人對此並不覺得不可理喻。因為亡骸是走了魂的殼，讓鳥啄狗吃都沒有關係。所以日本到處都有這種拋棄屍體的山野。如京都嵯峨的寂庵，現在是個觀光的名勝地，但原先也是丟棄屍體的場所。有趣的是，當時附近有天皇的別墅，有貴族們的大院。為了消除屍體的腐爛臭，別墅只得整天燒香。與看得見的屍體為鄰，日本人說是生與死的同一視線。

另外，在日本，主要在西日本有「兩墓制」的存在。就是說埋葬屍體的地方和參拜墓地的地方是兩個不同的地方。參拜墓地的地方是寺廟裏的墓地，而埋葬屍體的地方是在人跡罕至的山裏。亡骸就像蛇蛻下的皮，所以完全可以棄置不顧。日本繩文時代的埋葬方式中有一種叫「屈伸葬」。即把手腳折斷了來埋葬。還有一種是讓屍體抱着石頭埋葬。這樣做的目的是害怕魂靈再次回到失去了魂的軀體裏來。如是這樣，參拜墓和拋屍墓的功用就會發生顛倒。而這是日本人所不願看到的。

⑭ 或許這就是死生文化吧？

在江戶時代的日本，有一位很有趣味的禪僧。

有一天，一個人求這位禪僧給自己寫一幅喜氣洋洋的横幅。和尚提起筆，揮毫寫下了「祖死父死子死孫死」幾個字。

求字的人吃了一驚。抱怨說：太不吉利了。

和尚一本正經地回答說：祖父死後父親死，父親死後兒子死，這是說一家人誰也不會早死，難道不吉利嗎？

世界上最悲傷的事莫過於孩子先於父母而死。既然人注定要死，那麼最好是代代終其天年，把生命的鎖鏈代代連接下去。

在禪宗那裏稱為生死的思想，在日本人那裏叫做死生觀。這裏有兩層意思：一個是死在生的前面出現；一個是死與生同等的比重，表明生與死是深深關聯的問題。在覺悟死的過程中體會生的艱難，生出尊重的心情。

這樣想來，和尚寫的横幅也許是吉利的吧。

這樣看來，這位和尚是最懂日本的死生文化的了。

第七章

木有神靈的思考從何而來？

——木文化的春夏秋冬

(一) 木有神靈，人有魂靈

人，為什麼對木有親近感？

人，為什麼在木質的世界裏，才有復得返自然的感覺？

這就令人想起日本木文化學者小原二郎曾經說過的一句話：「人類對於木的親近感是源於兩者都是生物體所致。」

木有神靈，人有魂靈。這是對「兩者都是生物體」最好的解釋。

日本人在木材的用語上有「心持ち材」、「心去り材」的說法。「持心」與「去心」，真有意思的用語。

木通達森林的文化，石通達沙漠文化。森林文化與沙漠文化一個最大的不同是什麼？就是視點放置的位置不同。森林中的人從內部看事物。沙漠中的人從外部看事物。從外部看事物作出判斷的是男性。從內部看事物作出判斷的是女性。森林通多神教，在生出具有母性神性格的宗教同時，養育出女性之人。沙漠通一神教，在生出具有嚴厲的父性神性格的宗教的同時，養育了男性之人。

從物理性來看，木與石的最大不同在於彈力性和融通性。木吸收水分就膨脹，乾燥時就萎縮。木造建築有時之所以比石造建築要來得抗震，就在於木與木之間的榫頭相接處有餘地的緣故。石頭強中有弱，既有男性特徵，也有女性特徵。木頭弱中有強，既有女性特徵，也有男性特徵。

日本人自古以來就對樹木抱有一種獨特的信仰。在他們看來樹木是神從天上降落地面的媒介或實在。所以樹木中必然蜷縮着神靈。即使被砍伐後的樹木，其神靈也不死。原木（即原色木料）作為清淨而有靈性之物，受人尊崇。

而成熟於平安時代的天台本覺思想，乾脆用「草木國土悉皆成佛」的語言，表明不僅動物可以成佛，植物也可成佛。這對日本人的影響也很大。

日本散文作家三木卓，多年前寫有散文《一棵樹》：

> 更可喜的是，樹比我的壽命還要長，它與我同年齡，但先死去的一定是我。若是養一隻小鳥、小貓，就不

可避免地要看到它們的死亡。並且，在其死前的數年間，我將目睹一個與自己同時誕生的生命一步步走向衰老的過程。但是，樹就不存在這個問題。樹只是一點點地長大，除非環境極端惡化，否則它一直健康地成長，而且在我死後，仍然會活下去。大家都公認樹的這種價值：即樹無論在時間上，還是在空間上，都是一種穩定，持續的生命狀態。只有樹木，才具有這樣的價值。

記得有一首歌叫《別了，杉樹》（日本五十年代流行的一首歌曲），唱的是故鄉村口的一棵杉樹。為什麼要用杉樹作為歌名呢？我想，那是因為每當作者想起故鄉的小村，或者回到故鄉的時候，這棵杉樹便成為無法替代的，唯一的故鄉的象徵。

顯然，這裏描述的就是日本人對樹木的一種感受：樹比人活得長。人等不到樹木的死期，樹木則見證人的衰老與死亡。所以，樹木是偉大的，是有靈性的。渺小的人類在時間久遠的巨樹面前，只有恭敬地低下頭，和睦相處。任何的砍伐和摧殘，就是砍伐和摧殘人類自身。

木有神靈，人有魂靈。這裏的關係表現為神靈是魂靈的歸宿，魂靈是神靈的顯現。日本木文化的一個基礎性的構造，就是源於神靈與魂靈相互間的連帶與交融，所產生的精神共鳴。日本佛師，在雕刻之前對木片說馬上就要能見到佛了。木片則對佛師說，請快點讓我成佛吧。一邊聆聽木片的聲音一邊雕刻，這是真正的匠技——DNA中滲透了木的神靈。

日本人不曾建造石砌建築的原因，至今仍然是日本歷史上的一個謎。日本多山，表明並不缺石材，也不缺石工技術和石匠。早期的以仁德天皇陵墓為代表的古墓就是由巨石建造。但為什麼這一傳承斷裂了呢？為什麼在這之後木造結構大行其道呢？如法隆寺就是現存世界上最古老的木造建築。現在看來原因還是在於對石與木的感覺不同。日本人面對冰冷堅硬的石頭，無法觸摸其「石靈」，更缺乏空間的想像力。而面對柔軟味香的木材，則有着天然的親近感，因為「神靈」隨時能感觸，與人的魂靈共生。

㈡ 日本何以成了木的王國？

在這個地球上，大約有八千個種類的樹木。其中日本佔了多少種類的樹木？

按照大井次三郎在《日本植物志》中的記載，從北海道到沖繩，在日本生長的木本植物和外來樹種合起來，共有二千二百三十一種樹木，佔世界樹木種類的三分之一。在二千二百三十一個樹種中，日本特有的樹種為一千七百一十八種（也有日本學者認為有兩千種）。也就是說地球上樹木全種類的百分之二十以上在日本。

再從大的方面說，雖然日本是個資源貧乏的國家，但森林資源並不貧乏。日本國土的百分之六十七為森林所覆蓋。其中天然林約為一千三百五十萬立方米，人工林約為一千一百五十萬立方米，總的森林蓄積量達三十五至四十億立方米。森林的機能資產為七十兆日元。根據日本學術會議的試算，日本年間排出的碎木片是四千萬立方米。解體住宅時產出的碎木片年間大約是一千萬立方米。現在木材利用部門的循環利用率為百分之四十。紙張的循環利用日本是第一位，大約有百分之六十的紙張是再利用的。廢紙回收的技術達到了世界最高水平。

樹木首先在森林裏生，然後在人間的生活中生，最後在資源化中再生。在日本人的眼裏，森林之木竟然有三次的再生機會。這是任何生物體都難以具有的。可見，日本人自古就對樹木有親近感，木質物體之所以介入至日常生活中的方方面面，以致創生出日本特色的木文化，都與森林資源豐富與循環有關。日本可以說是名副其實的木王國。

日本為什麼會有這麼多的樹木種類呢？這與日本的自然條件有關。日本列島南北長三千公里，跨有亞熱帶、暖帶、溫帶和亞寒帶。這就有利於各種植物的生長。此外，日本列島多山，也有利於植物的垂直分佈。

在兩千多種樹木中，與日本人日常生活有密切關聯的有用木材有多少呢？據日本農林有關方面的統計：針葉樹三科二十七種，闊葉樹三十八科一百零六種。使用範圍從建築用材到美術工藝品、什器、運動用具、製紙用材等。在這個基礎上日本農水省和日本木材加工技術協會，選定了代表日本木王國的五十種樹木。這其中針葉樹為十八種，闊葉樹三十二種。針葉樹如花柏、冷杉、檜木、紅松、黑松、土松等。闊葉樹如桐樹、遼楊、蓮香樹、山櫻、赤楊、山桑等。這五十種樹木中，日本人最為喜歡、最為貴重的國產樹種有五種：檜木、杉木、山毛櫸、水楢木、赤松。

文化一定是有傳承的。這個傳承一定可以追溯到遠古時代。日本人喜歡木製品也可追溯至遠古的繩文時代。據考古發現，那個時候就出現了很多木製品，如獨木舟、木弓、木桶、木梳、木鐲、取火具、祭祀用具和裝飾品等，有些木製品的表面還塗有漆料。從各異的木製品可以看出，繩文人就已經很懂得木的特性了。例如他們會將堅硬耐用的栗木用於建築。

再從日本出土的整個文物來看，木製品佔了很大一部分，近四萬件。從對樹木的利用率高低來統計，檜木九千八百件，杉木四千六百件，栗木三千一百件，跰木二千二百件，櫟木一千八百件，松木一千件，櫸木一千件，柳類九百件，冷杉七百件，榿木五百件，槭木五百件，櫻木五百件，山桑四百件。

(三) 日本古典中的木文化

《古事記》、《日本書紀》、《萬葉集》和《風土記》被日本人稱之為萬葉時代的古典四書。

《古事記》著於七一〇年，記述了從神代到第三十三代推古朝為止的天皇家的故事，是日本最古老的文獻。

《日本書紀》編撰於七二〇年，是從神代到第四十代持統朝為止的天皇家公式記錄。與《古事記》重疊的地方很多。

《萬葉集》著於七八〇年。收錄長歌、短歌、旋頭歌共四千五百餘首，是從古代到奈良時代為止的歌集。

《風土記》編撰的年代與《古事記》相同。屬於地方誌性質，如當地的物產，地名的由來等。現在殘存的只有出雲、常陸、播磨、豐後和肥前等五個地方誌。

據日本林業學者井上俊在《萬葉樹木散步》（羽衣出版，二〇〇三年）中的統計，四書中出現的樹木種類，《古事記》有三十六種。《日本書紀》有四十四種。《風土記》有五十四種。《萬葉集》有七十三種。

全部相加有二百零七種，除去重複的部分相加有一百零五種。

四書記述的與當時生活有關聯的植物有二十六種。其中樹木有十六種：松、杉、檜、槲、樫、栗、櫧、櫸、楮、桂、藤、椿、橘、苓、竹、櫟。

在記事神話裏，記述了伊邪那岐命、伊邪那美命兩神產下很多子神。其中有木神久久能智神、草神鹿野屋比殼神。但是這二神後來沒有登過場。這也是日本神話中的一個謎。《日本書紀》在神代卷裏還記述了素戔嗚尊生出四種樹木：拔鬍鬚成杉，拔胸毛成檜，拔屁股毛成柀，拔眉毛成樟。這可以說是日本有記載的樹木種植的開端。之後，素戔嗚尊又說了些木盡其用的話：杉及樟，此兩者可以為浮寶之材，檜可以為瑞宮之材，柀可以為棺材。另外，書紀中還記載素戔嗚尊的兒子五十猛神，從天上帶回樹種播種。從此「始自築紫，凡大八洲國之內，莫不播植而成青山焉」。

在日本將杉木視為神木，是從《萬葉集》開始的。那個時候的日本人視野裏，有兩件東西可以稱之為神。一個是大神神社的三輪山，一個就是石上神社的杉樹。《萬葉集》第二千四百一十七首就是歌詠石上神社大杉樹的詩：

> 石上佈留古神杉，
> 我今雖年邁，
> 再作新戀。

這裏值得留意的是，杉木——神木——新戀的模式，將木與戀納入同一視線。可見古代日本人對木文化已經有了很好的感覺。

《風土記》裏描寫肥前國一棵巨大的樟樹很有情趣：

> 昔者樟樹一株，生於此村，幹枝秀高，莖葉繁茂。朝日之影，可蔽杵島郡蒲川山；暮日之影，蔽養父郡草橫山也。日本武尊巡幸之時，御覽樟茂榮，勅曰：此國可謂榮國。

《日本書紀》景行天皇記裏，有築後國巨木櫟樹的記載：

> 時有僵樹，長九百七十丈焉。百寮蹈其樹而往來。時人歌曰：朝霜盡染的禦木小橋，群臣渡過那禦木小

橋。這時，天皇問道：是什麼樹？有一老夫答道：是樹者，曆木也。過去，未僵之先，遮擋朝日之光，把杵島山也給隱去了。遮擋夕陽之輝，亦覆阿蘇山。天皇道：這棵樹是神木。故這個國家宜號禦木國。

日本人一直號稱自己是木大國。原來出處於第十二代的景行天皇。

除了古典四書之外，七五一年出版的《懷風藻》中也有矚目的木文化描述。《懷風藻》是由一百二十篇漢詩集組成。詩集中涉及的植物有二十五種，其中樹木為十七種。歌詠松的有二十首，歌詠柳、桂、楓的有十八首，歌詠梅的有十六首，歌詠竹的有十三首。漢詩當然受中國的影響很深，因此提及的六種樹木也都是與中國有關的樹木。《懷風藻》裏有一首歌詠松的五言詩《山齋》很有名：

塵外年光滿，林間物候明。
風月澄遊席，松桂期交情。

成書於平安時代十世紀的《枕草子》，是日本最早的一部散文隨筆集。作者清少納言屬於宮中的悠閒者，所以留下了很多溫情體物，獨抒性靈的細膩生動的文字。如她有許多描寫樹木的文字，讀來生趣：

如寫檜木：

雖然不生長在人里近處，但歌詞云：三棟四棟之殿，係建築材料，故而可貴。又據說，梅雨季節，水滴如雨聲，倒是十分有趣。

如寫楓樹：

細緻可觀，當其葉端微微轉紅時，眾葉伸展向一方，頗饒情致，花則又含蓄，若小蟲之乾枯者一般，教人憐愛。

如寫桐樹：

花開紫豔，葉片廣大，不可與其他花木等而視之。唐士有名鳥（指鳳凰）擇其枝而棲止，其趣不凡。用以作琴，百音俱出，風雅之情，世間可謂常有乎？此木之貴，非同一般。

如寫樟木：

即使在眾樹叢生處，也不與他樹雜生。若是想像其蓊鬱茂密之狀，未免教人難以親近，但是其枝上千，人道是：如戀人之心千千結，則又不知究竟是誰想到那數目，也挺有意思。

如寫楝樹：

楝樹之姿雖不美，但楝花十分可愛。花朵乾爽清麗，若盛開於五月五日，則更合時宜。

而成書於十一世紀的《源氏物語》，裏面登場的主要女性人物基本都用植物來起名。如桐壺、藤壺、葵、夕顏、紫等。

㈣ 正月木文化的傳統行事

日本人正月用松或竹或梅裝飾的門松，所謂的松竹梅便是。此外還有用裏白樹、交趾木、酸橙木作為供品（鏡餅）和注連裝飾物使用。在三重縣熊野灘地方，門松用楊桐作裝飾，再添加馬醉木，或者用注連裝飾物吊掛在馬醉木的小樹枝上。

在小正月（舊曆一月十五日），日本有地方將一種繭形的小年糕球的米餅或團子，吊掛在樹枝上。用來祈禱蠶繭圓滿豐饒。這裏的樹枝，並不局限於馬醉木。地方不同，用材也不一樣。如燈檯樹、四照花、柳樹、樸樹、野梧桐等樹枝都可使用。還有的地方用削掛的東西作為供品。所謂削掛就是折採柳樹、接骨木、燈檯樹等小枝，用道具切削成很薄的木片後，吊在樹上。這以東北地方的粟穗稗穗最有名。

這當中用鹽膚木作行事的很多。鹽膚木屬於漆樹科雜木（落葉小喬木）。在關東的甲府、信州、上州、伊豆等地的小正月裏，有將鹽膚木製作成「禦門棒」的風習。所謂「禦門棒」就是用二根長度為三十釐米的木棒，自比男女人形。將木棒的一頭剝去樹皮，削成斜面，然後畫上人的臉面。木棒的下半部用繩子纏捲三道後，直立在家門口。其宗教意義在於祈禱農物豐饒的同時，也祈禱全家免遭禍災，平平安安。在秩父等地，這種鹽膚木也叫禦門木。

岐阜縣揖斐地區，在小正月的前日，男人們從山裏砍來鹽膚木，用它製作太郎坊、次郎坊的人形，以及小刀、小錶等五個小玩意兒。然後在小正月的早上，搭建新的神棚，祭祀太郎坊和次郎坊。供品就是用鹽膚木製成的小刀和小錶。

山口縣佐波地方，為了製作春年糕，傍晚時分主人或者長男進山，砍來鹽膚木，用作爐灶裏的材薪。這種鹽膚木又叫餅木，程序是先點燃餅木，然後再燃燒其他木薪。

另外在靜岡縣北伊豆地方，小正月做粥時用的粥騷棒，也是用鹽膚木材料製作的。

㈤ 木字旁的漢字文化

日本人喜歡木，由此創生出木文化。木字旁的漢字文化就是其中的一個表現。八十四個木字旁的漢字，凝聚了日本人對木文化的喜好。這八十四個木旁漢字分別為：

一松（まつ）二梅（うめ）三檜（ひのき）四栃（とち）五椎（しい）六栗（くり）七枳（からたち）八枸（けんぽなし）九柘（つげ）十柏（かしわ）十一柚（ゆず）十二梶（かじ）十三楢（なら）十四櫧（たも）十五樟（くすのき）十六桃（もも）十七樫（かし）十八欅（けやき）十九楠（くすのき）二十榛（はんのき）二十一櫻（さくら）二十二椿（つばき）二十三梓（あずさ）二十四椨（たぶのき）二十五杉（すぎ）二十六椋（むくのき）二十七榊（さかき）二十八橘（たちばな）二十九楡（にれ）三十樺（かば）三十一栓（せん）三十二桂（かつら）三十三榀（しな）三十四椈（ぶな）三十五朴（ほう）三十六楓（かえで）三十七樅（もみ）三十八槐（えんじゅ）三十九柳（やなぎ）四十槙（まき）四十一桐（きり）四十二柿（かき）四十三榧（かや）四十四櫟（くぬぎ）四十五楮（こうぞ）四十六柊（ひいらぎ）四十七椹（さわら）四十八椚（くぬぎ）四十九椙（すぎ）五十楊（かわやなぎ）五十一榎（えのき）五十二檞（かしわ）五十三槻（つき）五十四槿（むくげ）五十五槲（かしわ）五十六橡（とち）五十七

橙（だいだい）五十八檟（ひさぎ）五十九橿（かし）六十櫨（はぜ）六十一梧（あおぎり）六十二楸（ひさぎ）六十三椛（もみじ）六十四椅（いいぎり）六十五榴（ざくろ）六十六栢（かしわ）六十七椛（もみじ）六十八榁（むろ）六十九檀（まゆみ）七十椴（とどまつ）七十一槭（かえで）七十二椗（ひさかき）七十三杷（びわ）七十四柾（まさき）七十五杻（もち）七十六梔（くちなし）七十七椰（やし）七十八杏（あんず）七十九梨（なし）八十栂（つが）八十一桑（くわ）八十二李（すもも）八十三棗（なつめ）八十四漆（うるし）

日本人就用這八十多種樹木打造日本文化和傳統的硬件，給人印象深刻。可以這樣説，凡屬日本傳統的東西，都是用木製，屬木構造。這裏可以舉出一些例子：

如被視為國寶的醍醐湖寺五重塔是木構造。架設在京都嵐山河川的渡月橋。鎌倉時代的龜山上皇説，他夢見月亮過了橋而得名。建仁寺兩足院的圓窗。京都上七軒的格子戶。宇治上神社的牆格柵。在神社或寺院祈願用的繪馬（如八大神社有宮本武藏的繪馬。豐國神社有瓢囊的繪馬。三島神社有鰻魚的繪馬。劍神社有飛魚的繪馬等）。日本人正月裏玩的遊戲道具毽子板。從平安時代開始流行的雙六棋盤。大阪四天王寺裏聖靈會舞樂時用的太鼓。京都國立博物館所藏的江戶時代的木造近江女能面，奈良時代的木造迦樓羅伎樂面。京都國立博物館所藏的桃山時代的薄型桔梗蒔繪文箱，江戶時代的蝴蝶薄型蒔繪盃。京都龜廣保的和式糕點木型。京都松尾大社的祈願勺子。京都賀茂神社，下鴨神社等神事之膳禦粥祭用的托盤等道具。

還值得一提的是，在八十多種的樹木中，日本人至今仍相信桐木是製作傢具的最好用材。而且日本人還將中國人對梧桐的傳説用於泡桐上，認為也能引來象徵好運和高貴的鳳凰。雖然日本人的生活方式日趨西化，但他們仍舊喜歡在榻榻米房間配上一套桐木傢具。桐木還用於製作新婚傢具。因桐木價格昂貴，有的貴重桐箪笥（衣櫃）售價折合人民幣約二十二萬元。所以，日本有錢人家嫁女時用一套桐木傢具做嫁妝是極有面子的一件事。日本也流傳這樣一個説法：如果普通人家想給女兒送一套桐木傢具做嫁妝，就應該在女兒剛出生時種下一顆泡桐樹苗，到女兒出嫁的年齡時，桐樹成材正好可做嫁妝了（泡桐是速生材種）。由於桐木具有耐腐耐磨的特點，它還是製作日本人出席傳統活動儀式時腳下穿的木屐之材。

㈥ 日本人參道設計的一個基本思路

鋪滿砂石的長長的參道，兩邊樹木遮天，高聳入雲。慢慢地放下心情，靜靜地接近神體——這是日本人計劃參道的一個基本思路。

日本多神社，參道的路況也是各異的。最具代表性的就是山形縣出羽三山的羽黑山。山頂附近有出羽神社、月山神社、湯殿山神社。三神社合起來也叫「三山合祭」。羽黑山在古代就是修驗的靈場與信仰的集散地。參道全長大約有一點七公里，通往神社有兩千多個長長的石階。石階的兩側有數百上千年的巨大杉樹。這裏白晝也是暗黑的，只有枝葉間撒漏着斑駁的光點，照射在砂石地面。四周寧靜得像夢境。偶然會有幾聲小鳥的鳴叫。漫步參道，拾階而上，倍感身心清淨，寧靜致遠。羽黑山的參道中間聳立着國寶五重塔。屬於白木造。排列整齊的杉樹線條垂直，更顯現出諸神的氣韻。

人接近神的通道，由人來創造。一個用鮮活的生物構築起空間，一個用冰冷的石柱來構築空間。造形的發想全然不同，源於日本是木的文化，歐洲是石的文化。

同樣，塔的製造也是這樣。佛塔原本是為了埋葬釋迦灰骨的地方。在印度是用泥土營造。在中國大多是用三重五重的磚瓦來營造，朝鮮半島也是學中國用磚瓦來營造。只有日本是用木來營造。而且在構造上也不斷地下功夫。塔的中心部有心柱。但在飛鳥時代的法隆寺，採用在地中深埋根部的掘立式。而白鳳時代採用在地上放置心柱基石並加以固定，以支撐塔頂上金屬製相輪的重量。到了江戶時代，在方法上誕生了一種新方法：採用從上方鎖吊住。東京谷中的感應寺塔，日光東照宮的塔都是採用這種方法。這是放下重心吸收震動的耐震構造。木造塔之所以能抗住地震和颱風，就在於不斷改進工藝。日本是木的國家，木造五重塔在地震中不倒，其方法啟發了超高大樓的建造。

文明可以分為兩種類型：守衛森林的文明和支配森林的文明。日本的文明屬於前者，日本所有文化的素養，都是從針葉樹林中誕生的。國際日本文化研究中心的安田喜憲教授如是說。

㈦日本住宅——木結構中的文化傳承

提起地毯人們就會自然地想起波斯地毯。波斯地毯有名是眾所周知的。這裏的問題在於：在如此荒涼的沙漠世界，何以能綻出如此豔麗而繽紛的花朵？不可思議。

於是專家如是說：中東這個地方，春天的到訪，一年只有三個星期。短暫的春天開放出七彩花朵，自然成了人們心靈中的美麗園。但是時節一過，又是滿視野無色彩的沙漠，又回到了單調而枯燥的世界。所以阿拉伯人在住宅的客廳裏，鋪上地毯，上面彩繡鮮豔的花朵，彷彿春天又來臨了。

相比較，日本的住宅是開放式的。寢殿造也好，書院造也好，數奇屋造也好，其大體的模式都是田字形結構，南北走向，外部的周圍加寬房檐，加以立柱形成回廊。房屋和房屋之間的門叫做「奧」。和室的地板上鋪有榻榻米，隔開房間，兼作門窗的半透明的叫做「障子」。

日本人為什麼要選擇這麼一種居住模式？這與日本的氣候有關。溫暖多濕，四季分明。受惠於這麼好的氣候，一切來自於美麗的自然。把這美麗的自然攝取進來，努力使住宅與自然風光、風向、色彩相一致，住宅與大自然共呼吸，這成了日本建築師的一個基本理念。定格成開放性的與自然相接觸的模式，這樣的住宅建造，最好的材料當然是木造。以實木為主要建築材料，給人一種回歸自然的感覺。如果再搭配簡單的現代傢具，就中和了較多古樸的味道。如果是堅硬的鋼筋水泥造，就與大自然的色彩難以融合，再是全開放的陽台，也難以表現木質感覺。

當然日本人喜歡木造住宅還有一個原因。就是佛教的無常觀。祖先們已經覺悟到自然和社會總是處在經常的變動之中。萬葉詩人說：色香俱散，人世無常。鴨長明說：河水滔滔不絕，但已經不是原來的河水。《平家物語》說：祇園精舍之鐘聲，即是諸行無常的聲響。豐臣秀吉的辭世歌曰：「朝露消逝如我身，世事已成夢中夢。」所有有形的東西與人間的生命，都是有限的無常的。所以日本人看中了木，喜歡上了木。因為木即便是腐朽了，到最後還是回歸自然。一定是死與再生的素材，觸動了日本人的神經。日本人建造伊勢神宮，知道用白木不能永遠地保持其美麗，所以每二十年必須重建一次。在歐洲人看來，有大神居住的地方，永久性才是尊崇的表現。為什麼要放置於反復重建的木造建築中呢？日本人真是個不可思議的民族。但是日本人不這樣認為。有「形」的東西必定會毀滅，但是「型」則永久傳承。二十年一次循環，一次是自己搭建，一次是教導別人搭建。日本人就是在木結構中傳承着真正的文化。

㈧ 牛排味和生魚片味的區別

日本美的基調是什麼？概括的說就是白木的木肌。日本人纖細的感覺與針葉樹的美相照會，就有了共通的感覺。而這個感覺一定是洋溢着根底文化的。

羊羹放置在杉木製成的裝飾盒，會好吃。壽司放置在檜木板上，會覺得美味。這就是鮮活帶來的口味感。壽司屋的經營者，為了保持白色木肌的美，每天苦勞，但那也是感受到了木肌所具有的神秘性。就像牛排不在不銹鋼板上切斬就不行一樣，生魚片如果不在檜板上切片，那肯定不行。牛排味和生魚片味的區別，就是金屬和木質的區別。放大點說就是西洋和日本的區別。

在日本人看來，闊葉林文化和針葉林文化的不同，雖然在於兩者進化過程與老化程度不同，但它同時也表現出東西方文化的不同。具體的說就是日本人在洋風建築物的內裝和定做傢具的時候，喜歡用的木材是闊葉樹。而在建造傳統和風建築與和風傢具的時候，喜歡用的木材是針葉樹。針葉樹和闊葉樹這種使用對象的不同，用植物專業知識來說，就在於這兩種木材的細胞構成是不同的。

針葉樹有一種叫做假道管的細胞，佔了全體的百分之九十以上。這種細胞是導致針葉樹木肌精湛，木紋細緻的一個主要原因。此外還帶有柔軟性和光澤性，即便是袒露的白木，也很悅目。而闊葉樹比針葉樹生長得快，構造也較複雜，木紋變化豐富，材質堅硬，材面粗曠。所以刨削之後的木肌並不好看，但一旦塗裝，就會美麗無比。這也就是說從木肌的比較來看，針葉樹更像東洋繪絹，闊葉樹更像西洋油畫，味道和感覺完全不一樣。

這樣思考的話，闊葉樹在以金屬和石材為主的西洋人住房中發揮作用，這在邏輯上是通的。針葉樹在用木與紙與榻榻米構成的日本人住房中發揮作用，這在情理上也是通的。各得其然，各得其所。從日本傳統傢具來看，木材偏薄，且白木多。而西洋傢具塗裝厚實，形狀和重感強烈。這也是針葉樹和闊葉樹材質和木肌的不同，誕生出來的實體也就不同。

這種不同還可以表現在魚肉和獸肉上。如果說把針葉樹比作魚肉，闊葉樹就相當於獸肉。在日本，獸肉料理是在明治初期被引進國門的。闊葉樹的洋風傢具也是在文明開化的時期被引進的。也就是說獸肉與洋風傢具的引進在時間上具有一致性。牛肉厚實的油脂與塗裝厚實的櫟樹木肌，有其共通性。用石頭和煉瓦建造的住宅，裝飾物必須要有動物的毛毯鋪地，必須要有厚實的闊葉樹傢具。而食事的時候，必然要有大塊的牛排，否則的話就難以合拍。而與針葉樹白木肌膚搭配的必然是榻榻米、拉門、木柱等植物材料。在這樣的住家食事，必然與沒有油膩的生魚片和芥末相伴。如從這一點上說，西洋與日本的區別就是闊葉樹文化與針葉樹文化的區別。

問題在於日本也有很豐富的闊葉樹林，為什麼闊葉樹文化不發達？

原因在於喜好針葉樹，熱愛白木肌膚的嗜好，是日本木文化的基調。平安時代盛行和歌與文學的和風文化。與此同時日本人也發現了檜木的木肌美，觸動了心中的「情」弦。日本著名國語學者大野晉在其著作《日本語的年輪》中，對日本語作了如此評說：「平安朝《源氏物語》的時代，終於使得日本語言變成了最能表現美的語言。表現美的語言從奈良時代到今日為止，用細（クワシ）、清（キヨラ）、細小（ウツクシ）、清潔（キレイ）來替代了。」日本人的美意識中，與善之物，豐富之物比較起來，更傾向於清之物、潔之物、細小之物。當時的美並不用金銀等極端的彩色來表現。關於這點，京都大學的美術史家源豐宗説，貞觀時代意味美的語言是用「けうら」（毛裏，意味毛皮裏子）來表現的。所謂「けうら」就是清潔的，而清潔的東西就是美的。這樣看來，日本語的美，就意味着纖細、清潔。這一語言在平安朝被基本固定。從這點來思考的話，檜木的木肌原封不動地鑲進了日本語的美，鑲進了日本人的美意識。所以在那個時代用檜材作白木雕刻也非常多。這也表明針葉樹的白木美，在日本文化中佔有很高的地位。

⑨ 白木刨皮的瞬間美

樹木始終是活在那裏的。樹木不死。

檜木的強度在砍伐後的數十年爆發就是明證。

在日本人看來，樹木被砍伐後還能活，所以是慢慢走向衰死的過程。實際上是不死的生物。檜木在刨掉一層木皮之後的木肌是最美的，飄逸出香氣，但只是瞬間的美。是不是要刨掉呢？職人（生活用具的製造者）在猶豫中。為何要猶豫？原因在於很美地刨掉，也就意味着很美地走向死亡。其木肌固然是純粹的，但還是在不可避免地走向衰死。檜木在承受刨皮的瞬間，內包了走向死亡的悲傷。生命的悲涼感，美學意義上的物哀由此產生。

自然的有形的素材必定會腐朽。四季變換是如此的分明，走向死亡的白木映照了人的生命，這其中有日本人的情念。悲涼、無常、萬物如水泡，走向衰微。所以日本人借用木的特性，將自己衰死的身姿移至白木衰死時的淒絕美。知道一日的虛無與無常，然後抓住充實的生的瞬間，將一日的生命結晶化。活在一日中，活在日常性中，將如何創造？生的意義也就出來了。

而職人被賦予的課題是，閱讀一片片不同木材的故事表情，將自身放置於木材中，思考生的場所與可能性。砍伐一根圓木，由於砍伐部位的不同，其木理也是不同的。每根圓木都帶有鮮明的個性和物語。切割那粗壯的富有表情的圓木，將其裁剪成木片，從中發現和創造出符合心情的形狀各異的實體道具。將原木具象化、藝術化，需要職人眼心腦手並用。而作為職人的基本條件就是要有辨別木材的慧眼，要有平和之心、同情之心和敬畏之心。只有這樣，木肌美與清淨感，枯淡美與神聖感，才能在職人的精工琢磨下得以實現。如果不具備這些條件，就沒有資格對良質木材為所欲為。所以，日本職人的宿命就是面對被砍伐的樹木，如何燃燒起自己的情念。你看，這是多麼纖細的感受性。獨特的木文化由此生成。在日本人眼中，白木是一首詩。

在日本，木的職人也叫木匠、番匠。日本的木道具也是種類繁多，如鋸子、鉋子、鑿子、錐子、槌子、斧頭等。道具是職人手與體的延長線，是職人技術和技能的形。日本人在自己喜歡的風土中，與木共生。所以日本有許多木物。如筷子、木桶、酒樽、柱子、建具、傢具、梳子、木屐等。這些生活用具的製造者（職人），也相繼在各地誕生。各種木工技術也應運而生。如曲物、指物、細工、雕物、挽物、像嵌、寄木、大工等。隨着技術的分化，製造這些品物的曲物師、指物師、木雕師、建具屋、細物師、木紋師、旋工師等也相繼誕生。無疑，這些品物和技術，都打上了日本特色。

青森的絲柏、秋田的杉木、木曾的檜木是日本三大美林，非常有名。這其中，日本人將木曾的檜稱之為「本木」（ほんぼく），意味着最高境界的「真木」。檜木材質緻密，木紋通直，色為白，清淨神聖，對防蟲害、防雨水濕氣都有很強的功用，故被稱之為「木中之王」。日本木文化學者小原二郎在《支撐法隆寺的木》（日本放送出版協會，一九八〇年）中說，木有不可思議的木味。但這其中的木味，是依據樹種的不同，產地的不同而不同。這與人類社會中民族不同、鄉土不同而習俗和性格也就不同是一樣的。檜是對日本人肌膚最為適合的木。但這也是在很長的歷史中形成的。飛鳥時代的木工們已經知道檜木的心情，能夠很好地使用它就是一個證明。三重縣伊勢神宮就是用檜木建造的，生粹的木造建築至今放着異彩。高野山檜、吉野檜、尾鷲檜雖然也良質，但不能稱之為「本木」。日本人賦予木曾檜以最高地位的思想，實際上就是木文化中神聖和清淨的思想。

⑩ 彌勒菩薩木雕用材的風波

京都有座廣隆寺。廣隆寺內有兩尊彌勒菩薩雕像，一尊叫微笑的彌勒，一尊叫哭泣的彌勒。這兩尊彌勒像用不同的表情，演繹着佛教世界的幸福與苦惱。

但這兩尊彌勒像在以前是有爭議的，主要集中在是「日本雕刻」還是從「朝鮮傳來」這兩種說法上。

朝鮮傳來說認為，哭泣的彌勒表現出幼稚的雕刻方法，所以這應該是從朝鮮傳來的原像，依據這個手本，日本用紅松再雕刻，誕生了東洋的彌勒維納斯——美麗的微笑彌勒。

日本雕刻說認為，《日本書紀》推古三一年（六二三年）記載：在新羅有一具佛具獻上，放置於葛野大秦寺。這尊佛具就被推論為是微笑彌勒。如小原二郎就認為微笑彌勒好像是朝鮮風。而且與法隆寺的玉蟲廚子傳說聯繫在一起。代表飛鳥時代有名的工藝品，因為震撼，所以都說是從朝鮮來的。但是京都大學昆蟲學教研室的山田保治，從裝飾中使用的玉蟲羽根着手調查，發現這種玉蟲在當時的朝鮮沒有生息的可能，為此斷定是日本製造的。

這尊微笑彌勒究竟是日本製還是朝鮮製？為了揭開真相，小原二郎開始着手調查廣隆寺二尊彌勒菩薩的樹種。小原在《日本人與木文化》（朝日新聞，一九八四年）說：「在一九四八年十二月的一個寒冷傍晚，我去廣隆寺調查。對住職說，取一點哪怕像毛髮細小的碎片可以嗎？住職說可以。於是將微笑彌勒像傾斜，從內刳中取出像牙籤尖頭一樣的碎片。也用同樣的方法從哭泣彌勒中取出碎片。然後將碎片放置於顯微鏡下觀察。一目瞭然的是，微笑彌勒像的用材是紅松，哭泣彌勒像的用材是樟木。戰後不久，微笑彌勒由於其自身的藝術價值，被日本政府指定為國寶第一號。」

明白了雕刻用材的樹種，雕像製造的場所推測也就變得可能。那麼這尊「國寶第一號」究竟出自哪裏？

推論是這樣的：紅松這種材木由於松脂多溢，雕刻困難，木肌也不好看。所以在樹木種類繁多的地方，一般不會用紅松作為雕刻用材。

有實證材料嗎？有。小原二郎後來對日本國內七百五十尊佛像進行調查，發現用紅松木材的一尊也沒有。這是為什麼？這是因為日本有很多其他良質木材可選擇，紅松並不是唯一選項。但是朝鮮在當時如果選擇雕刻用材的話，必定是紅松。此外，日本飛鳥時代的佛像基本都用樟木雕刻，而朝鮮半島不生長樟木。另據已故的原東京藝術大學教授西村公朝氏的調查，日本雕刻基本都是從木表開始的。而微笑彌勒的雕刻工序則相反。從這點來思考的話，微笑彌勒的產地應該是在朝鮮。以此為手本，日本人再用日本產的樟木進行仿製，於是誕生了哭泣彌勒。韓國首爾的國立博物館裏，有一尊李王朝時期的金銅彌勒佛像，與廣隆寺的微笑彌勒很相似。小原二郎説：我把這個論點發表在《佛教藝術》雜誌上，遭到了文化廳官員們的批評，還被定性為「妄説」。我想我即便是取消了「朝鮮傳來説」，然而紅松是取消不掉的。文化廳的官員在訓斥我的時候，正是國寶第一號證書向寺廟遞交的時候，用材寫的是樟木。顯然是明目張膽的説謊。

在今天，廣隆寺的微笑彌勒像是使用紅松雕刻已經是眾所周知的事情了。但是有這樣一段插曲還是有很多人不知道的。小原二郎説，如果當初住職提供的碎片是足下部分的話，就不能繼續用材的調查了。因為腳的部分是後來修補上去的。微笑彌勒像在明治初期的時候，腳部開始腐朽，便放置於倉庫。到了大正時代，日本美術院的新納忠之介前來修理，他相信飛鳥時代的雕刻都是樟木，便用樟木取代紅松修腳足。小原二郎説，他的木文化研究就是從微笑彌勒開始的。

佛像從樟木到檜木的變遷 (十一)

佛教的誕生地是在南方的印度。那麼佛像的誕生地也在印度。

當時印度是用什麼木材來雕刻佛像的呢？一般用檀香木。

為什麼要用檀香木？

因為檀香木有香味，在酷暑難當的印度，為了消除汗味，使用檀香木來雕刻佛像，在邏輯上是通的。

而作為檀香木的代用材，在日本較為類似的就是樟木。這在邏輯上也是通的。因為樟木的材質較為光滑、順理，適合刀具的加工，而且耐久力也好。飛鳥時代佛像的樹種，廣隆寺的微笑彌勒除外，基本都用樟木。如法隆寺的百濟觀音像就是樟木用材。這是一條不成文的規定。為這個論點再能提供依據的是伎樂面。法隆寺留存着很多的伎樂面，都是樟木用料。

但是到了天平時代，情況有所變化。伎樂面都是用桐木來製作了。如東大寺的伎樂面全部都是桐木製。這個變化很有趣。飛鳥時代的雕刻之所以要使用樟木，或許有使用香木這個信仰的制約，或許有刀具技術上的制約。總之，飛鳥時代的木雕佛像能夠製造出與金銅佛像一樣的生硬形象與線條，就與樟木的材質有關。這是樟木生出的造型。與貞觀檜木佛像相比較，不同是很顯著的。而佛像的製造方法，在那個時代都採用「一木造」技術。所謂「一木造」就是佛像的主體用一根大木雕刻而成。但具體而論，還是有其他木材組合的。否則整體的形象難以完成。如法輪寺的藥師如來像，就是由四個木材結合而成的。中宮寺的彌勒菩薩像是由十一根木塊拼接而成的。

在日本的木文化史上，樟木的時代很短暫。檜木登場後，樟木就失去了唯一用材的地位，並開始在雕刻中慢慢消失。但是要記住的是，日本木雕的基礎時代是從樟木開始的。進入到奈良時代後，乾漆、塑造、金銅的佛像開始大量出現，木雕基本淘汰了。這是個很大的謎。飛鳥時代活躍的佛像雕刻師們都到哪裏去了？原因恐怕在於這個時候大陸文化來勢兇猛，雕刻被限定在官營佛所進行統一製造。所以當時以東大寺的營造為開首，結合中國的乾漆技術和塑造技術，日本的技術力量也得到了強化，木雕不再引人注目。東大寺境內的三月堂，建築精美，佛像出色，但不是木雕。戒壇院的佛像技術也拔群，但也不是木雕。正倉院的寶物不用木雕就更不用說了。更為令人驚歎的是東大寺以外的許多地方，其寺院和佛像也都不用木雕。當時在日本有多少乾漆、塑造、金銅技術集團在活動？真不可理解。

但是這個情況在奈良後期又有所變化。日本美術史家野間清六在《日本美術大系．雕刻》（一九五九年）卷中說：奈良時代是佛教的黃金時代，佛像的製造不惜代價，相當的國費被浪費。進入新時代的平安時代，調整為採用節約制。東大寺大佛相當於光輝時代的金字塔，但過量使用國家的銅，遭到了非難。於是到了平安時代，這樣大規模的鑄造，基本上就停止了。這是一個原因。所以在當時建造的唐招提寺，裏面又出現了很多很好的木雕佛像。這表明，從奈良時代到平安時代，乾漆、塑造、金銅等雕塑在急速減少，木雕佛製作又開始隆盛。如平安前期也叫貞觀期，其大部分的佛像用木雕，用材基本是檜木。這裏留有一個問題是：木材中佔主流地位的樟木為什麼變成了檜木？

日本人是藝術修養很高的民族。當外來的造佛技術修得之後，就會用更高的水準來表現作品。為此，以樟木代用檀香木，並不一定就是最適合的材質。從日本民族的嗜好來看，木雕復活的潛在因素一直是存在的。從機會來看就是最澄、空海從唐朝帶來的密教信仰。密教的佛像被放置在山嶽寺院較為暗淡的堂宇內，追求的是一種神秘的力與美，訴諸的是一種清淨與靈性。這與認可木質裏有精靈，嚮往白木肌膚的清淨，在本質上是一致的。知道檜木木質的很多佛師們順應了時代的潮流。

代表貞觀期的佛像有神戶寺藥師如來像、法華寺十一面觀音等。它們都屬於白木佛像。這些佛像都是用檜木雕刻而成。檜木用於雕刻，它的有利點在於：材質均一，春材與秋材區別不大；刀刃易進易削割；粘性好，不易欠缺；不粗糙易產生美。雕刻師一旦使用了檜木之後，就很難再接受其他的用材了。

當時日本刀具已經有很大進步。山城附近有良質的砥石出產。仔細觀察銳利刃具下誕生的貞觀期佛像，給人的感覺是這種刀具是表現檜木美的最好刀具。該深的地方非常的深，該淺的地方非常的淺，表現森嚴神秘氛圍下的密教佛像是最為合適的。從這一意義上說，檜木是日本木雕藝術發展的基盤。所以到了平安中期以後，雕刻用材基本上都是檜木了。到了平安後期，出現了一位大天才定朝佛師（？——一〇五七年），他完成了宇治平等院的阿彌陀如來像。用材就是檜木的寄木造（木塊拼花）。這個手法日後演變成了日本雕刻的一個基本形態。這是從原本來「一木造」的框架中脫開的具有劃時代意義的技法。但這個藝術手法的誕生也是檜木輕軟強韌的特質所帶來的可能性。

⑿ 形成日本人美意識的松

幾年前日本有個關於森林環境意識的調查。在「你最喜歡的木是什麼？」「你最親近的木是什麼？」的項目中，第一位的是松樹。

日本人自古以來就將松稱之為百樹之王。季節再怎樣的變化，保持常綠是松的品質。松的日本語語源一說是「神を待つ」（マツ）。一說由來於「緑をたもつ」的「持つ」。在日本人的觀念中，松是瑞木，是神的附身的對像。所以他們相信所有的老松都有一個動人的傳說與物語。

高砂松和尾上松是日本松的代表。一株枝繁葉茂的千年老松下，翁嫗二人拿着清掃器具打掃落葉，這是日本著名能舞《高砂》的場景。《高砂》講述了一個「相生松」的故事：相傳高砂的一株古松和住吉的一株古松是夫婦相生松。但高砂、住吉兩地相隔遙遠，所以有很多人對此不解。有一次肥後國阿蘇神社的神主友成在高砂遊覽時，遇見一對老夫妻在一邊賞景一邊打掃樹蔭下的雜物，於是上前詢問此事。老人回答說是夫婦的愛情默契跨越了地域的界限，而這兩位老人正是高砂和住吉的松樹精。至今日本的婚禮還有演唱歌曲《高砂》的習俗，意在祝福夫妻二人白頭偕老。據說現在阿蘇神社的高砂松成了靈驗的結緣，只要繞着松樹（男右女左）轉兩圈，就能覓得良緣。

日本民間流傳很多以松樹為神木的傳說。作家中勘助在他的《銀匙》中，有一段描寫他在海邊，行走在茫茫松海時的情景：我經常聽到祖母講松樹是神，所以我對松樹產生了一種莫名其妙的喜愛，像《仙人松》、《怪貓》等民間故事都說明日本人信奉松樹為神樹。

日本的新年是從門前裝飾門松開始的。據說是為了迎接天神的到來。《萬葉集》裏有六十一首是詠唱松樹的。如有馬皇子的《松歌》：

磐代的濱松引結枝頭，
祈禱幸福。

表明在萬葉時代松已經是日本人身邊的吉祥物。從古代開始松就是藝術繪畫的描寫對象。如奈良正倉院所藏奈良時代的屏風，國寶《鳥毛立女》就是以松樹為其背景。日本著名的屏風畫家狩野永德的《松鷹圖屏風畫》，畫面以金地為襯，一棵巨松虬結盤曲，上立一頭側面凝視的雄鷹。姿態兇猛，睥睨一切。背景還有潺潺碧水，險崖峻嶺，雲石鋪陳，氣概非凡。此外，伊藤若沖的《老松孔雀圖》，藍川一堂手繪工筆花鳥畫《松鶴》也非常有名。

日本人從古代開始就有聽風的文化。過去的人們聽到起風後的樹木之聲就開始詠歌。這其中松風是最為優雅的。敏感的感受性日本人是第一的。而且隨着四季的變化，風聲的不同也能感知。日本人風聲、蟲聲、動物的鳴叫聲等都用左腦控制。西洋人是用右腦處理的。風聲與語言用同一個側面來處理，只有日本人。

松樹還裝點了日本風景。如號稱日本三大松原的有：白沙青松舞子之濱（兵庫縣）、羽衣傳説的三保松原（靜岡縣）、虹之松原（佐賀縣）。松的名勝與歌枕（古來和歌中歌頌過的名勝）相當多。但由於人為的開發與象鼻蟲的侵害，能夠保持昔日面貌的名勝已不多了。

日本人很多以松為姓名。如松本姓大約有六十三萬四千人，松田姓大約有三十萬零二千人。松井姓大約有十九萬四千人。小松姓大約有十七萬一千人。松木姓大約有三萬二千七百人。赤松姓大約有二萬八千九百人。植松姓大約有三萬三千七百人。日本許多地方名也用松字，如長野縣的松本市、千葉縣的松戶市、三重縣的松阪市、神奈川縣的松田町、福井縣的松岡町等。以松作為縣木的在日本就有九個縣，如北海道的魚鱗松、岩手縣的南部紅松、群馬縣的黑松等。

日本的許多俳句詩人，寫下了不少與松有關聯的膾炙人口的俳句。如：

正是五月雨，夜晚悄然露松月。——大島蓼太

你看，五月黃梅天，令人心煩。一天夜晚，忽然從松樹林間悄悄露出久違的明月。這時的明月，也染上了松色。所以也叫「松月」。當時，在日本長崎的中國詩人程劍南讀到此句後，五言絕句和之：

長夏草堂寂，連宵聽雨眠。何時懸月色，松影落庭前。

這在當時成為佳話。

今宵一輪月，松影映照榻榻米。——榎本其角

你看，秋夜晴朗，圓月如水，把松樹的影子映照在榻榻米上。那榻榻米上的人呢？在幹什麼？令人遐思。

殘雪閃閃亮，呼呼吹的是松風。——村上鬼城

山間的殘雪，掛在樹梢上，松濤陣陣。早春二月儘管依然寒氣逼人，但人們從呼呼的松風中感覺到了一種溫暖和綠色。

由此覺涼意，風從松間來。——三浦樗良

中國人說，大樹底下好乘涼。但是日本人說松樹底下好乘涼。可不，一股涼意從何而來呢？不就是從松間穿越而來的嗎？

櫻花江戶別，今日終見兩棵松，已經三個月。——芭蕉

這是芭蕉在《奧州小道》中對武隈之松的讚美。

他說，武隈之松，令人賞心悅目：根部從地表分成兩株，未失昔日形狀，歷經千年，形神俱備，實為難得。

日本著名的休閒避暑勝地輕井澤，其周邊有七百萬棵落葉松。這是明治時期的實業家，有「輕便鐵道王」之稱的雨宮敬次郎種植的。作為紀念，輕井澤至今還設有「雨宮御殿」。在日本人的眼裏，這位實業家什麼實業都失敗了，只有植樹造林成功了。

日本童謠作家與詩人北原白秋寫有日本人都會吟誦的詩歌《落葉松》。這是作者在一九二一年（大正十年）的秋天，在信州逗留期間到落葉松林散步時作的。試錄幾段如下：

步過落葉松的樹林，
真真切切地看落葉松。
落葉松多麼孤獨。
旅途又多麼悽楚。
走出落葉松的樹林，
又走入落葉松的樹林。
走入落葉松的樹林，
又細細地延續一條路。

蒼生啊，何等趣乎。
無常愈是有情物。
山川自有山川之音，
落葉松自有松風。

日本人還將松與月組合成對一對美學意境。桂離宮、表千家、殘月亭、醍醐寺三寶院的松月亭，都將望月組合成松的裏面。從銀閣望月的月待山，也種植了松樹，為了望月，作為添景，松是不能少的。另一方面，在能的舞台上，背景肯定會有松樹。日本學者梅原猛說，能在皇宮前看到松樹。看到松樹就想到能的舞台後面的松樹畫。這樣的松文化在京都是沒有的。到底是武士的文化。松作為武士高尚的理想而被描畫。

這也正如明治學者志賀重昂在《日本風景論》說，日本是松之國。日本人的心性是以松為基礎的。

⑬ 膳箸中的木文化

一 首先是祭器，然後才是食器

將一雙細細長長的筷子做足宗教和文化的功夫，並將其納入到一個日常與非日常的儀式中去，這是日本筷子文化的最大看點。

日本人的觀念中，樹木中寄宿着天神。而將寄宿着天神的樹木，做成放入口中的筷子，豈不也將天神放入了口中？這到底是神聖之事，還是褻瀆之事？這點恐怕日本人自己也說不清。但是有一點是可以肯定的：將寄宿着天神的樹木，做成筷子，使日本人產生了敬畏之感和謝恩之情。所以，筷子對日本人來說，首先是祭器，然後才是食器。

日本人在迎接神靈的一連串的祭祀活動中，最為重要的一項就是向諸神供神饌的神人共食的儀禮。所謂神饌通俗地說就是食品。所以古代也叫「御食」。在供神饌的時候，首先供御箸。為什麼要供御箸呢？原來擬人化的神要用御箸進食。這裏引申出的重大意義就在於筷子作為祭器來崇拜了。筷子成了神與人之間溝通的一座橋，筷子將神靈傳遞到了人的身上。另外，日本人在動筷子前必恭敬地說「我領受了」，餐後放下筷子說「蒙賜盛饌」。這就是宗教話語，用來感謝天神的恩賜。

毫無疑問，日本的筷子是由中國經朝鮮半島傳到日本的。日本人從什麼時候開始使用筷子，現在已經無從查考了。但是日本考古學者在奈良明日香村發現了板葺宮遺跡出土品，裏面就有檜木製筷子，推定年代大約為大化改新時期的六四五年前後。筷長三十至三十七釐米，直徑零點五釐米。形狀為全體較粗一端較細。後來在藤原宮古跡出土品中也發現了檜木筷。這表明日本人很早就認識到檜木的清潔感、耐水性和木香的拔群。而奈良縣櫻井市的箸墓古墳，傳說建造於公元三世紀後半，那又比板葺宮遺跡推前了兩百多年。問題是箸墓的箸與食用箸之間有什麼關聯？現在還不清楚，但有一點可以推測的是墓主開始使用箸的可能性非常大。而墓主是誰呢？近來日本考古界傾向於定位於邪馬台王國卑彌呼女王。但是《三國志·魏志》書東夷倭人傳裏，還有「手食」的記載。

二 箸是通往生與死的橋

筷子漢字的古文字是箸。李白有詩云：「金樽清酒斗十千，玉盤珍饈值萬錢，停杯投箸不能食，拔劍四顧心茫然。」現在我們的口語中已經不用了。但日本語保留了這個漢字，發音為「はし」，與「橋」同音。這也絕非偶然，而是表徵了日本人將「箸」視為食與口之間的橋，視為通往生與死的橋。

日本人從出生到墓地，從筷子開始到筷子結束。也就是說筷子伴隨日本人的生與死。筷子是日本人的「生命拐杖」。

在日本新生嬰兒出生百日後，要舉行一項儀式。在禮儀中要擺上一個可愛的小碗和一雙用白木做的筷子。並向神靈供奉紅豆飯及一條有頭有尾的鯛魚。祝願嬰孩早日長大成人，一生豐衣足食。而且還要到神社去參拜，這時神社會送給參拜者一雙筷子叫「初食筷」。有了這雙筷子，孩子一生就會倍受神靈保佑。

日本人的一生，最後用筷子取末期的水而告別這個世界。末期的水，也叫死水。死者的子女用筷子的尖頭繫上脱脂棉球，沾水後濕潤死者的雙唇。期望死者能奇跡般地復活過來。這個儀式，昭和天皇在臨終之際也實施過。從這個意義上説，日本人是用沾着「死水」的筷子結束一生的。而在火葬的時候，日本人有拾遺骨的風習。這個時候也使用筷子。竹與木各一根，組成兩雙筷子，二人共拾遺骨往骨壺裏放，這叫「箸（橋）渡し」。筷子也因此叫「骨箸」。由此而引申出日本人在日常生活中，使用異質的筷子是被禁忌的。兩人同時夾同一菜餚也是被禁忌的。

三 用箸的禁忌何其多

日本人對筷子的拘泥與講究，還表現在用筷上設定了很多的禁忌。其中一個最大的禁忌就是筷子必須是橫着放置。這與豎放置的中國不同。原因在於日本語中的「刺」的發音與「指」的發音相同，都是「さす」。如果將筷子豎着指向對方的話，就不吉利。除此之外日本人用箸還有很多禁忌。如：

移箸——不停地吃菜。應該是菜與飯交替着吃。

空箸——夾過來的菜不吃，又放回盤裏。

迷箸——用筷子在菜上面移來移去，不知吃什麼好。

刺箸——將筷子插進食物慢慢吃。

探箸——用筷子在菜或湯汁裏不停地尋找自己喜歡吃的。

持箸——拿着筷子的同時，拿着其他食具。

指箸——用筷子指人。

咬箸——用嘴咬筷子的頭部。

淚箸——筷子的尖頭不停地滴答湯汁。

敲箸——用筷子敲擊桌子碗碟等。

立箸——將筷子插進飯碗裏。

受箸——拿着筷子盛飯。

推箸——用筷子將食物推到嘴裏。

舔箸——將筷尖含在嘴裏舔。

聚箸——用筷子移動桌上的碗碟。

四 筷子的感謝祭

一九七四年，寫有《箸之書》的日本學者本田總一郎提議，為了感謝筷子一日三餐為人們服務，將每年的八月四日定為「筷箸節」。第二年這個提議得到了落實。從一九七五年開始，每年的八月四日這天，東京千代田區永田町的日枝神社，奈良吉野杉箸神社等要舉行箸的感謝祭。德島的箸藏寺要舉行箸供養儀式。在筷箸節以外的日子，日本各地也經常有活動。如新瀉縣南魚沼市的一宮神社，在每年的十月九日要舉行一次盛大的祭祀活動。這個活動起源於平安時代，活動中日本人首先要向神靈們貢上一雙長長的大筷子。據説這個神社供奉的是農業神，他們想通過這雙筷子，向全國的眾神們供奉上當年的新收穀物，請眾神與人同享，以求神靈保佑來年五穀豐登。

此外，在高知縣的高知八幡宮，日本人建造了「箸塚」。每年的二月舉行箸供養祭。與觀光旅遊、飲食業有關的人士，絡繹不絕地來到這裏，感謝一年中筷子為人們提供的服務，祈願無病無災害。帶來的數十萬雙筷子，依次扔進正方形組成的神爐裏，合手祈禱。類似的活動還有很多，如奈良市的春日大社、廣島縣的嚴島神社等，每年都要在規定的時間內舉行祭祀活動，而這些活動都離不開筷子。

五　如此用心做筷世上少見

日本人做什麼都善於精工細作，分門別類。筷子也是如此。

按形狀分：有四角削筷、五角削筷、六角削筷、七角削筷、八角削筷、圓形筷、細形筷、平形筷、兩口筷（中粗兩細）等。祝賀用的筷子一般為柳木圓形。

按素材分：有杉筷、柳筷、檜筷、桑筷、楓筷、欅筷、萩筷、松筷、紫檀筷、黑檀筷、南天筷等。柳木筷子在正月行事和誕生日用，一般也稱之為白木筷。杉木用於快餐筷為多。其中吉野杉為最上。客用的筷子稱之為「御手元」（おてもと），柳筷或檜筷為多見。而中秋用筷，多見於萩箸。

按功用分有六個種類：

祭祀用筷——主要有柳、檜材的白木筷，形狀為中粗兩細。也叫「兩口筷」。

個人用筷——主要有黑檀、南天材的漆筷。形狀為上粗下細的粗細筷，或角筷、圓筷。

來客用筷——木製的快餐筷，形狀為粗細筷。如果用竹子的快餐筷，用材則必須是熊本產的霧島、阿蘇、九重的竹筷。

料理用筷——有木製的真魚筷、蔬菜筷、納豆筷、豆腐筷、板前萬能筷、蕎麥筷、茶泡飯筷等。

茶事用筷——用材為吉野赤杉，中平兩細的兩口筷為最高。也叫「利休箸」。而茶事中的糕點用筷一般為「黑文字箸」。

料理店用筷——高級料理店為快餐筷中的「天削」和「利休」；中級店為「元祿」和「小判」或竹製。大眾店為「丁六」或竹製。盒飯用筷一般為「丁六」短筷（長約十六釐米左右）。

正月用筷——日本人在正月有吃雜煮的習慣。新年大清早，一家人圍坐桌前，手持純白的柳筷，形狀為中粗兩細。兩邊細表示一邊是神靈使用，一邊是凡人使用。當中粗則象徵五穀豐登，子孫繁榮。這種筷子也叫「雜煮筷」。如果放入花紙繩的箸袋裏，寫上人名，更具有「賀正」（祝賀新年）之味。

按吉利分：有結緣筷（如島根縣出雲大社祭結緣神，贈送前來參拜的男女一對杉木角形的筷子），夫婦筷（如三重縣伊勢市二見浦有一對夫婦巖，附近的二見興玉神社就準備了放入紙盒內的一對漆筷，贈送前來參拜的夫婦。）等。此外還有長壽筷、延壽筷、神壽筷、開運筷等。日本人在慶祝入學、就業、結婚、生育等人生活動中，也離不開筷子的贈送和授予。此外，成人節、桃花節、端午節等祝膳之際，也以用上柳筷為最高待遇。

此外，日本還制定了筷子長度的基準。五歲的小孩是十六釐米。七歲的小孩是十八釐米。男性是二十三點五釐米。女性是二十點五釐米。

將一雙食用筷子程序化，邏輯化到這種程度，也只有日本人了。

六 漆筷的最大用心何在？

通過漆筷的光澤，體驗本體的光澤，將漆器的光澤與本體的光澤，巧妙地糅合在同一物體上，這是日本人做漆筷的最大用心所在。

日本最初的漆筷是在江戶時代大名武士中使用。不久，江戶、大阪、京都的飯館和豪商等也開始使用。進入明治時代開始在全國範圍內普及。福井縣小浜市的若狹漆筷已經有四百年的歷史了。從一七六四年開始，小浜藩主酒井忠勝將其命名為「若狹漆筷」。從此「若狹漆筷」成了漆筷中的逸品。它的特點是做工考究，用一年半的時間塗漆百回以上。故使用越多，塗漆的光澤就越發清澄剔透，變換中的美令人遐想。其價格從一千日元到二萬五千日元一雙不等。現在年生產為七千二百萬雙，超過一百億日元的營業額，佔據了日本全國高級漆筷的百分之九十。用材為櫻、紫檀等，寸法：大人男子用的是二十二點五釐米，女子用的是十九點五釐米，兒童用的是十六點五釐米。

此外，江戶木筷大黑屋也非常有名。創辦於日本的大正時期，其特點是典型的多邊形棱角幾何形的漆筷。最知名和最受歡迎的漆筷叫做「下町武藏筷」，一般由烏木製作，筷子的頭部是六角形，中間是三角形，筷尾則為四邊形。這種設計據說是與手握筷子的人體工程學有關係，使用起來更舒服，造型也更加別致而現代。

七　日本人為什麼喜歡快餐筷？

在食事的時候，筷子直接接觸唇齒舌。所以，筷子的味道、形狀、硬度等，很微妙地影響着料理。也就是說，筷子的好壞與優劣左右着料理的味道。所以，對料理考究的話，也必須對筷子考究才行。這是日本食事的精神。而日本人快餐筷的率先使用（明治十年）和流行，正是這一精神關照的結果。

這裏的一個問題是：日本人為什麼會喜歡用快餐筷呢？

這與日本人自古形成的污穢與清淨思想有關。在食用之前，自己將快餐筷分裂，表明在這之前誰也沒有使用過。他人還沒有碰過的無垢素材，日本人最為放心。伊勢神宮每二十年建造一次，其原因很多，其中有一點就是經過了二十年的建築材料，給人一種污穢的心理感覺，有一種厭棄的心理。用無垢的素材再建造一次，以保持清淨的心性。

在日本人的觀念中，箸起源於「忌串」。所謂忌串就是人手直接觸摸神饌是忌諱的，所以必須要用「串」這個道具，間接的觸摸才行。問題是如果說忌串是淨潔的話，只是說在觸摸神饌之前忌串是淨潔的，觸摸之後就變得不淨不潔。於是使用過的忌串就必須扔掉換新的。日本人喜歡看的《假名手本忠臣藏》裏，有一個場景描寫很有意思：

一個晚上，九太夫與由良助在茶屋喝酒。九太夫給由良助斟酒，並用筷子夾起醋拌章魚給由良助。由良助很自然地用手掌接下章魚，放入嘴中一口食下。由良助為什麼要用手掌而不用碗碟來接食呢？這裏表現了日本人對筷子所具有的淨與不淨的觀念。原來，在由良助看來，九太夫手持的筷子可以説就是忌串。夾醋拌章魚的忌串，這個忌串因為是九太夫的手碰過了，所以變得不淨不潔了。而對方直接用手掌接章魚，這個手掌的主人由良助倒是淨潔的。因為他的手沒有別人碰過。這裏生出了淨與不淨的觀念。不知道忌串等的手掌是乾淨的，但是知道了以後就變得不乾淨了。

日本人喜歡快餐筷，還有一個原因就是使用完就扔掉，有一種非日常的氣氛。讓人們聯想到「晴日」的食事。在日本，晴日的筷子是白木箸。現在的正月和婚禮喪事，日本人還在使用中粗兩細的白木箸。材木為柳，具有驅邪和潔淨的靈效。據研究，柳木中含有阿司匹林成分，這或許就是柳木具有靈性的出處。晴日的白木箸，使用後原則上就要扔掉。這是快餐筷使用後扔掉的原型。興隆茶道的千利休，自己取吉野赤杉，自製中平兩細的筷子，供茶會上的懷石料理使用。無論是形狀還是手感，就像工藝品似的。但在使用後也立即扔掉。杉木與檜木等針葉樹材做成快餐筷，木紋美、木香濃，與日本人心性很吻合。用手指扳開筷子有一種「粹」的感覺。用一回扔掉一回，有一種美的感覺。

㊉㊃ 還有一種叫木禪一致

與金木水火土的中國式的自然五行不同，日本人是木火土金水。前者重金，後者重木。前者重再創的亮麗，後者重本色的古樸。不同的藝術和不同的審美也就顯現了出來。昭和四十二年（一九六七年）英國歷史學家湯因比到伊勢神宮參拜，當他站立在蒼涼的千年古樹林的下面，激情油然而生，用毛筆當即寫下這樣的一句話：「我觸目到了形成所有宗教的最基底的東西。」他後來在與池田大作的對話中，再次口出名言：「森林中有神聖之物」。

當我們感受到東京的明治神宮，在其百萬平方米的神域內，有十七萬棵樹木茂盛地生長着，用它綿綿不絕的厚厚的一層綠色，靜靜地「鎮守」着神宮的時候，當我們散步在通往日光東照宮的三十七公里的日光街道，兩旁二十萬棵的杉樹聳天入雲，給人帶來綠的震撼的時候，我們再次體驗到了「森林中有神聖之物」這句話的深刻性。

和歐美人的「石的文化」、「鐵的文化」對立而言，日本人是「綠的文化」、「木的文化」。德國植物學家在考察了伊勢神宮的森林、鹿兒島的霧島神宮的森林、茨城的鹿島神宮的森林、山形的羽黑山神社的森林和歌山的熊野那智大社的原生林後說，和食肉的歐洲人相比，日本人相當智慧地保存了大量的原生林，這是祖先賢明的表現。而歐洲人由於放牧的需要，很早的時候就愚蠢地砍伐原生林。鬱鬱蔥蔥的森林，給日本民族帶來了特有的靈性和特有的氣質。

日本的神社裏必定有森林，而寺廟裏就不一定有森林。這是為什麼？實際上一直到彌生時代為止，森林覆蓋了日本列島的幾乎全部。日本是在彌生時代以後才開始砍伐森林，把那裏的森林改造為田地。日本人花了二千三百年時間，一直幹這件事，目的是為了擴大水稻種植面積。但是，有些地方的森林是不能砍伐的，那就是神社周邊的森林。神聖的地方不能沒有森林。這是為什麼呢？

原來從繩文時代開始，日本人就有神靈附體於樹木的思考。這個思考被保留了下來。所以有神社的地方必然要有森林。用樹木中的神靈來鎮守神社，鎮守子孫萬代的幸福。繩文陶器上的花紋，表現的就是樹木中神靈的信仰。伊勢神宮的祭神儀式，宏觀的看就是表現了一種對樹木、對木柱的信仰。日本學生物學出身的昭和天皇，雖做錯不少事，但說對了一句話：「水滋潤了綠，綠帶來了水。」而水和綠（木），恰恰是日本文化最典型的特質。

日本人還認定森林裏有和敬清寂。樹木與樹木相視而立，互敬互愛，生出空寂。在森林席地靜坐點茶，趣味夾着品味。

如果說有劍禪一致的說法，有茶禪一致的說法，那麼還有一種就叫木禪一致的說法。

成了自然體的自己，動劍。

成了自然體的自己，點茶。

成了自然體的自己，視木。

第八章

日本人為什麼喜歡富士山？

——富士文化的秀色可餐

㈠ 兼具兩性的富士山

日本人經常向新來的外國留學生提出這樣一個問題：

在日本，凡是畫家沒有不畫過的，凡是作家沒有不描寫過的是什麼？

如果當你脫口而出的是「富士山」三個字之後，日本人便會陶醉於喜悅之中，說一句「なるほど」（果真如此）。

原來，富士山在日本人眼裏是美意識的原點，更是精神和信仰的心象風景。

這正如夏目漱石在《三四郎》中所說：提及富士山，都要用崇高呀，偉大呀，雄壯呀等人格上的語言。

禪學大師鈴木大拙也說過，我常常想，日本人之所以喜愛自然，應歸功於富士山。富士山有一股淨化和昇華精神的力量。

在日本人的觀念中，山嶽也有性別。日本古代的群山都具有男性或女性的特徵。那麼富士山是男性的還是女性的？日本人的回答是兩者兼具。

身披朝霞和晚霞的富士山，是秀麗端莊的女性；

任憑強風和雪嵐敲打的富士山，是偉岸勇猛的男性；

遠望中的棱線身姿是細膩溫柔的女性；

近眺中的粗獷火成巖是兇悍無比的男性；

從中世開始的淺間大菩薩，是富士山的祭祀女神；

古代有鎮護噴火的淺間大神，是富士山的守護男神。

這樣看來，還是明治詩人北村透谷說得形象：遠望如美女，近眺如美男。

表明了富士山兼具兩性，非常稀有。

㈡ 富士山名的由來

富士，日語發音為 fuji（ふじ）。其由來有諸說：

一、日本阿依努族語表徵「火山」的「huchi」；

二、朝鮮語表徵「火」字的「puru」；

三、馬來語表徵「絕佳」的發音「puji或fuji」；

四、指向斜面或垂直的日本語古語「fuji」的發音。

關於阿依努族語說法的提倡者是一八七七年來日本的英國傳教士巴伊拉。但這一說法早在七十多年前就被日本語言學家金田一京助全面否定。他在《北奧地名考》中認定，如果對「huchi」這個語源作國語音韻史的考察，就會發現持這種說法的人是一種失考。

從日本最初有記錄在案的書卷來看，奈良時代編撰的《常陸國風土記》中，首先將富士寫成「福慈」（fuji）。

在詩歌總匯《萬葉集》裏，則使用了「不盡山」，「布士」、「布二」等詞語。它們的發音都是「ふじ」。後來又生出了「不二」、「不死」的用法。

「富士山」這個文字組合最初出現於平安時期的《續日本紀》：「天應元年七月六日，駿河國言。富士山下雨灰」。而現在意思上使用的「富士山」其含義是「對士來說是富有的山」之意。這是武士道草創期的鎌倉時代產生的意思。

從上村信太郎在《富士山之謎》中統計的數字來看：富士山現在至少有一百五十個以上的叫法。如：不自、福地、富慈、福地、降士、風詩、婦盡等。這些文字都是「ふじ」的發音。而「ふじ」音以外的叫法有富嶽、芙蓉、蓬萊山、八面山、大雪山等。

有意思的是，日本人有「富士山」和「冨士山」的兩種寫法。前面的富是寶蓋頭，後面的富是寶蓋頭少一點。含義完全一樣，唯一的不同就是沒有寶蓋頭的「冨」字筆劃是十一劃，屬於奇數。日本人喜歡奇數。而喜歡奇數的原因又與陰陽道的由來有關。

（三）換作人的壽命只有十歲

二〇〇二年（平成十四年）八月，經日本國土地理院重新測量後，橫跨靜岡和山梨兩縣的富士山，終於亮出了最權威的高度：三千七百七十五點六三米。為日本境內最高峰。

山麓周長約一百二十五公里，連同山麓寬廣的熔巖流一起，底部直徑約四十至五十公里。山頂的火山口地表直徑約七百米，深約二百五十米。

山體的傾斜度：山頂附近是三十四度；中腹以下是二十五度至十七度；山腳下的平原是十七度以下，可謂坡度平緩。

環繞鋸齒狀的火山口邊緣擁有「富士八峰」：劍峰、白山嶽、久須志嶽、大日嶽、伊豆嶽、成就嶽、駒嶽和三嶽。

富士山的北麓有富士五湖。從東向西分別為山中湖、河口湖、西湖、精進湖和本棲湖。其中本棲湖最深處達一百二十六米。湖面終年不結冰，呈深藍色，透着深不可測的神秘色彩，是五湖中最為耀眼的一湖。

富士山是典型的成層火山。從形狀上來說，屬於標準的錐形火山，具有特別優美的輪廓。

一般而言，火山的壽命大體上是一百萬年。這一百萬年換作人的壽命就是一百歲。富士山的火山活動可以追溯到七十萬年前。而富士山是在十萬年前噴出的五百立方公里的巖漿，均一地往山腹地帶流淌，熔巖和火山灰長年堆積後形成的。從這一意義上說，富士山誕生至今只有十萬年的歷史。換作人類壽命的話就是十歲，還是屬於未發育的小學生年齡。

富士山山頂的火口，已經有過幾萬次巖漿的噴出記錄。下次的噴火，按照火山學者們的意見，不會是原有山頂火口噴火了。原因是山頂的高度使得巖漿噴出的能量達不到頂部。因而在山腹的其他火口噴火的可能性很大。

富士山最後一次山頂火口噴火是在兩千兩百年前。從這以後都是從山體的側面噴火。三百年前的江戶時代寶永四年（一七〇七年）噴火，也是在山體的東南側方向。那次噴火持續了十二天，留下了一個直徑為一點三公里的凹地。據預測，下次噴火在東南或西北側火口的可能性很大。

從人間的傳承來看，三百年大體是十代以上的人口變遷。當年富士山噴火的恐怖記憶，對現代人來說是什麼也沒有留下。富士山三百年的沉默，這對於一位十歲小男孩來說，等於十天沒有運動，這表明下一次的運動一定是兇猛異常的。

㈣ 積蓄了大約零點三立方公里的巖漿

在地下積蓄的巖漿，總是想往地上噴出。在過去的三千二百年間，富士山幾乎是每千年就會噴出一立方公里的熔巖。這是個怎樣的噴出率呢？

我們從日本其他火山比較來看。一九九一年長崎縣雲仙普賢嶽火山噴出率，只有富士山的百分之二十。古墳時代大噴火的大分縣九重山的噴出率，也只有富士山的百分之十。這表明富士山是日本山嶽中最能噴出大量巖漿的恐怖之山。

富士山在過去是怎樣地頻繁噴火呢？從有記錄的兩千年歷史來看，富士山有七十五次噴火。以此計算的話，是每三十年爆發一次。上文已述，富士山最後一次噴火是在江戶時代的一七〇七年。在這之前的噴火是室町時代的一五一一年。也就是説，當時的富士山是在積蓄了二百年的巖漿後，在寶永火口大爆發的。一七〇七年到今天已經是三百多年了。巖漿的積蓄應該是到了一定的量了。日本的火山學者認為這就是富士山下次噴火的最大理由。

據估計，現在富士山地下積蓄了大約零點三立方公里的巖漿。這是雲仙普賢嶽從一九九一年開始四年半內噴出巖漿三倍的量。如果現在零點三立方公里的巖漿一口氣噴出的話，就是三百年前寶永噴火的規模。如果少量噴出的話，就會有數十回的小規模噴火。八六四年青木原熔巖噴火的貞觀噴火是一點四立方公里的巖漿量。一七〇七年寶永噴火的巖漿是零點七立方公里的量。

㈤ 何以成了敬畏和崇拜的對象？

在有記錄的日本歷史上，富士山火山活動最為活躍的時期，是平安時代初期的九世紀。

史書《日本紀略》這樣記載：

延曆十九年（八〇〇年）六月，駿河國言，自去年三月十四日，迄四月十八日，富士山巔自燒，晝則煙氣暗暝，夜則火光照天，其聲若雷，灰下如雨，山下川水皆紅色也。

兩年後，即延曆二十一年（八〇二年）正月條裏，《日本紀略》這樣記載：

駿河相模國言，駿河國富士山，晝夜恒燎，砂礫如霧散者，求之卜巫，占曰，千疫，宜令兩國加鎮謝，及讀經以攘殃（中略）五月（中略）甲戌，廢相模國足柄路，開呂荷途，以富士燒碎石塞道也。

這就是日本歷史上著名的「延曆大噴火」。大噴火的自然災害起因於不敬行為，它觸怒的是富士山神。要山神息怒，就必須向山神陳謝，讀經消災。這當然是宗教的解釋。當時除了宗教的祭祀，確實也沒有其他更為有效的手段。

問題是對富士山神的祭祀，並沒有出現預期的效果。時隔五十多年，富士山再次大噴火。這是八六四年（貞觀六年）的事情。來自駿河國的報告將富士山稱之為「富士郡正三位淺間大神」。原本是單純的山嶽，現在則成了有人格的大神。這個富士大神一個不高興，便引發大噴火，火焰高達二十餘丈（一丈等於三米）。對此史書《日本三代實錄》有記載：

（貞觀六年五月二十五日），駿河國言，富士郡正三位淺間大神大山火，其勢甚熾，燒山方一二許里，光炎高二十許丈，大有聲如雷，地震三度，歷十餘日，火猶不滅，焦巖崩嶺，砂石如雨，煙雲鬱蒸，人不得近，大山西北，有本棲水海，所燒巖石，流理海中，遠三十許里，廣三四許里，高二三許丈，火焰遂屬甲斐國。

到了這年的七月，富士大神還在繼續噴火。《日本三代實錄》再次記載：

（貞觀六年七月）十七日辛丑甲斐國言，駿河國富士大山，忽有暴火，燒碎崗巒，草木焦，土崩石流，埋八代郡本棲並剗兩水海，水熱如湯，魚鱉皆死，百姓居宅，與海共埋，或有宅無人，其數難記，兩海以東，亦有水海，名曰河口海，火焰赴向河口海，本棲等海，未燒埋之前，地大震動，雷雹暴雨，雨霧晦暝，山野難辨，然後有此災異焉。

這次大噴火，史上也叫「貞觀大噴火」。從記載來看，這次大噴火使得大量熔巖流出，其結果是富士山北麓的劃海被填滿消失的同時，誕生了留存至今的精進湖和西湖。劃海被熔巖填埋的另一個結果就是誕生了現在的青木原樹海。

就在這次大噴火後的第二個月，大和朝廷發佈了「鎮謝」命令。為了鎮謝和祭祀，必要的文獻資料是不可缺少的。於是地方官員召集有漢文能力的達人。都良香就是被命令起草文書的對象之一，他的成果就是留下了《富士山記》。他在書中記載，富士乃神仙們聚集遊玩的神山。貞觀十七年（八七五年）十一月的祭祀之日，有人看到山頂有兩名白衣美女翩翩起舞。

時代進入到江戶年代之後，一度休眠的富士山再次大噴發。這是在寶永四年（一七〇七年）的十一月二十三日。這次大噴發在當時的江戶市內飛灑了約七億立方米，相當於五百六十個東京巨蛋程度的火山灰。而且是連續飛降了數周時間。當時幕臣新井白石撰寫的回想錄《折焚柴記》中，記載了這次史稱「寶永大噴發」的一些細節。

總之，從近一千多年的歷史來看，富士山經歷了「延曆大噴發」、「貞觀大噴發」和「寶永大噴發」三次火山大爆發，其恐懼和猛威的一面得到了徹底的體現。在無法解釋恐懼和猛威面前，日本人也就把富士山當作了敬畏和崇拜的對象，只能遙拜不能近視。

從延曆大噴火經過二百二十年，誕生了宮廷文學作品《更級日記》。書中對富士山的奇特身姿做了十分簡潔的描寫：

那座山的樣子，着實不像這世間所見之物。平整的山頂上，有煙升起。黃昏時分亦可見火焰燃起。

可見那個時候的富士山依然是一座燃燒的山。實際上當時富士山的祭祀中心富士宮淺間神社，既不是遙望富士的場所，也不遙拜富士山的神社。有人可能會問：那神社的神力從何而來？原來來自於境內從湧玉池噴湧出來的涼水。這種噴湧而出的富士山地下水，水溫都在十四度左右。特別在夏季更為清涼。而對還在燃燒的富士山而言，湧玉池噴湧出的清涼之水有相當的「鎮火」的效用。從這個意義上說，擁有鎮住發怒之山的神社，受到了人們的崇拜。

㈥ 作為靈山的富士山

據傳説，富士山與聖德太子有很深的關聯。聖德太子是誰？他是日本推古女帝時代（五九二至六二八年在位）的國家大政總掌者，是日本歷史上最為著名的「十七條憲法」的制定者。這十七條憲法的第一條就是「和為貴」。據説就是這三個字奠定了日本這個國家的政治構造。他大力弘揚佛教，創建了法隆寺和四天王寺。「世間虛假，唯佛為真」。一千五百多年前的聖德太子的這句遺言表明，他是日本精神史上第一個進行哲學思考的人。否定現世，追求更高層的生命。但更高層的生命，也會寂滅，也會歸元。

九一七年（延喜十七年）藤原兼輔撰述《聖德太子傳歷》一書。這是太子死後三百年的事情。傳歷裏面寫有「太子騎着黑駒登富士山」的場面。說的是二十五歲的太子想騎馬登上富士山頂，便在全國選良馬。最後選中甲斐國（今山梨縣）的一匹雪白的黑駒。太子騎上這匹神馬在天空奔馳了三天，終於到達了富士山頂。六二二年，四十九歲的太子死去。死去的這天，神馬悲傷地嘶鳴了一整天，不吃不喝。葬禮結束後，神馬也一聲長嘶，倒地而終。這匹神馬後來葬在太子建立的中宮寺。

在日本人心中聖德太子是一位永遠的聖人。聖人與富士山有關聯，富士山也就成了日本人心中的靈山。歷史上日本很多宗教團體都喜歡在富士山周邊相集，就是出於這個緣故。現存東京國立博物館的國寶《聖德太子繪傳》，是最為古老的描繪聖德太子生涯的繪畫。時間大約是在一〇六九年（延久元年）。這是依據九一七年成立的《聖德太子傳歷》中的故事而作成的，有初期「大和繪」的代表之稱。畫中的富士山是細條的圓錐台形，據説這一藝術手法是為了強調富士山的高度。

江戶時期女性穿着的正規和服上也有許多採用描繪着富士山的圖案。除了日常華麗的衣裝以外，令人感興趣的是武士們的戰鬥用具上，例如：全身鎧甲、護身、征戰裝、刀鞘及刀柄等，也描繪着富士山。使用南蠻胴（將西洋鎧甲改造成的日本鎧甲）做成的征戰用具，背上的圖案是富士山。浴血奮戰的武士們靠「富士（FUJI）」與「不死（FUJI）」的諧音，祈求自身的安全。傳說豐臣秀吉愛用的黑黃羅紗的征戰服上，也畫有三座山峰形的富士山頂上的熊熊神火。祈禱作為靈山的富士保佑的心願。

這裏的邏輯點在於：太子信仰是日本人的一個基本信仰。而太子又與富士山有關聯，所以富士山也就成了日本人的信仰山。但問題在於，聖德太子這個人物是否屬於「實在」，現在還是日本學界爭論的一個話題。佔主導意見認為聖德太子這個人物並不存在。用一個不存在的人物來虛構所謂的信仰，這個信仰不就成了富士山頂上飄忽不定的雲彩嗎？

㈦ 作為詩歌的富士文化

富士山是火山造化而成的大自然饋贈物。千百年來日本人為此頂禮膜拜，文人雅士們更是競相謳歌。日本最古老的和歌集《萬葉集》就已經收有十一首描寫富士山的詩章。其中最為著名的是八世紀奈良初期的宮廷歌人山部赤人。他讚美富士山的名句為：

出了田兒浦，
遙看富士山。
皚皚白雪降山巔。

日本文藝評論家小林秀雄說，假如你覺得這首歌很美，恐怕不在字面意義，而是赤人眺望富士時產生的不可名狀的激動心情打動了你吧。在山部赤人的筆下，富士山是個超時空的存在。如果說西國的築波山是個親切與平凡的集合概念的話，那麼東國的富士山則是個高貴與神秘的集合概念。由於高貴受到尊崇；由於神秘受到敬畏。在主觀意圖上，赤人的詩歌並沒有涉及富士與人間生活的關聯，再次表明了富士山是遠離俗世人間的神聖存在。

赤人的這首短歌，被日本人視為詠唱富士山最古老的一首。之後是東歌，也就是東國的民謠。年代難以確認，或許比赤人還要古老，但沒有富士詩歌殘存。再之後是高橋蟲麻呂，他從甲斐側面詠唱富士山。同樣是描述富士山，赤人的筆下是雪富士，而蟲麻呂展現的是火富士。在長歌中他寫道：

甲斐與駿河，富士立其間。

山高雲不過，飛鳥越巔難。
火為落雪滅，雪為火融滅。

他可能看到了火山爆發後的富士山，所以他的筆下是火富士，是個「其靈無以名，其妙無以言」的火富士。而赤人有神山的意識，所以他筆下的富士山也只能終年白雪皚皚。

完成於九〇五年，由醍醐天皇下令編撰的《古今和歌集》，則把富士山描寫成燃燒愛戀的象徵。如藤原忠行的詩句：

與君相見面，能否不分明。
富士山頭火，常燃是我情。

有「櫻花歌人」之稱的西行，有一首生涯中最為自信的和歌：

富士起雲煙，隨風飄天邊。
不知逝何處，宛若吾遐念。

西行還有其他三首詠唱富士山的和歌，都不見精彩。屬於即便不看山也能作詩的一種。但是這一首和歌確實是看了富士山後詠唱的。他曾經兩次從京都來到關東，在京都看不見的震撼，在關東看到了。他眺望到了富士山峰上隨風飄動的孤雲，以此遐思俗世塵間。

到了鎌倉時代，那時已經有很多日本人看到過富士山了。如鎌倉幕府的開創者源賴朝的歌：富士煙火遮晴日——就是看到了富士山。但他的兒子源實朝對富士山缺乏感覺，在眾多的詩歌中，只留下戀歌富士和雪中富士兩首詩歌。

同樣是富士山，芭蕉的——

陣雨忽降忽停，雲霧繚繞。
不見富士山的日子亦別有一番情趣。

他從不同的視點抓住了一個觀念上的富士山，到底還是芭蕉來得老辣。

與芭蕉同時代的，即元祿時代國學者契沖（一六四〇至一七〇一年），他感受到了富士山精神性的一面，僅富士題材的詩歌就寫了百首以上。日本文化最為純粹的東西，通過富士山得到了體現。所以與景色相比，契沖詠唱的是日本精神的真髓。在觀念上自覺地將富士山與日本精神相結合，大概是從契沖開始的。

在歌舞伎狂言《爭風吃醋》中，有這樣的膾炙人口的台詞：

西有富士嶺，北有築波山。
兩者不相上下，宛若伊達小袖。

京都的俳人與謝蕪村回想着自己的江戶之旅，留下了生動鮮活的千古名句：

新綠葉叢淹沒中，
只餘富士一孤峰。

在江戶時代的安永年間出版的一部題名《名所方角集》的俳句集裏，在富士遠眺的題目下，輯錄了如下幾首俳句：

明月皎皎駿河町，朦朧可見富士影。（素龍作）
富士山頂雪飄飄，此景五分屬江戶。（立志作）
今日除夕，遠眺富士，以忘舊年。（寶馬作）

當然，提及富士詩歌，不能忘記的是太田道灌（一四三二至一四八六年）的詩作。這位江戶城的最初打造者，在回答天皇問及他的住居情況時，用詩歌回稟了天皇：

下臣之隱庵，近海連松原。
富士山雄姿，隔窗入眼簾。

原來，居住在京都的天皇，對富士山並不知情。而對這位風流倜儻的戰國武將來說，富士山卻成了自家屋簷下日常風景的一部分。用他的詩話來說是「隱庵」。

有「日本李杜」之稱的的石川丈山（一五八三至一六七二年），寫有漢詩的富士山，堪稱漢詩傑作：

仙客來遊雲外巔，神龍棲老洞中淵。
雪如紈素煙如柄，白扇倒懸東海天。

後人常說的富士山「扇懸東海」就是出自這首詩。把宏偉的富士山形容成一把手搖紙扇，這裏玩的是輕巧與微縮，表現了萬物先往小裏縮的民族性。「白髮三千丈」之類的並不是他們的最愛與擅長。

詩人北原白秋（一八八五至一九四二年）也是在

看了富士山後被其秀麗感所迷惑。在這之前詩人對富士山一點也不關心。為了能寫出更多更好的富士詩作，他特地搬家至每天能看到富士山的三浦岬附近。最後得了白內障，看不見富士山了，就以他人敍説的富士加以詠唱。他的名作《戀情》小詩，表面上是寫一位姑娘，但實際上是寫那光彩熠熠的富士山：

跳舞的那個姑娘
你，只有你，
在昏暗中光彩熠熠。

有日本評論家説，富士山在北原白秋的心中是永遠的生。

當然，不能忘記的還有草野心平的《富士山作品第九》：

莽原吞息。
鬼鏡的月。
冴。

㈧ 作為繪畫的富士文化

在日本，最早描畫富士山是在什麼時期？

奈良時代和平安時代應該有各種富士山繪畫，但現在都已失傳。目前保存下來的最古繪畫就是一〇六九年的《聖德太子繪傳》。畫面是聖德太子騎着一匹黑馬飛躍富士山。而鐮倉時代的《遊行上人緣起繪》，則表明日本人在觀念上完成了從寫生的富士山到想像的富士山的跳躍。

進入到室町時代，富士山的傑作是狩野元信的《富士山參詣曼荼羅圖》。畫面上富士山頂一分為三，大日如來出現在這三座山頂的正中央。鮮明地表明了富士山的宗教屬性是佛教，日本人富士信仰開始抬頭。

而室町時代的畫聖雪舟的《富士三保清見寺圖》，則是富士山水墨畫的開端。這幅畫妙就妙在畫中竟有中國明代寧波文人詹仲和的題詩：

巨嶂棱層鎮海崖，扶桑堪作上天梯。
巖寒六月常留雪，勢似菁蓮直遏氐。

名剎雲連清建古，虛堂塵遠老禪棲。
乘風我欲東遊去，特到松原竊羽衣。

日本比較文化學者上垣外憲一解謎道：想必是雪舟攜畫前往中國寧波，請中國文人鑒賞，得到讚許滿意而歸。為此這幅畫也成了中日兩國文化交流源遠流長的珍貴史料。

到了江戶時代，富士文化熱更為高漲。如果說到室町時代為止，描畫富士山還只限定於一部分文人雅士的話，那麼到了江戶時代富士信仰則滲透到了一般庶民中間。這是為什麼？因為在江戶開啟幕府的德川家康喜歡富士山。居住在江戶城的家康有一個要求，就是必須能天天看到富士山。

葛飾北齋創立了一個極端的形態：人不在畫中。他的《富嶽三十六景》是描畫富士山最高水準的代表。《凱風快晴》開了描畫晚霞富士的先河。這幅畫也被後人稱為「赤富士」。但整個圖案的佈局中，沒有出現人。《山下白雨》也是如此構圖的。這種創作手法作為浮世繪是破格的。而安藤廣重的畫，則一定是有人在圖案中的。他的《名所江戶百景》更是把富士山融入了江戶的風景，賦予了富士山新的生命體徵。廣重接近日本人的敍情感性，洋溢着明快的自然觀。但廣重的「入俗」反而襯託出了北齋的「脱俗」。但不管怎麼説，北齋與廣重被稱為描畫富士風景的雙璧應該是沒有問題的。他們各自都在寫實中滲入了視覺的冒險。

在近代日本畫的行列中，用描畫富士山來追求日本美的畫家是橫山大觀（一八六八至一九五八年）。他是日本三個時代（明治、大正、昭和）畫壇的領軍人物。一生究竟畫了多少富士山自己也不記得了。從一九〇五年（明治三十八年）的最早的作品《靈峰》，到絕筆的一九五七年（昭和三十二年）十月的《不二》作品為止，生涯粗算也有一千件以上的富士作品。美術年鑒社出版的畫冊《橫山大觀》，共收錄了富士山作品六百餘幅，屬於半數了。「不會畫富士就不是畫家」是從橫山開始的。這是最為純粹的形式了。就像歌人不會詠唱櫻花就不是歌人一樣，畫家也是一樣。歌是櫻花，畫是富士。入門了就能畢業。這是在日本至今有效的觀念。

橫山大觀以其獨特的技法和構圖完成了《靈峰飛鶴》巨畫。散滿陽光的富士山群鳥飛翔。有趣的是，橫山雖然一輩子畫富士，卻從未登過一回富士。是信守敬而遠之，不以足踐的古訓？東京都台東區上野有橫山大觀的紀念館。

此外，江戶時代的司馬江漢，明治以後的月岡芳年、日本畫的松岡映丘及西洋畫的梅原龍三郎等畫家，都畫有大量富士山作品。值得一提的是江戶時代的白隱慧鶴禪師。這位詩畫通吃的藝術家，畫有水墨畫《富士山圖》、《富士與三保的松原圖》。而在另一幅場面宏大的《富士大名行列圖》作品中，配上漢詩曰：

寫得老胡真面目，杳寄自性堂上人。
不信舊臘端午時，鞭起雛羊問木人。

表現了對富士山的特別情懷。

而在現代畫家中，有東山魁夷的《黎明》，平山郁夫的《耀眼的太陽與富士山》等。這些都屬於非常有名的富士傑作。

⑨ 作為信仰的富士文化

在古代日本，登上富士山的第一人是誰？

傳說是奈良時代的役行者（役小角），他在七一〇年從吉田口登上富士山頂。這一舉動在當時實屬震撼之舉。

役行者（役小角）是傳說中活躍在七世紀的一個人物。他出生在大和國葛城山麓，早先在葛城山修行學習巫術。弟子韓國廣足等人感到迷惑，便讒言於他，結果其被流放伊豆。這是六九九年（文武天皇三年）的事情。他在伊豆流放期間，學會了空中飛翔術。他白天在伊豆，夜晚便空中飛行至富士山修行。依據這個傳說，日本史料認定他是登上富士山的第一人，作為神秘的崇拜對象，被後世廣為傳頌。村山淺間神社留有役行者的塑像，表明他是富士山修驗道的開祖。

更重要的是在役行者之後的世代裏，不登高山的日本人開始興起了攀登高山的熱潮。據空海的《性靈集》記載：下野的勝道上人在七八二年登上了標高二千四百八十六米的日光男體山（也叫二荒山）。再如泰澄在七一七年登上標高二千七百零二米的加賀白山。他們更進一步推動了日本人山嶽信仰。

役行者的富士物語，成了「富士講」的源流。所謂「富士講」，就是喜歡和崇拜富士山的人集中在一起，策劃一系列登山等活動的團體。其教祖是戰國時代發意救世的藤原角行，他在富士的冰穴裏修行。「富士講」到了江戶時代有了更進一步的發展，「不登富士非江戶子」這個觀念就是在江戶時代確立的。

為了登富士山，這個「富士講」的團體要積攢一定數額的會費，供每年三分之一的成員聚在一起登山。登山者須首先在山腳下的神社參拜，沐浴清潔身體後換上白衣，以一身修行者的裝束登上山頂，參拜山頂的神社。朝山結束後，他們通常會從另一條路線下山，在山腳的小鎮上高高興興地舉行一場宴會。

現在的富士山頂上有淺間大社奧宮。在富士山八合目以上，除去登山道和氣象觀測所之外的三百八十五萬平方米土地，都屬於該神社所有。淺間神社的祭祀對象是美女神木花開耶姬，但實際上是把這位美女神作為富士山的神體來祭祀的。日本國內現有淺間神社一千三百間。從淺間神社的歷史來看，八〇二年恒武天皇的時代，富士山火山爆發。驚恐萬狀的人們拚死舉行鎮火的祭祀。第二年好不容易停止了噴火，富士山變得安泰。為了感謝諸神，便於八〇六年在山頂上建造了淺間神社，取淺間山的山名。淺間的發音為「ASAMA」，意為恐懼。原本的淺間信仰是以神道神社為根本的，但後來也融合了佛教與修驗道，建造了大日寺等寺院，表現了日本人對宗教寬容的一面。而視富士山為神或佛的所在地，則表現出了日本人敬仰富士山的信仰特色，並具有與自己的人生重疊的意義。

在民間信仰中，富士山還是吉祥的象徵。在日本，每年一月二日做的夢被稱為「初夢」。初夢可以占卜一年的吉凶，這一習俗至今仍在日本流傳。日本人認為如果能在初夢裏夢見富士山，那是最大的吉兆。此外，在日本還有「初富士」的説法。也就是説在一月三日從日本橋眺望富士山。

總之，富士信仰融合了神道、佛教、道教（修驗道）和民間信仰等各種要素，所有這些都反映出富士山和日本人心靈的深厚淵源。

㊉ 日本人共有的心象風景

一 富士地名

日本人心目中的富士山陽光普照，於是日本各地都有許多帶有富士名字的地名。如富士見町、富士見台、富士見阪等統稱為「富士見」。據統計、富士見地名在日本全國三十七個都道縣共有四百一十八個（其中自然地名九十四個，行政地名一百六十六個，交通地名八個，交通地名的橋一百五十座）。令人稍感意外的是東京超過了靜岡成了全國第一位，有七十一個富士地名。而七十一個富士地名中，「富士見阪」的地名佔了四成。靜岡縣是六十八個。神奈川縣是四十五個。

有趣的是，有些地方本無法看到富士山，但也起了富士地名。如名古屋市千種區富士見台。前文已經說了，在名古屋是看不到富士山的，但當地人有一種很想看到富士山的強烈期待，所以起了個作為願望的富士地名。惠那山以北的長野縣，岐阜縣內的富士見台的地名，也是如此。當地人也是把想看到的期望融於地名中了。

二 鄉土富士

與此同時，遍佈日本各地的與富士山相似的山也被冠為「富士」的名稱。日本人把它叫做「鄉土富士」。在日本至少存有三百一十四座鄉土富士山。一八一七年（文化十四年）出版的《國鎮記》（也叫《富士根元記》），被視為是介紹「鄉土富士」的最早一本書。著者是國學者高田與清。他在書中作了如下的排列：

㊀ 陸奧富士。一名津輕富士，日本「天下三大富士」之一，指代陸奧巖城山。

㊁ 薩摩富士。一名築紫富士，日本「天下三大富士」之一，指代薩摩海門山嶽。

㊂ 都富士。指代近江比睿山。

㊃ 有馬富士。指代攝津角山。

㊄ 伊豆富士。指代伊豆大室山。

㊅ 八丈富士。指代伊都八丈島的西山。

㊆ 近江富士。指代近江三上山。

⑧南部富士。一名奧富士，指代陸奧巖鷲山。
⑨築紫富士。指代築前可也山。
⑩豐後富士。指代豐後由布山嶽。
⑪鎌倉小富士。指代相模屏風山旁的高峰。
⑫播磨富士。指代播磨目甲山。
⑬讚岐富士。指代讚岐飯野山。
⑭安藝小富士。指代安雲國沼田郡廣嶋城附近的小富士。
⑮志津川富士。指代上總國志津村（現千葉縣佐倉市）河水倒映出駿河富士山的山影。

這樣來看，《國鎮記》裏除去倒映的富士山之外，介紹了十四座以富士冠名的山。當然，《國鎮記》裏沒有記載的還有很多。如指代北海道的羊蹄山的蝦夷富士就是其中之一。這座成層山與富士山有着同樣優美的圓錐形狀。被視為「北海第一奇觀」。過去經常與富士混淆。如在慶長年間從朝鮮戰場歸來的加藤清正説見到了富士山。後來林子平説這是將羊蹄山誤認為富士山了。

這裏稍有差異的是，同樣是一座山，由於眺望的位置不同，名稱也就不同。如橫跨山形縣和秋田縣的鳥海山，山形縣這邊叫出羽富士，秋田縣那邊叫秋田富士。橫跨島根縣和鳥取縣的大山，島根縣這邊叫出雲富士，鳥取縣那邊叫伯耆富士。再如福井縣最西端的青葉山，被稱為永遠禁止女人的山，以前曾分界於若狹國和丹後國。為此若狹這邊叫若狹富士，丹後那邊叫舞鶴富士。這種做法在平安時代就有。如將比睿山命名為都富士。室町時代將三上山命名為近江富士。

為了成為日本的象徵，很多日本企業特將自己的產品冠上富士的名字。如富士膠卷、富士玻璃、富士急行、富士電視台、富士通、富士電機，富士自行車等。此外，據統計，日本人姓「富士山」的有十七戶人家，它在日本人的姓氏排列中佔第三萬九千五百四十九位。姓「富士」的有三百六十二戶，佔第六千四百七十九位。如取名叫「富士男」、「富士子」的也為數不少。更為引人注目的是，大藏省在一九八四年印刷的五千日元紙幣，以及二〇〇四年以後印刷的一千日元紙幣的背面，都使用了富士山的畫面。

三 迷你富士

眾所周知，日本江戶時代盛行富士講。這個「講」就是信仰集團的意思。富士講就是富士信仰的組織。相當於今天的富士山登山會等的叫法。對當時日本人來說，登富士山是一種敬畏自然、嚴格修行的行為。而不能登山的老人和病人，為了表示自己的崇拜之情，就用泥土堆積成富士山的形狀進行參拜。這種迷你富士山，也叫「富士塚」，有數米或十數米高。地域以東京、千葉、神奈川為中心。

富士塚的最古記錄是在一七八〇年（安永九年），食行身祿的弟子高田藤四郎，在現在的新宿區戶塚堆造了「高田富士」，為富士講留下了重要史跡。但是周邊的早稻田大學在擴張校園的時候，在一九六五年將其移築至附近的水稻荷神社。平時遊客不能入內，只有在每年七月份的第三周的周六和周日舉行「高田富士祭」，這天能登上七米高的「高田富士」。

迷你富士的構造並不是隨意用土堆積而成。其條件是：山頂的表面必須有從富士山搬運來的熔巖石和泥土；必須要有登山道；必須要有五合目的中道；山頂上必須要有用文字篆刻的淺間神社等字樣的石碑。如果有條件的話，再配上五合目上的小御神社，七合目上的烏帽子巖，山裾裏有作為胎內的洞窟，那就更為完美了。

據日本研究者統計，僅東京都就有七十七座富士塚（迷你富士）。東京都周邊的埼玉縣更多，有一百九十六座。東京都文京區的音羽富士，坐落在護國寺內。護國寺是寺院，富士塚放置於寺院，從神佛分離的視角來看是非常奇特的，但很多日本人並沒有注意這點。再如東京都目黑區內的目黑富士就坐落在冰川神社內。

作為富士文化的一環，日本人還將「原像富士山」同化在「寫像富士山」中。如熊本市的成趣園（水前寺公園），就是模仿富士山的圓錐形，建造了築山。《敕撰和歌集》將富士山的噴火，比擬燒焦身體的戀愛。《義楚六帖》將富士山的石砂流下的聲音，比擬諸寶的音樂。這正如大正期的俳人河東碧梧桐所說，沒有「處富士」（ところ富士），是土地的恥辱。富士山是日本人共有的心象風景。日本人對「處富士」的執着，表明了日本人將心中的富士與原像富士同化，是一種連帶感和同族意識的表現。

㈩㈠ 一種宗教式的幸福

一九二〇年（大正九年）四月刊行的《日本及日本人》雜誌的增刊號主題是「百年後的日本」。在增刊號中，當時的知識人和文化人對日本百年後的未來進行了預測。電動車椅子、消防車、移動房、海底水族館、電視電話等都屬於預測的對象。可以想見，這些預測在日本都實現了。有趣的是增刊號中，也有好幾幅是預測百年後環境破壞的插圖。其中一幅插圖是日本著名文化人長古川如是閒的弟弟，畫家大野靜方（一八八二至一九四四年）畫的「富士山切崩」圖。圖的左上方寫有「極端的自然破壞」字樣，引人注目。

《百年後的日本》刊行後的十五年，即一九三五年，有日本某施工部門向當時的內務省申請了一個富士山改造計劃：在吉田口到五合目之間，挖掘地下隧道，通行纜車。幸運的是這個宏大的計劃沒有被批准。到了一九六三年，又有部門舊話重提，再次申請建設富士山地下纜車。這回是從五合目一直到山頂，計劃更龐大。但到最後，這個申請也以保護自然的理由被拒絕。現在想來，如果這些地下纜車的計劃都得以實施的話，富士山切崩就不是一個插圖的問題了，而是一個現實的問題了。

一九七二年，準備競選日本首相的田中角榮發表《日本列島改造論》，日本進入大改造大開發的階段。富士山周邊也不能倖免。五年之後，寫富士山最為出色的現代詩人草野心平發表《富士山裂紋》的詩章：

富士呀
你更淒烈一點吧
富士呀，你快噴火吧，袒露V字型
富士呀，你露出裂紋吧
亮出你的恥部

日本人這樣解讀這首詩：富士山的「裂紋」象徵女性器，「V字型」象徵恥部。而最要命的是還要讓女性的恥部，明快地袒露出來。

富士山是女神，是女體，這是日本古來信仰。這個信仰雖然在這首詩裏得以復活，但卻添加了現代日本人的憤怒。

日本登山家、隨筆家小島烏水（一八七三至

一九四八年），是第一任日本山嶽會的會長，他還是日本人最初登上槍嶽的登頂者。他對富士山有如下三個經典的說法：

第一，眼前的富士山，使人想起創世紀第一章。有人想踏進嗎？沒有人。這是塊不應該被污染的地方。

第二，不用說，日本是火山國。火山的女王是富士山。沒有富士山就沒有火山，沒有火山就沒有日本。富士山是依據造化的意匠，將日本國土具象化的美術品典型。

第三，富士山是結果，是絕頂。因而是菩薩，是如來。

再聯想到江戶時代的登山家們，對富士山登山道以外的地方，決不踏進一步，就是怕山麓被污染，失去靈性。

這一說法被現代日本人所繼承。如有日本人認為：富士山的情趣，不在於攀登，而在於眺望。從東京的家中，從橫濱的家中，從琦玉的家中，每天早上觀察富士山，已經成為部分日本人的生活習慣了。有的日本人還將當天觀察的結果記錄下來，匯總成《富士見日記》在網上發表。宏偉山脊的棱線之美，冬日時節的銀妝素裹，是富士山最迷人之處。據說根據十多年的記錄來看，首都圈年均有一百天左右可以望到富士山。

而位於已滿周年的東京墨田區的「天空樹」，很多遊客都看到夕陽西下時富士山頂的奇景。日本人說，那是一種幸福。一種宗教式的幸福。

㈩㈡ 睡姿優雅帶來可怖？

二〇一三年六月二十二日，聯合國教科文組織宣佈將富士山列入世界文化遺產名錄。

富士山成了日本繼二〇一一年的巖手縣平泉後的又一個世界文化遺產。集聖山、靈山、信仰山、文學山、繪畫山為一體的富士山，這回總算如願以償。神情已麻木的日本人，雖也興奮但已很勉強。精神已不在的日本人，雖也激動但也難飾倦意。因為一個世紀性的問題，依然不依不饒地橫在日本人的面前，富士山何以成了日本人的信仰之源？

山鹿素行出生一百年後，本居宣長出生。一百年後，吉田松陰出生。一六二二年—一七三〇年—一八三〇年。日本每百年國粹主義就會喧鬧一陣。讀過山鹿素行著作的石原莞爾，終於又在百年後一手策劃了九一八事變（日本稱滿洲事變）。不可忘記的是這四位國粹者，都把富士山作為一種純粹的東西融進日本精神，再悄悄地植入意識形態，立下過汗馬功勞。這是令人生厭的地方。從這一意義上說，富士山也只能在廁所裏窺視。太宰治說的沒錯。

實際上日本人對富士山也是亦愛亦畏。也許現在這沉睡的美姿，繫着島國日本的命脈。愈看她睡姿的優美，愈發害怕她醒來時分的可怖和可懼。二〇一一年三月十一日東日本大地震後，富士山的火山爆發變得愈發現實可信。火焰、巖漿、火山灰，可以使東京不復存在。這並不聳人聽聞。二〇一三年四月，日本科學家發現富士山山體出現異變。出現一條長三百米、寬約十米的裂縫，讓日本人擔驚受怕。

然而這就像小泉八雲在《登富士山》一文中所說：

從遠處看富士山的美，不是由死亡和痛苦的力量所創造出來的嗎？難道類似人類理想的一切事物，透過那層由我們繼承下來具有紀念性質的魔力的迷霧，回過頭去看不也是死亡的成品嗎？

這或許就是富士文化的個性了。並不都是美麗，並不都是壯觀。更本質的可能是痛苦，可能是死亡。

第九章

AKB48為什麼在日本有人氣？

——美少女文化的心有戚戚

㈠ AKB48，在日本意味着什麼？

日本人有組合美少女團的嗜好。

如出道於一九八五年的小貓俱樂部（おニャン子クラブ）。

如出道於一九九七年的早安少女（モーニング娘）。

更早一點的就是出道於一九一三年的寶塚少女歌劇團。

推出真實世界鮮活、粉嫩、慵懶的青春偶像，使粉絲們有意無意地陷入虛幻世界的喃喃囈語，獲取精神和肉體上的自戀與意淫，這是日本人的拿手好戲。而出道於二〇〇五年十二月的 AKB48 則是這種模式的典型再現。

那麼，AKB48 在日本意味着什麼呢？

你可以説，它意味着新的性感群像的誕生。最近大島優子和渡邊麻友兩名主將，攜手推出居家寫真。她們脱下上衣，蹦出青澀嫩乳在床上互擁互推，畫面精緻撩人。再如「王牌阿醬」前田敦子第五本寫真集《不器用》。這是她步入二十歲後的首部寫真集。在巴黎街角眨眼的寫真，以及非常有人氣的舔嘴角的封面寫真，性感誘人。

你可以説，它意味着 AKB 商法的誕生。《真夏的 sounds good》的 CD 單曲，在去年發售首日就創下一百一十七萬張的銷量紀錄。刷新了前年發售的《風正在吹》一百零四萬張的銷量紀錄。日本著名音樂製作人小室哲哉説，現在人們都自己下載音樂，CD 基本賣不出去。但日本是世界上 CD 賣得最好的國家。支撐這個的是 AKB。一百萬枚 CD 能賣掉，在現在只有日本。此外，據日本經濟學者的觀察，AKB 帶來的直接經濟效益為四百億日元，間接經濟效益為八百億日元，衍生經濟效益三百億日元，總計產生高達一千五百億日元的巨額效益。

當然，你也可以説，AKB 意味着一個新時尚元素的誕生；意味着一個新穎藝術形式的誕生；意味着一個一旦被吸引就無法自拔的新概念的誕生；甚至意味着遭遇了一場料想不到的日本式戀愛；甚至意味着日本學者所説的，製造業完了，我們還有 AKB48。

但是這一切都不及一本書所帶來的衝擊和震盪。

㈡ 前田敦子就是基督的再生？

日本年輕的社會學者濱野智史在二〇一二年十二月出版了題為《前田敦子超越了基督》（筑摩書房）的書。無論是卡哇伊的阿醬，還是爛醉街頭留下不雅照的阿醬，從 AKB 畢業後人氣不減的前田敦子，就是基督的再生？AKB 這個玩弄純情的少女組合，就是遠處教堂尖頂上的十字架？買 CD 片，買握手券，買總選舉券的粉絲，就是在耶路撒冷的沙漠中默默行走的信徒？

當然令人無法理解了，於是批判這本書的聲浪四起。日本網民說：「標題太狂了。你不是基督教徒，所以更讓人感覺不愉快。」「把區區偶像捧成超過基督，你要做好被滅掉的準備。」雜誌《達．芬奇》的總編，小說家長薗安浩認為「標題很讓人反胃，就算我不是基督教徒，也能感覺到強烈的不敬」。日本著名評論家東浩紀也表示「把基督教當成什麼了？只要有理性和常識的人，就不可能接受這種標題」。東京都巢鴨聖泉基督教會的主任牧師小嶋崇更是滿腹牢騷：為什麼要連帶基督？為什麼要做超越基督的分析？

當然也有人叫好，說這個標題太棒了，是一九七九年評論家平岡正明寫《山口百惠是菩薩》以來最好的。說這話的人就是 AKB 總策劃人秋元康。

一個還略帶羞澀的說是菩薩，一個則大言不慚地說超越了基督。作者濱野智史是個怎樣的思路呢？當然他首先是個 AKB 的鐵桿粉絲。他買過帶有投票券的 CD 五十八枚，用二十九票投了原本處於圈外的島崎遙香，使其上升至二十三名。前田敦子在 AKB 第三回總選舉之後說過這樣一句話：「大家可以討厭我，但請不要討厭 AKB。」說完這句話的瞬間，武道館場內響起了超越任何想像的尖叫聲。當時她還是一位不到二十歲的少女。濱野認為這種犧牲小我的「利他性」和基督受磔刑時說的「神啊，神啊，你為什麼離棄我？」的境界相類似，因此他起了這個充滿挑戰味的書名。濱野在推特上解釋稱：「我知道書名帶着挑釁性，但是我並沒有批判基督教的意圖，如果通篇閱讀的話就能認識到這一點」。

㈢ AKB確實暗含了一種可能性

其實，從轉換視角來看，AKB也確實內含了一些宗教性質的裝置。如全民性狂熱的個人（偶像）崇拜。如把偶像純粹化完美化的握手會和總選舉。而握手會和總選舉則又轉化為「聖者」（偶像成員）對「眾生」（粉絲）的一種「心的救濟」。這種徹頭徹尾的接近性，使得追求更高更遠的所謂「那時那刻」變得毫無意義。在人們的感覺中，「此時此刻」才是無限接近的現場。

再看AKB周期性的活動：元旦在AKB劇場公演；新春櫻花祭的「畢業曲」；初夏發表「泳裝曲」；六月份的總選舉；盛夏發表通過總選舉的成員樂曲；初秋舉行打亂序列的競猜大會；年末參加全日本唱片大獎，發表「勝負曲」；從二〇一一年五月開始，每月去地震災區演出等。正是這種周期性的「佈道」，AKB在二〇一一年，披上了被稱為「國民偶像」的光環。

AKB的發源地是秋葉原。而秋葉原是日本宅男的聖域。這批無法自立自強的宅男，他們為什麼而活着？為誰而活着？為AKB而活着，為推舉喜歡的偶像而活着。AKB唱紅的一首歌《為了誰》就是為宅男所唱：「為了誰而活着？為了我，可能嗎？」原來，「可以直接面對面的偶像」，成了宅男們可以把情感注入進去的意淫的對象，硬是把觀念上的「不可能」變成了信仰上的「可能」。

如二〇一二年六月進行的第四次AKB總選舉，投票總數達到一百三十八萬票。與第一次總選舉的五萬票相比，僅在很短的四年時間內就膨脹了近二十七倍多。而一名粉絲為了投大島優子的票，用八百八十萬日元購買了五千五百張《Everyday 髮箍》的單曲CD（每枚CD附帶投票券）。三重縣的一名二十二歲男子，用五十三萬日元買了二千七百張選票，硬是將圈外的松井咲子上升至五十三位。還有一位患有腎病的粉絲，知道自己活不多久了，便動用自己的存款投了增田有華六百票。用自己的財產買少女的夢想。

從這一意義上來看，AKB確實暗含了一種可能性，一種日本特色的「援助交際式」的宗教的可能性。動漫、少女組合等「二次元文化」代表的是「永遠無法自立的大嬰兒」。而這批「大嬰兒」在亞文化地帶，他們扮演粉絲的角色；在購買物相化的偶像時，他們扮演信徒的角色。

「我不就是個高中女生嘛。被誰看見都無所謂，來吻我吧——」。這是AKB的經典歌曲《水手服真礙事》裏的歌詞。這表明在上帝已死，奇跡已不再發生的現時代，人的生存意義倒反在這種虛幻的「疑似戀愛」的狀態下被給予、被確定了。為了推薦心中的「聖者」，必須勤勞，這樣所得收入才能作為「佈施」的錢財。這樣AKB的少女們從結局看，也就從偶像轉化成了商品。這就和其他新興宗教的信徒，花錢購買教祖說教的書籍，花錢購買教祖的信物是一致的。這也就是說宗教在高度化的資訊社會，不再是一種思想，而是一種集體無意識。這種無意識就是指那種在不知不覺中已經滲透於自身肌膚深處的內心之物。

或許，這才是作者濱野智史書寫這本書的本意所在——信仰宛如早晨鮮花的花香。

更為驚心的是，作者濱野智史的視野投向了更為深遠的層面。

㈣ AKB——不播撒沙林的奧姆？

二十世紀末在日本社會出現了奧姆真理教。一九九五年三月二十日，信徒們在公共場所播撒沙林毒氣，瞬間造成十二人死，五千五百多人受傷。濱野在論述AKB的時候，提到了奧姆。

奧姆與AKB有何關聯？這是種怎樣的思路呢？濱野智史援引另一位日本學者大田俊寬在《奧姆真理教的精神史》（春秋社，二〇一一年）中的論述，認為奧姆不單純是宗教崇拜的問題，而是現代社會生出的一個必然。現代社會的一個特點就是不再想定（或不再幻想）神一樣的超越者的存在，代之以自由的個人（主體）存在為前提。這就決定了現代社會的現代人，不是依據神的判斷而是依據自己的判斷去行事。當然，不能忍耐的人，不能適應的人也就隨之而出。所以出現反現代的思想是現代社會的邏輯必然。這就是羅馬主義、集權主義、原理主義產生的原因。

日本的奧姆真理教則是典型的反現代志向的混合物。對「沒有終止的日常」社會無法忍耐的弱者，就將偽裝成父親的教祖麻原彰晃視為唯一的依靠。

所以，濱野智史説，如果問超越奧姆，與資本主義相結合的宗教是什麼？AKB 的少女組合或許就是一個啟示。AKB 是一群穿着制服的少女，是穿着制服跳舞唱歌的偶像。讓粉絲花錢投票圓夢這件事本身，就是一種「偶像的援助交際」。AKB 令人想起這樣的曲子很多。用散發握手券和投票券來替代播撒沙林的奧姆。戰後日本社會在虛幻時代的邊際生出的奧姆和茶色女這對「怪物」，不就是借助資本主義的統合力量，在二十年後成為國民現象的 AKB 嗎？

這不是批判和諷刺 AKB，而是在一個失去了歷史敘事詩的時代，在一個失去了全體性的時代，在一個失去了超越者的時代，其結果就是生出不播撒沙林的奧姆——AKB。這已經是最好的結果了。在這個世界上如果找不出生存的意義的話，人是難以生存的。但如果都像奧姆一樣為了意義而反社會也是夠麻煩的。那怎麼辦？只能像 AKB 一樣，即便通過「接近性」和「偶然性」這些不具超越性的要素，如果也能創生出生存的意義，那也是一種意義。「為誰而活着」？至少在這個時點，AKB 是超凡的宗教。

僅僅是為了推舉 AKB 成員，粉絲多次地去劇場和握手會，面熟了，便生出關係性。生出了與世俗交際相近的模式，更生出了全身心投入 AKB 的動機。這樣播撒沙林這樣極端反社會的恐怖構想就難以產生。如果説迄今為止還有這樣安全的與社會共存可能的宗教存在的話，那就是 AKB 創生的模式。在連續劇《真假學園》中，AKB「絕對的王牌」前田敦子説：這個社會只能以假亂真。她還情色纏綿地對粉絲説過這樣的話：「請想像跟我共處一室。」暫且不論這是精神的救濟還是肉體的救濟，但就這群粉絲（信徒）與 AKB 生出的關係而言，他們會在公共場所為了 AKB 播撒沙林嗎？顯然不會。這就令人想起費爾巴哈當年的一個宗教哲學的命題：「什麼地方的人住在房子裏，他也就把他的神關在廟宇裏。」看來粉絲們也把 AKB 關進了廟宇。

㊄ 驅動 AKB 運轉的隱形馬達

指原莉乃，這位在二〇一一年 AKB 總選舉處於第九位，在二〇一二年總選舉獲得六萬七千三百三十九票升為第四位，在二〇一三年的總選舉獲得了十五萬零五百七十票，成了第五屆的「女王」的人。就是這位女王遭遇了前男友的無情出賣。去年《週刊文春》刊發文章，披露指原莉乃在十五歲的時候與 AKB 的粉絲談戀愛失身。被爆是「超級肉食女」，相當主動且性慾超強，並自拍胸部半裸照，傳至男友那裏聊慰。男友則失守倫理底線，將其公開。

指原莉乃最近兩年在 AKB 中是象徵性的存在。卡哇伊的少女就是未來的明星，這個在 AKB 中生出的觀念，在她身上得到了很好的體現。但是談戀愛是 AKB 的禁忌。為了體現什麼叫 AKB，秋元康不得不「揮淚斬馬謖」。下令：「無論指原是怎樣的指原，但她的事情引發 AKB 粉絲的誤解是不容否認的。指原莉乃明天起將移籍 HKT48。」對這個命令，指原含淚以「是」直接回應。HKT48 是 AKB48 的姊妹團。HKT 取自福岡市博多的日文發音。移籍 HKT，實際上就是流放博多。而博多，又是日本歷史上菅原道真流放過的地方。

由於 AKB 工作的性質，與男友很難見面，就用傳圖片的方法解決男友的孤獨和思念問題。意外的純情，非常可愛。一般而言，絕對禁忌的打破才是真正的純愛。戀愛的感動也源於此。如果近松門左衛門復活的話，也會感動地向人們文學地傳遞這件事。其他的偶像組合不明文規定禁止戀愛，但 AKB 明文規定。這是 AKB 生趣的地方。

但問題在於 AKB 少女組合確實存有性的元素。超短裙一晃一閃的，非常煽情，非常誘惑。這是秋元康的絕妙之處。在這條延長線上，或許是一些主將們的露毛寫真。粉絲們一定是邊憤怒邊踴躍購買。但同時生出困惑——為什麼要禁止戀愛？

這在日本評論家中森明夫那裏，表述為戀愛可能性的「過剩化」和戀愛禁止的「嚴格化」。他認為這兩個「過剩化」和「嚴格化」的符號，實際上就是驅動 AKB 的看不見的隱形馬達。（參見《AKB48 白熱論爭》幻冬舍，二〇一二年九月）如為什麼讓水靈靈的少女們穿戴白色泳裝？這是因為男人喜歡這般的一覽無遺。確實，所謂偶像從另一意義上説就是擴張了的「性的妄想存在」。這位評論家還這樣説，與排名第一的俱樂部小姐上床，拿出一億日元肯定OK。但是與前田敦子和大島優子則難以上床。在這裏金錢之所以表現得無能，是因為金錢很難賣斷「性的妄想存在」。

秋元康下令讓失身的指原移籍HKT，處理是否得當是另一回事。關鍵是通過這樣的硬性處理，讓更多的粉絲進一步認識到在偶像中存在着戀愛這個禁忌的意義。但與此同時，禁忌被破本身也具有意義：通過破局後的懺悔，更加強化了禁忌本身的含義。這就與天主教破禁忌——懺悔——強化，走的是同樣的回路。中森説，為什麼AKB要禁止戀愛？其實這與神父禁止帶妻是很相似的。這樣説，可能會遭致反論：神父是專為祀奉神的，與偶像屬於全然不同的概念。但是，從神父是絕對化的產物這點來看，偶像不也是粉絲絕對期望的產物嗎？如是這樣思考的話，戀愛禁止在邏輯上是與神父禁止帶妻是一致的。

這裏童貞也是個大問題。現在AKB的粉絲多為宅男。作為「疑似戀愛對象」的AKB裏，對其臆想性的粉絲自然就很多。這群粉絲當然對指原事件是不能原諒的。把她小心地放在自己的心中，大量購買她的CD單曲，然後投票，但是她竟然在十五歲的時候，幹了那件事，很令人生氣。

前田敦子是處女嗎？雖然難以取證，但大家都還認為她是處女。處女的前田才具有巫女的超凡魅力。但是指原已經不是處女了，信仰的對象在這裏發生了變化。是一個從聖母瑪利亞到墮天使路西法的變化。本質上説也是宗教自存方式的變化。

秋元康這樣點評失身後的指原：説成不了偶像，就做放鬆作家吧。確實指原有這方面的才能。從這點看，指原不是前田的後繼者，倒反像是秋元康的後繼者。秋元與破了戀愛禁忌的高井麻己子（小貓俱樂部的前成員）結婚，就是其象徵。原本AKB這個宗教團體，是面向少女偶像的總導演。在第三回總選擇的時候，大島優子就説過票數是愛的象徵。為了提升愛，AKB虛擬了作為法的戀愛禁止條例。這裏設定戀愛禁止的戒律，也就是原罪的指代。誰揹負這個原罪？恐怕就是一批永遠無法自立自強的粉絲了。

㈥ 秋元康——一個不可思議的存在

五十四歲的 AKB 總策劃人秋元康，是個不可思議的存在。

他是一位作詞家。他寫的單曲總銷量達到了六千八百五十九點一萬張，超過了已去世的阿久悠的六千八百三十一點九萬張的記錄，成為日本有史以來作詞家銷量第一名。這是二〇一三年二月二十八日，ORICON 發佈的調查結果。

他所做的一切究竟為了什麼？沒有人知道。都說為了賺錢，但按照中森明夫的說法，他的錢多得快要發霉了，再這樣賺，不知道怎樣花錢了。另一方面，他又自稱自己是詐欺師。多年前中森與他對談的時候，帶來一本很厚的《詐欺和欺騙的大百科》辭典，裏面網羅了騙人的所有招數。中森問秋元：這本書你知道嗎？秋元答：不知道。中森便説：那就作為禮物送你了。秋元回道：真的嗎？謝謝了。他高興地接受了禮物。

不久 AKB 就誕生了。是中森給了他「詐欺」的佐料？不得而知。但從 AKB 運轉的模式和結構來看，確實是高智商的產物。而高智商的另面託詞是什麼？不就是與「詐欺」很相近嗎？

當人們一再追問：AKB 究竟是什麼？

秋元康總是圓滑地回答道：AKB 是夢想的櫥窗。

確實從二〇〇六年出道的第一張單曲《櫻花的花瓣們》，到成為歌手、偶像、雜誌模特、廣播劇演員、時裝設計師、AV 演員、聲優等，AKB 只是一塊願望的踏腳石。只是所有流程中的一個流程而已。但是它奇特的發想在秋葉原，在只能容下二百五十人座席的小劇場。AKB 每天在這裏開演唱會。粉絲每天都能與想見的偶像見面。只有兩米的近距離。表演結束後，偶像和自己的粉絲一一握手。雖然只有幾秒，最長也只有十多秒，但此時此刻粉絲與偶像的視線是劃一的。一天握下來，偶像的手會腫脹疼痛。但偶像說快樂勝過快感。

總選舉前的握手會，以及每年一度的總選舉，青春偶像的期望和懇求，就像臨刑前犯人與家屬的會面一樣。偶像在國民面前暴曬，曖昧不明的得分點，怎麼看都像處刑。淒慘的同時帶有壯美，看得人心潮澎湃。

她們為什麼被「裁判」？為什麼要在國民面前公開「處刑」她們？從某種意義上說是受罰。為什麼要受罰？原來是對夢想者的處罰。在這個「沒有終止的日常」社會，不能有夢想。但是AKB的少女們在做夢。做了超過日本社會容忍度的夢，因而被罰。因為AKB使日本人又復燃了夢想。

秋元康熟知日本偶像的全部歷史。他用這個經驗打造AKB。他的下一個構想就是畢業後的前田敦子如何拍攝裸體寫真？就像宮澤理惠一樣，突然有一天在《朝日新聞》上刊登全版的裸體寫真廣告。前田出生的那年，正好是宮澤出版寫真集的那年。原來肉體的鄉愁在那個時刻就有了驚人的一致性。

現代社會是個不確定的危機社會，或者叫「再回歸的現代」。毫無疑問AKB並不能解決危機社會的任何一個問題，它沒有拯救式的崇高。但是處在危機社會中的現代人如何生存？AKB給予了啟示與逍遙。讓人們置身於偶然性中，委託給這個偶然性。並推薦這個自己喜歡的偶然性。「為了誰而活着」，為了她而活着。為了她，我生活顯得快樂顯得充實。這裏，時間的感覺發生了變化。那種常套地預測未來，回首過去的「三元時間觀」變得無效和失真。將時間無常化的一個結果是，眼前只剩下此刻，為了此刻就必須活着。秋元康為AKB寫的歌詞就有：

置身現場，委身快樂。
忘記所有，重新整理自己。

這裏強調的就是此刻當下。此刻當下讓我們和AKB在一起，消解精神負荷。這種「刹那主義」才是人所要追求的東西。在刹那的空間，在刹那的時間，獲得刹那的驚心。這裏不是哈巴馬斯的「交流的行為理論」，而是「交流的行為實驗」。哈巴馬斯的問題意識是資本主義導出的人與人之間的疏遠。而AKB不是理論的討論而是在認知資本主義時代，如何實施平等交流的自由主義實踐。

秋元康讓人們明白，成為偶像不存在絕對條件，連長得美這一點也都不需要。哪位女孩能否能成為偶像，全然取決於是誰想讓那位女孩成為偶像。而這個「誰」又憑藉什麼使那位女孩成為偶像？這裏起作用的是共同幻想論。聰明的秋元康將這個「感動」模式帶往名古屋（SKE48）、大阪（NMB48）、福岡（HKT48）等地複製。接着再吹向海外。印尼雅加達（JKT48）率先成軍。之後台北（TPE48），上海（SNH48）也相繼成軍。偶像這個存在從本質上說或許是無力的產物，但偶像的興奮點在於，她至少能從誰的（粉絲）那裏得到一見鍾情的愛戀的慰藉。而誰（粉絲）又說不清自己對偶像的戀慕究竟是怎麼回事，只好用「卡哇伊」這個呆板的詞表示戀人、戀物以及自戀。如是這樣的話，在資本主義/自由戀愛的社會中，無數失敗（戀）的弱小無助的男女，就會得到至少是來自於精神上的救濟。

看來秋元康熟知柏拉圖式的精神戀愛說，並以此來打造「夢想的櫥窗」。從這一意義上說，他確實是一個不可思議的存在。

㈦ 日本的少女是如何誕生的

AKB48 涉及美少女問題。因此也就完全有必要探討美少女與 AKB48 的關係問題。

少女這個詞，不單純是指沒有成人年齡的女孩，也不是所有時代都普遍共有的，它是社會文化發展到一定階段的產物。在日本它則是近代的產物。

日本著名社會評論家大塚英志說，在過去的日本人心中，駐紮着一位稻作農耕民。現在的日本人心中，駐紮着另一鮮活的「生物」。這個「生物」就是今天意義上的少女。從民俗學角度來說少女不是人類誕生以來就有的，它是近代的產物。當然從生理學意義上說，少女在遠古就存在了。但是就像歐洲少女的概念是十八世紀產物一樣，日本民俗學意義的少女是在明治時期誕生的。雖然少女一詞古已有之，如《源氏物語》有「少女」卷，寫光源氏的長子夕霧和雲居雁兩小相戀。

日本的少女，發端於明治時代的女子學校。一八七一年（明治四年）誕生了官立女子學校（後改為官立東京女子學校）。之後隨着制度的變遷，女子學校逐年增加。其目標指向很明確，將少女養成今後的賢妻良母。一八九九年（明治三十二年）文部省正式認定女子學校為正式的學校，並發佈了「高中女學校令」。女子學校以國語、數學為主課，兼學裁縫、家事等家政內容。茶道、花道等傳統藝能也有涉及。畢業後婚嫁於男家。

「少女」這個詞作為大眾化的使用，是在女子學校定型的一九〇〇年左右。一九〇二年，面向少女的專門雜誌《少女界》由金港堂書籍創刊。之後一九〇六年的《少女世界》（博文館），一九〇八年的《少女之友》（實業之日本社），一九一二年的《少女畫報》（東京社），一九二三年的《少女俱樂部》（講談社）等少女雜誌相續創刊。而據日本學者的研究，一八七七年創刊的面向青少年的《穎才新誌》雜誌，在一八九〇年發表的一篇文章中首次使用了「少女」一詞。

少女雜誌的內容以小說為主，大都是以女子學校的學生為主人公。如《少女畫報》八年連載了吉屋信子的少女小說《花物語》。《少女之友》的雜誌封面有中原淳一的繪畫，這些都博得了人氣。現在人氣的寶塚歌劇團也誕生在一九一三年，當時的正式名稱是「寶塚少女歌劇養成會」，明確招收的對象限定於少女。一八九八年（明治三十一年），東京女子高中師範附屬高中女子學校的制服，從原來的和服置換成了衣褲型，並擴展至全國。當時「ハイカラさん」（時髦女孩）成了流行語。

由於對少女的教育目的是培養賢母良妻，所以純潔與規範是必需的。到與異性愛者結婚為止，少女必須保守貞操。將來為獻身丈夫，生育孩子，與多位男性交往，與多位男性生育等都是不被許可的。當時向少女們灌輸的就是這些規範與意識。為了防止女性出軌，在當時的法律上還有通姦罪。所以當時的少女養成的一個基本規範就是「清、正、美」。這也是寶塚歌劇團一貫的宗旨。也就是說純血規範，即處女性是對當時少女的教育要求。

這個時期的少女，年齡大都在十三至十八歲。從生理上說基本上都迎來了初潮，具有了性的使用成為可能的身體。儘管具有了這個可能性，但性被壓抑的事態，在前近代是不可理喻的事情。評論家大塚英志就是這樣認為的。他在《少女民俗學》（光文社，一九八九年）中說，迎來初潮，使用變得可能的女性身體，到嫁給唯一的丈夫使用為止，如何使其無傷？近代社會幹的一件事就是將她們圍困與封閉起來，於是有了異物的存在。也就是說少女在迎來初潮的同時，「女」被保留起來，這是一個矛盾的存在。但在一般民族社會的共識中，當十三至十五歲被作為大人認知後，性的交涉應該由本人判斷，其中一個結局就是結婚。而結婚才是女性肉體的使用期這件事本身，只不過是近代社會的一個畸形而已。

總之，儘管身體自主性的使用變得可能，但還是被禁止使用。這就是日本近代少女的定義。十多歲的時候向她們灌輸純潔思想，將來養育成賢妻良母，對國民國家的形成有用。這是當時明治政府和在那個狀況下的文化所構築的少女。

因此從民俗學視角定義少女，至少包含了以下四個含義：

一、少女是近代社會的產物。

二、近代以前不存在少女的概念。

三、有二項對立的存在：未成熟的女性和成熟的女性。

四、近代社會女子學校的誕生催生了少女。

這正如大塚英志所說，在近代存在着兩類女性：「性未成熟幼女與性成熟的女性」。在第二次性特徵出現之前的幼女，與有了第二次性特徵，身體使用變得可能的女性的中間位置，就是少女的誕生。

㈧ 從少女到小女孩（從「girl」到「gal」）

一九八五年在雜誌 *LaLa* 連載吉田秋生的漫畫《櫻園》，就是守着底線的少女們在上高中的形象。故事的氣氛充滿着高中女生的天真、青春、單純、滿佈櫻花的畫面也很美。一部感懷光陰荏苒、韻味十足的漫畫作品。

但是不久電影化的《櫻園》中登場的城丸，看不見作為少女其青春處在規範壓抑下的一面。她自己對性的態度很能動。這樣的身姿使得從近代化以來持續百年的少女這個前台的機能喪失了。其結果就是コギヤル（小女孩）登場的前兆。

英語中指向年幼女性為「ガール」。美國英語中的俗語「gal」，日本語發音為「ギャル」。前者的「girl」是泛指年幼的女性，沒有特別的文化意義。後者的「gal」含有文化意義，即前衛、時髦、酷。

除了《櫻園》之外，從當時的少女漫畫中也能看到「少女到小女孩」的變遷軌跡。

在日本，漫畫是獨自發展成一種文學樣式的。而且順着從明治到大正少女漫畫的文脈來看，最初的漫畫是面向男性朋友的。如講談社在一九二三年創刊的《少女俱樂部》，在戰後的一九四六年改名為《少女クラブ》（中文都是叫俱樂部）後，不僅發表小說和繪畫物語，也開始刊載漫畫。如著名的漫畫家手塚治蟲的《髮帶騎士》，就是在該雜誌連載了三年（一九五三年一月至一九五六年一月）。這部代表日本少女漫畫黎明期的作品，顯現出手塚在幼年期深受寶塚少女文化影響的一面。該刊於一九六二年休刊，轉而變身為漫畫專門的《週刊少女之友》，最後改為月刊發行一直延續到一九九六年。現在講談社發行的《別冊之友》就是它的延續，明治以來到今天將近一百年的延續，也表明日本文化的傳承力是很強的。

少女漫畫除了《少女クラブ》雜誌之外，戰後還刊行了光文社的《少女》，集英社的《少女書本》和《髮帶》，講談社的《好友》等漫畫雜誌。與以賢妻良母為主題的明治大正時期的少女雜誌相比較，戰後的少女漫畫則是在男女同權，自由平等方面來構築學校生活與戀愛的主題。女孩子們通過閱讀漫畫作品，養成少女意識。這個意識就是到上世紀九十年代前為止的一直貫通的「生涯只愛一個男人」。毫無疑問這是戰前「純潔與規範」延長線上的意識形態。戀愛——性愛——結婚組合成三位一體的浪漫之愛。這個意識的形成，與少女漫畫堅持純潔與規範是有關聯的。可以這樣說，漫畫中即便有性行為的描寫，也是沿着純潔與規範的思路，是因為愛的緣故而達到頂點的。漫畫中也有強姦等性暴力的描寫，但這也是對「生涯只愛一個男人」而造成壓抑的反動。總之，對少女們來說，性行為的門檻還依然很高。

如在二十世紀八十年代中期刊發的有影響力的紡木宅的漫畫《高性能汽車》，裏面就以性行為描寫為主。這部漫畫於一九八五年至一九八七年在集英社的《別冊マーガレット》上連載。得到了嬰孩出生高峰期的少女們的歡迎與支持。故事情節為：十四歲的女子初中生和希，與母親一起生活。有一天她開始與「剎那生存」的十六歲少年暴走族春山交往。不久自己也加入了暴走族的行列。春山多次想親吻和希，並想發生性行為，都被和希斷然拒絕。這個故事想説的是：即便是自己喜歡的暴走族，對一名少女來説，性也不是一下就能跨過門檻的簡單的事情。這種性的使用已經可能，但是靠自己的意識強行壓制使用，這就是少女期。少女們讀着這樣的漫畫，知道了這樣一個程序：與唯一的男人戀愛，經過性愛，然後結婚。顯然，是簡單的逸脱不被許可這條規範，發揮着機能作用。

但是到了一九九〇年代的前後，少女漫畫表現性行為的門檻變得低了。照漫畫評論家藤本由香里的分析，這個時期少女漫畫中登場的少女們，開始意識到如果有了戀人，那麼順着戀愛的程序，即便發生性行為也是當然的。

㊈ 《高中教師》破了少女的禁忌

這方面的典型就是由漫畫改編的電視劇《高中教師》的登場所帶來的衝擊。

一九九三年一月日本 TBS 電視台播出連續劇，最終創下百分之三十三的高收視率。由野島伸司擔任編劇的這部作品的故事，講述的是個「被禁忌的愛」：教師與學生的愛。高中生物教師羽村隆夫和他的學生二宮繭發生戀情。另外，劇情還涉及父親與女兒繭的亂倫，男性教師向女學生施展性暴力，女學生間的同性戀等。殘忍、淒美、壓抑是這部電視劇的基調。

播出後反響強烈。其中最大的反響就是電視劇破了禁忌。並不是破了師生戀的禁忌，而是破了少女性的交友、性的身體這個禁忌。本來性的交友、性的身體已經可能，但是受到規範的意識化的壓抑，在沒有得到唯一的愛之前不能使用，這是少女的形象，也是社會的風潮。儘管可能是表面的、不完全的。但日本人就認為這個表面的、不完全的才是少女的形象，才是從近代以來持續百年的少女形象。但是《高中教師》

將這個形象給毀掉了。少女這個表面的，不完全的幻想也隨之破滅。未熟、純粹的同時，身體的使用也變得可能。少女的兩重性新定義是從《高中教師》開始的。當劇中教師羽村隆夫説出這樣話語的時候，也就出現了這樣一幅構圖：純粹的少女與向她們煽情的卑猥的成人男性。

「你還記得嗎？就從那時候開始，我們漸漸能在對方的心中，看到自己。那個假設被人看見就會破碎，彷彿脆弱得隨時會消失的你，就在我的體內。」

「應該怎樣稱呼我們之間的關係呢？稱為戀情，你一定會生氣。可是，若稱之為愛，我們又顯得太不成熟了。」

《高中教師》之所以被注目，一個最大的看點就是少女不僅是性的存在的少女，而且是將性的眼神射向了成人男性的少女。這正如日本大學藝術學部的教授上滝徹也所説，《高中教師》是個變態的作品。這裏的變態就是指美意識和情念過剩的人感受到了社會禁忌的解放。

百年前的日本人，與現在同一視線看待少女的領頭人物是作家田山花袋。他在一九〇七年發表短篇小説《少女病》。主人公杉田古城三十七歲，是個往返於神田出版社和家庭的兩點一線的無名編輯，相貌不美且滑稽。但在年輕的時候倒是個浪漫的少女小説的寫手。他有妻兒，但對家庭感到冷漠。原因是杉田還未能體驗到真戀愛的滋味。為了自慰與自聊，杉田每天在通勤電車裏尋覓年輕女孩。這成了他唯一的興趣。有一天，他恍恍惚惚地坐上電車，突然看到了以前似曾見到過的一位女高中生。他一邊窺視一邊幻想着美少女如何撲進他的胸懷作親熱狀。進入到入神入魔境界的杉田，不知怎的一不小心掉入車外，正好被對面駛來的電車壓死。一個向少女施展慾情的成人男性的身體，被無情的電車給碾碎了。

這篇小説代表着美少女文化在近代日本的誕生。

田山花袋同一年發表的另一篇中篇小説《棉被》，寫三十多歲的作家竹中時雄收留了一位年輕貌美的女學生。漸漸地被女學生婉轉的聲音，婀娜的姿色所吸引，進而迷戀上了她。與女學生的肉體關係，濕潤了竹中乾渴的人生。但是女學生同時又與自己的鄉下戀人保持着肉體關係。知道這件事後，痛苦絕望的竹中將女學生送到了她父親那裏。而竹中則在女學生待過的小屋內，將女學生用過的棉被蓋住自己的臉，盡情地嗅着思念着女學生的體味。

⑩ 宮崎駿幻想中的美少女

一九七九年十二月，現代美少女的領軍人物宮崎駿導演的動畫片《魯邦三世——卡里奧斯特羅》上映。隨之，一個全新的美少女形象在日本誕生。這一美少女形象的誕生，是從魯邦為什麼要救克拉麗斯開始的。

宮崎駿自身對動畫立下志向的源頭，是在一九五八年看了動畫影片《白蛇傳》中的白娘娘。一九四一年出生的宮崎這年正好是十七歲。少女英雄給他留下印象。之後他編導動漫影片《太陽王子霍爾斯大冒險》（一九六八年），《阿魯普斯的少女海姬》（一九七六年）、《尋母三千里》（一九七六年）等世界名作系列，都不乏少女英雄像。

在《魯邦三世——卡里奧斯特羅》動畫中，本來屬於天下大盜的魯邦，為什麼擔當了王子的角色。原來，住在「城」的另一端的惡王，無端地糾纏公主要與其結婚。為了救出將要被糟蹋的公主，魯邦拚上了性命。這位公主就是克拉麗斯。徹底擊敗惡王的魯邦，以救出公主作為圓滿的大結局。這就是卡里奧斯特羅城的故事。

這裏的問題是，大盜魯邦為什麼突然成了王子，並拚上自己的性命去搏鬥？他的動機是什麼？總是瞄準銀行的金庫、瞄準高價財寶和新兵器的設計圖的魯邦，為公主而戰的理由是什麼？

即便是看完動畫，其理由也是無從知曉。疑問照舊是疑問。如果魯邦原本就是一個真正王子的話，這樣的疑問就不會產生。這裏就生出了動畫作品有趣的一面。宮崎駿最初設定了不屬於王子角色的魯邦這個人物，從而強調了自己浪漫主義的一面。所以從動畫的觀賞者來看，魯邦作為王子的依據是不存在的。正是因為依據是空洞的，所以必須填補。魯邦特地用生命的代價必死地救出克拉麗斯，就是創生出了依據。表面上動畫沒有這方面的描寫，但僅從外面來看的話，難以看到魯邦的內面。除了愛戀式的情感，就不能說明魯邦行動的依據何在。這裏，大盜魯邦不得已進入了假想的戀愛中去，變身成了王子。

這裏有一個問題。公主如果是一位單純的公主，就具有被王子愛上的可能，同時也具有愛上王子的可能。所謂王子和公主的故事，就是這個世界最為激動人心的故事。這裏生不出任何的疑問。但問題在於，本來就不屬於在王子世界裏混跡的魯邦，愛上公主的依據和被愛上的依據都是不存在的。而如果是假想戀愛的話，愛的依據是可以編造的，但是被愛的依據是難以編造的。這樣來看的話，大盜魯邦再怎樣的努力，再怎樣的拚上性命，也是行不通的。這個欠缺，或者說這個問題要如何解決才可行呢？

一般而言，解決的途徑只有一條。不具有被愛依據的男人，想要獲得公主的愛情，只有一個辦法，就是想辦法從公主那裏得到愛。也就是說，缺乏被愛依據的王子，如果要想成為真正的王子，只有從公主那裏得到認可，除此之外別無他法。魯邦不得不持這樣的立場。

這個時候，這個男人的命運全都握在「她」的手中。自己作為男人的價值，都要取決於「她」。這裏，「她」的存在出現了。

無疑，克拉麗斯就是這樣的人物。在戀愛故事中，給毫無依據的自己賦予依據的存在，這就是宮崎駿創造出的美少女形象。這樣的美少女對男人而言就是絕對的存在，這樣的美少女決定着作為男人的價值。卡里奧斯特羅城被認為是美少女動畫，就是出於這一點。

㈩㈠ 魯邦最後為什麼放棄了擁抱？

但是這個動畫的最後結局很有意思。被公主喜歡上，得到了作為王子存在依據的魯邦，在最後時刻應該演高潮戲了。但是令人吃驚的是魯邦卻拒絕了來自克拉麗斯的愛。

動畫在最後時刻，由於魯邦的拚命救助，事件終於得到解決。魯邦要轉身回去了。突然克拉麗斯撲進魯邦的胸懷，懇求道：帶我一起去吧。激動人心的瞬間終於來了。成為真正王子的瞬間終於來了。表情嚴肅的魯邦，也想擁抱美麗可愛的克拉麗斯。但就在這個時候，他猶豫了，他動搖了。如果伸手擁抱的話，「王子與公主」的故事也就完成，接下去就是幸福的大團圓了。但是魯邦在最後時刻還是放棄了能夠成為王子的機會。他用非常智慧的表情對克拉麗斯說：

> 不要說傻乎乎的話。還想回到黑暗中去？好不容易來到了陽光下。你的人生還剛開始。像我一樣地沒有出息是不行的。

魯邦還是認定自己作為王子是欠缺依據的。整天在黑道上混跡的自己即便成了王子，也是不能為克拉麗斯服務的。這樣的話，如果擁抱了克拉麗斯，親吻了克拉麗斯，就是用自己的私慾私利損傷了她，侵犯了她。所以魯邦必須抽身退出。

魯邦十分明白，他這樣做導致了一個結果：由於自己自覺自願的退出，克拉麗斯還是克拉麗斯。不向她伸手，她就不會遜色，她就繼續保持神秘的女神形象，行進在美少女的行列中。而如果魯邦向她動手了，就把克拉麗斯從公主的高位上給拉了下來。她就成了一位普通的女人，失去了任何的神秘感。這樣的話，也就失去了給予自己依據的美少女的絕對存在。

這裏的邏輯關聯在於：需要她，也想伸手於她，但正因為這樣不能向她伸手——這個奇妙的歸結從這裏生出。對女性有慾望，卻又陷於自縄自縛。慾望於女性中，又自覺於自己沒有依據，身體的驅動也變得不可能。其結果就是女性被偶像化，並強於自己支配於自己。這裏顯現的形象才是美少女的形象。

魯邦不能擁抱克拉麗斯。在鬆手的瞬間，卡里奧斯特羅城的真正的意思才顯露出來：美少女是這樣生成的。這裏宮崎駿描畫的美少女克拉麗斯，為少女們的洛麗塔提供了強力的歸依。成人市場的寫真集 *Little pretenders* 同年發表，決不是偶然。

㈩㈡

作為永遠的美少女

明治學院大學教授四方田犬彥在二〇〇六年出版《卡哇伊論》（筑摩書房）的書中有一段評說武內直子

的連載漫畫《美少女戰士》，非常精彩。

一九九一年年末，日本漫畫家武內直子在講談社發行的漫畫月刊雜誌《夥伴》上連載漫畫《美少女戰士》（簡稱セーラームーン/英文 Sailor Moon），反响很大。動畫版與漫畫版同時創作，之後更被改編成音樂劇與特攝劇。其官方網站於二〇〇二年正式上線，日均瀏覽量一度達九萬人次。二〇一二年七月六日在東京，六本木 Nico Farre 舉行的紀念作品二十週年的談話活動中，發表了將會製作 Sailor Moon 動畫新作的決定。另外，新的動畫主題曲也確定將由偶像組合 Momoiro Clover Z 主唱。

《美少女戰士》的故事情節並不複雜。主人公月野兔是一個平凡的初二學生，是個出名的愛哭鬼。有一天，她拯救了一隻神秘的黑貓露娜，從此改變了她的命運。露娜把月棱鏡給了月野兔，令她變成穿着水手服飾的月亮化身，並具有超能力，開始了和妖魔的抗爭。在月野兔的身邊，還有四位少女與她協力，她們分別是天才少女水野亞美化身為水星，火川神社巫女火野麗化身為火星，大力少女木野真琴化身為木星，曾經作為水手 V 活躍的愛野美奈子化身為水手金星。

而地球少年地場衛深深地暗戀着月野兔。在影院版的動畫片中，五個少女為保護地場衛而與妖魔殊死搏鬥。結果不敵對手而倒下。儘管月野兔還是戰勝了妖魔，但最後還是昏迷倒地。這時暗戀她的地場衛過來拚命地親吻她。月野兔在熱吻中甦醒。故事也在幸福的團圓中結束。

地球經常被惡魔威脅。在故事中，從宇宙來到人間的冰雪女王，在聖誕節突襲日本的街道，將行人全部凍僵。趕來的月野兔，口唸水手月亮的咒文，變身成為美少女戰士。但是冰雪女王的魔力超強，即便是超能力的月野兔也難以對付，陷入危機中。這時從天邊飛來一位穿燕尾服的假面人物，擊退了惡魔手下之人，救出了月野兔。

評論家四方田犬彥寫道，從平庸搖身一變為英雄，從日常化中誕生出非日常化，將世界從罪惡中拯救出來的同時，超人的系列作品也就宣告完成。可以說這是所有動畫作品的套路，《美少女戰士》也不例外。但問題在於，《美少女戰士》的更深意義恐怕並不在於五少女變身後如何地活躍，而是在惡魔面前，她們華麗的變身如何地吸人眼球。月野兔唸唱神秘的咒文，右手劃十字，眼前的風景就會頓然消失，隨即出現一個超自然的光和氾濫着原色的宇宙。即便是色彩，即便是形狀，都在激烈地變換與回旋。在翻天覆地的變容中，月野兔掙脫普通的服裝，一瞬間化作全裸的剪影之後，變身成身着水手服的美少女戰士。這個變身太精妙、太震撼了，它非常完美地集約成了偶然、戰鬥、模仿和陶醉的遊戲四要素。這個動畫片之所以獲得中小學生的絕對人氣，是不是也應該從這裏來理解？期待着華麗變身的少女們，她們何曾不想震撼一下，何曾不想精妙一下，並希望有一天出現在TV的畫面中。

這裏，更為深入的問題意識是：美少女們與之搏鬥的是怎樣的對手？在更多的場合，她們屬於有着成熟的肉體和惡的化身的女性。她們通常很性感，有着青赤黃白的原色肌膚，有着巨大的乳房，有着與蛇、蜥蜴、蔓草等同等隱喻的關係。她們以半裸的身姿襲擊地球，或者是襲擊作為地球隱喻的地場衛。而與她們對決的美少女們，則身着清楚的水手服，沒有一點性的氣息。她們或許不是男孩們眼中的作為媚態的卡哇伊，而是自我構築着自足的卡哇伊本質：知性、肉體、靈魂和愛情。四方田犬彥說這四大元素也是美少女的道德構成。其實，《美少女戰士》想說的是，成熟而性感的女性如同惡，或者說是惡的同義語。而真正能夠救助這個世界的，與其說是性感的女性，還不如說是還處於性感的分水嶺邊緣上，躊躇和焦慮成熟的少女們。主人公的名字月野兔的「月」字，按照四方田犬彥的理解就是讓人們聯想起思春期開始的初潮（月經），表明她剛處在性差明確化的分界線上。

未成熟、不性感、孩兒氣、傻乎乎、冒失鬼、靦腆、害羞，這些角色在日本漫畫和動漫中，並不是可恥可笑的事情。反過來她們比成熟和性感女性更具有純粹性和感召性，因而也更吸引男主人公。在男主人公的眼裏，她們才是這個世界的救世主。

在日本亞文化史上，《美少女戰士》之所以佔據相當重要的一席，其關鍵就在於它開啟了兩大意義：

一個是美少女僅僅從男性的角度出發被發現，被敘述已經變得不可能了。女性這邊開始有所動作。這就表明，八十年代有男性任意創生的「美少女」這個理想像，不知不覺地被女性自身收回去了。由女性來表現美少女這是第一次。

另一個是作為永遠的美少女（孩子）具有正面的和永恆的價值。這在沒有美少女文化傳統的民族看來，可能是一種病態和變態。但在日本，則是美學的元素和道德的力量。

㈩㈢ 美少女與洛麗塔

美少女是否一定走向洛麗塔？從邏輯上說未必。但洛麗塔一定是以美少女為前提的。那麼，何為洛麗塔呢？

洛麗塔是俄裔美籍作家納博科夫同名小説裏的主人公。這位有着一雙大眼睛的十二歲少女，與年過五十的大學教授——養父亨伯特發生了一場不倫之戀。小説這樣描寫亨伯特的一見鍾情：從餐廳裏出來的時候，他看到了她。在陽光沐浴的一塊草墊上，她半裸着，跪着，以膝蓋為軸轉過身，蜂蜜樣的肩膀和綢子一樣柔嫩的脊背，讓人目眩神迷。

小説面世後反響強烈，被改編成各種文藝形式在全世界廣泛傳播。從此「洛麗塔」成為外表或實際年齡較小、尚處發育期的美少女的代名詞，而「洛麗塔情結」（Lolita complex）則用來表述男人對這類美少女產生特殊迷戀的一種情感傾向。「洛麗塔，我生命之光，我慾念之火。我的罪惡，我的靈魂。」這是名著《洛麗塔》的開場白。

這樣從源頭上看「洛麗塔」似乎並非日本原創。但如今只要提起這個詞，很多人都會想到日本，想到日本男人。因為在日本，幾乎任何題材的文化產品，如ACG（動畫、漫畫、遊戲）都有美少女的大眼睛在説話，都有起褶篷裙上綴滿蕾絲花邊的緊身胸衣在晃動。

東京都高田馬場的「培培」，是從一九七〇年後期開始經營洛麗塔商品的老鋪。經營者久我明久説，洛麗塔最好的年齡段是十二至十三歲之間的少女。社會學家宮島鏡在二〇〇五年寫《少女愛》，説做過一個調查，問洛麗塔容許的範圍到幾歲為止？回答十一歲至十三歲為最多。為什麼都集中在這個年齡段？

一種説法是與生殖有關。人之初以男女有別的形式誕生，這也叫做第一次性特徵。之後的十年內，除了性器有別之外，男女基本上看不出不同。性別曖昧，沒有生殖狀態，就是兒童的特徵。到了九歲至十二歲，迎來了思春期，這就是所謂的第二次性特徵。男性勃起射精變得可能，女性開始排卵。原本曖昧的性別變得分明，慢慢成長為有生殖可能的大人。

洛麗塔令人喜愛的時期，也就是第二次性特徵開始表徵的時期。從社會學角度來看還是兒童但從生殖力看已不是兒童。男人對開始表徵第二次性特徵的少女懷有性的關愛，從生物學上看有其自然的一面。

在日本，洛麗塔是與少女裸體寫真連在一起的，主要出版物上刊登少女裸體寫真是在一九六九年。這一年，諾貝爾書房出版了題為《NYMPHET・十二歲的神話》的寫真集，攝影者是劍持加津夫。他原本是麻藥、墮胎等社會犯罪題材的寫真家。一九七一年十月，《每日新聞》為紀念創刊一百週年，選用十一歲的少女裸體刊登了意見廣告。上半身袒露的少女，佔據了大半空間。長髮遮隱着發育良好的乳房，乳首則時隱時現。廣告文寫道：

她才十一歲。怎樣讓她健康成長呢？在這性氾濫的社會中。

用純楚青澀的美少女，想像和暗喻成熟女人到處氾濫的性，是這幅少女裸體寫真廣告的觀念話語。

一九七九年，日本創刊了最早的洛麗塔雜誌《少女愛麗斯》。但雜誌裏登場的模特都是十八歲以上的女性，真正的屬於美少女裸體寫真並沒有涉及。這份雜誌不久後開始連載吾妻秀雄的洛麗塔漫畫而變得有名。

進入到八十年代，日本定期發行的洛麗塔雜誌蜂擁上市。如一九八二年創刊的《少女園》《愛麗斯》。一九八三年創刊的《乳》《乳女》《洛麗塔雜誌》《CANDY》。一九八四年創刊的《小草》。一九八五年創刊的《直子妹》《櫻桃》《VIDEO 洛麗塔》。一九八八年創刊的《愛麗斯俱樂部》《洛麗塔俱樂部》等。

而內山亞紀在一九八三年發表《羅莉控的愛》（ロリコン・ラブ）。在其影響下，「體驗告白：我的羅莉控愛」等系列作品隨之問世。而同時期《羅莉控白書》（一九八二年）《羅莉控大全集》（一九八三年）等書也相繼出版。

看來，自憐自戀的日本人還是把美少女與洛麗塔連接在了同一塊電路板上。他們還是夢想蕾絲花邊和蝴蝶結、高跟鞋和猩紅唇膏永久風靡。

⑭ 山口百惠：大人的雛形化

哲學家森岡正博在《無感覺的男人》（筑摩新書，二〇〇五年）中說，在健康女子形象的另面，已經悄悄埋進了性誘惑的因子。性感的成熟女性們，用雛形化的衣裳和亮眼的化妝登場。這個年代的少女，如果被成人男性用性的目光加以窺視的話，也是無可奈何的。一九七四年，只有十五歲的少女山口百惠，唱《一個夏天的經驗》，就是面對的這種無可奈何。

我要把女孩子最寶貴的東西送給你
藏在小小的心內最寶貴的東西
為了獻給心愛的人　我一直保衛到今天
被那人沾污也願意　流淚也願意
愛是最寶貴
誰也會體驗這一次
甜蜜的誘惑圈套
我要把女孩子最寶貴的東西送給你
閃着眼淚的顏色那寶貴的東西
能夠討好心愛的人　我也感到幸福
被那人破壞也願意　失去也願意
愛是最寶貴
誰也會體驗這一次
甜蜜的誘惑圈套

沾污也願意，流淚也願意，破壞也願意，失去也願意。少女們渴望的就是「甜蜜的誘惑圈套」，渴望的就是快些成長，渴望的就是「破處」的夏天。這種微妙的性心向，在這首歌中得到了很好的表現。

一九八一年，二十三歲的山口百惠出版自傳體暢銷書《蒼茫時刻》。在書中她回首當年的一曲所引發的轟動。她這樣寫道：

唱《一個夏天的經驗》的時期，也是「大人」們騷亂的頂峰。到公司來採訪的人，十居其九，都是色迷迷地上下打量，問同樣的問題：什麼是女孩子最寶貴的東西？令人十分的困惑。說到嘴邊的「處女」只能收起來而改說「真心」，一顆純真的心。

而她在自傳中也交代了自己的處女之身，何時交付給了他——三浦友和。「初愛亦是最愛。而身體也是自始至終，只由自己唯一心愛的男人所擁有。相信這是很多少女的夢想。」

山口百惠，這瓶青澀的「百惠醬」，也就成了日本男人心中永遠的美少女。

㊉五 心有戚戚的日本人心經

在日本，洛麗塔這一用語的最初含意是少女對年長的男性抱有好感。但日本現在的用例則是反了過來：年長的男性對少女抱有嗜好。日本作家兼評論家

澁澤龍彥說這是現代意義上的轉換。他在一九七二年出版《少女收藏序說》（中央公論新社）。書中說：

洛麗塔的現象，在我來看，視點與其落在少女的願望這邊，還不如落在小說主人公漢波特的位置上眺望得好。這就像採集珍品的蝴蝶一樣，在純粹的觀念世界裏，執着地追求美少女的漢波特，不是令我們感動嗎？這才是男人性慾的「一方通行」的極地。

這就令人想起川端康成的小說《睡美人》，其主題不就是垂死的生命在青春胴體上的狂歡嗎？客棧的女人叮囑江口老人說：請不要把手指插進昏睡的姑娘嘴裏。這是日本美少女文化的繾綣迷人之處。這就令人想起導演深作欣二在一九九九年執導的影片《藝伎院》。影片的結尾處是美少女涼子，向七十八歲的財閥富翁打開她美得令人窒息的酮體。和式的榻榻米上灑滿了溫煦的金色陽光。這是日本美少女文化唯美的極致。

確實，從山口百惠到松田聖子；從小貓俱樂部到早安少女；從高中女生的援助交際到便利店出售美少女為封面的雜誌；從不能再短的方格裙到涉谷一百零

九美少女的集散地。這些都為日本美少女文化貼上了洛麗塔的標籤。毫無疑問AKB也是日本這一特殊文化風潮的產物。

二〇一三年二月，記錄AKB48二〇一二年成長足跡的紀錄片《少女們在落淚後看到什麼？》正式對外公映。從紀錄片的圖式來看，AKB所有的成員都是美少女文化的求道者。如果不能捨棄塵世的所有，便無法到達中心位置（聖域）。正值青春花季的少女，必須斷絕戀愛之念。從這個意義上來說，AKB成員與尼姑修行並無差別。但這其中總有芥川龍之介所說的「模模糊糊的不安」。

日本學者佐佐木敦在《日本的思想》（講談社，二〇〇九年）中說，穿超短方格裙校服的高中女生，是一種生活智慧。一種生活於「沒有終止的日常」社會的智慧。在「沒有終止的日常」社會中，什麼是好的？什麼是善的？沒有人知道。但恰恰是抱着這個不知道的漠然心態，才顯現出生活的智慧。但另有日本學者，如宮台真司則認為，日本始終還沒有走出韋伯意義上的那個「亞洲」。因為所謂的現代社會是以成熟的市民為主體的「成熟社會」，而日本的市民說到底還只是「沒有成熟的個人」，日本的社會是「沒有成熟的社會」。（參見大塚英志《「御宅族」的精神史》講談社，二〇〇四年）這就和半個多世紀美國佔領軍總司令麥克阿瑟的說法一致：「日本人的精神年齡只有十二歲。」

幼童留着沙彌髮，頭髮披到眼睛上來了也並不拂開，只是微微地側着頭去看東西，實在是很可愛的。

這是一千多年前清少納言筆下的美少女。今天的AKB是這種美少女的延續。可見，美少女還真是心有戚戚的日本人的心經。詠讀這樣的心經，雖然生出的是「無常無告無望」（永井荷風語），使人無端感歎此世只是一夢，但日本人就是喜歡。在日本男人的眼中，獨立與成熟的女性，是對男性主導的社會秩序的一種威脅，而她們若永遠保持在一個天真、未成熟的狀態，則是男人最喜歡的。

這樣來看，AKB只能是開在日本風土上的一枝花。美少女文化只能是日本獨特的一種社會風潮。其實，AKB48也是個放大的「羅莉時尚」。

第十章

幼稚的力量從何而來？

——卡哇伊文化的前世今生

㈠ 日本還在卡哇伊

這是近一年多來日本媒體發佈的消息。

——二〇一二年九月三日是哆啦A夢（トラえもん）的「負一百歲」生日。為了慶祝日子，川崎市在這一天授予了「哆啦A夢」特別居民戶籍證書。

哆啦A夢是漫畫家藤本弘（筆名藤子．F．不二雄）筆下一隻來自未來世界的藍色機器貓。作者把它的生日定於二一一二年九月三日，所以二〇一二年九月三日是他的「負一百歲」生日。藤子在川崎市居住了三十五年直到去世。哆啦A夢也誕生在川崎，藤子的夫人還在川崎建立了一座紀念藤子的博物館。為此川崎市決定在這個特別日子把哆啦A夢吸收為特別市民。居民戶籍證書上記載了「哆啦A夢」的生日、入籍日期、住址、愛好、家庭成員以及身高體重等基本信息，還蓋有現任川崎市長的公章。

川崎市長阿部孝夫説，川崎市有許多榮譽市民，但特別居民「哆啦A夢」還是第一位。川崎市政府還決定，從二〇一二年九月三日開始的一年內，川崎市開具的所有法律文件上都會印有「哆啦A夢」的水印。

——二〇一三年九月二十五日，根據人氣動漫形象凱蒂貓打造的咖啡館「Hello Kitty Cafe」，在大阪阪急百貨店梅田總店開業。店內根據凱蒂貓的外形統一使用白色粉色基調設計而成，擺放了大量凱蒂貓玩偶和靠墊。菜單有將熱果汁倒入冰淇淋、切塊的熱蘋果汁意大利咖啡冰淇淋、蘋果派添加杯裝冰淇淋和蘋果的凱蒂貓媽媽家製蘋果派等。客人可以將凱蒂貓形狀的杯子帶走。在與咖啡店同時打造的房間裏，還有裝飾着無數凱蒂貓玩偶的禮裙。

——二〇一三年九月十七日，近畿日本鐵道公司公佈了將於明年春天全面開業的日本第一高樓「阿倍野（位於大阪市阿倍野區）內展望台的吉祥物。吉祥物的昵稱為「ABENOBEAR」，為一隻居住在三百米高空的公熊。據介紹「ABENOBEAR」不但喜歡睡覺，還有着像天空一樣豁達、彩雲一樣隨意的性格。它還能在彩虹上漫步。

——日本人氣少女組合 AKB48 的成員篠田麻里子，日前被福岡市市長任命為「卡哇伊區區長」。上任儀式於二〇一三年八月二十九日在東京舉行。福岡市目前共有七個行政區，「卡哇伊區」被設定為第八個虛擬行政區。現在這個虛擬行政區正在網上募集區民。

——現在日本流行角色整容。這是一種讓自己的容姿與動漫角色或者人偶接近的手術。日本 TBS 電視台在二〇一三年四月播放「我究竟是哪裏不對頭？」的專題節目，將這個整容推向流行。看那細長的下顎、碩大的眼睛，這不是來自二次元的又會來自哪裏呢？人偶的氣息撲面而來。說她已經超越人類的範疇也不為過。據悉整容一般都以芭比娃娃為目標。

㈡ 天皇也卡哇伊？

一九八八年年底，昭和天皇開始吐血病重。前來皇宮祈禱天皇康復長壽的日本人連日來絡繹不絕。一天下午，來了一群穿水手制服的女初中生。她們嘰嘰喳喳，一邊在皇宮前記賬簽到，一邊議論道：天皇不也很卡哇伊嗎？

天皇也卡哇伊？就這句話，在當時的日本引起了軒然大波。

天皇——少女——卡哇伊，這三者之間有什麼接點呢？

對此，日本社會評論家大塚英志在《中央公論》雜誌上發表隨筆文《少女們的卡哇伊天皇》。文章提出這樣一個問題：天皇也卡哇伊，這是不敬之舉呢，還是敬的觀念發生了審美上的變化？到底什麼是卡哇伊？卡哇伊可以用來形容老人嗎？如果能用在老人身上，那麼為什麼不能用在天皇身上？最終，在表象不敬的文化話題背後，日本人還是認定少女們說天皇也卡哇伊，恰恰表明了卡哇伊是對事物的一種變化着的審美方式。

這就令人想起作家太宰治小說《斜陽》中的一節：

> 有一次，那是個初秋的月夜，在西片町宅邸的裏庭園，我和母親坐在池旁亭子裏賞月，邊笑邊談着狐狸和老鼠出嫁時準備的嫁妝有什麼不同，這時候，母親霍地站起來，走進亭子旁邊茂密的胡枝子叢裏，又從胡枝子的白花中間露出她白淨嬌豔的臉，微微地笑着說：

「和子，你猜媽媽在做什麼？」

「在折花。」我回答説。

母親卻輕輕地笑出聲來説：

「我在小便哪。」

她一點都不把身子蹲下去，這使我感到吃驚，可是我從心裏感覺可愛，同時也覺得我這種人怎麼也不可能學她的。

這裏，卡哇伊是什麼？就是母親站立小便？別人學不得的行為就是卡哇伊？

這也令人想起散文家八木義德《老人的風景》：

一群穿着短裙短褲，露着纖長白腿的女孩子從眼前走過。我感到一片令人眩目的光芒。在這光芒的照射下，我的心裏如同過節一般，熱烈而喧鬧。身體也好像不由自主地漂了起來。我的視線緊緊地跟着那一隊超短裙，不肯離開。那裏是使我目眩的光源。終於，那光源從我的視野裏消失了，我的節日過去了，留下的只有節後的寂寞與空蕩。

這裏，卡哇伊就是喪失功能的老人，用他色迷迷的視線，緊跟少女的超短裙？卡哇伊就是那「目眩的光源」？

這樣説來，卡哇伊還確實不好定義。但不好定義，恰恰就是卡哇伊表現出來的卡哇伊的地方，或者説是迷人的地方。

㈢ 卡哇伊的詞源考

在《枕草子》之前的《萬葉集》裏，卡哇伊用「うつくし」（萬葉假名：宇都久志）來表示。如「妻子みればめぐしうつくし」（巻五）「うつくしと思へりけらし莫忘れと結びし紐の解くらく思へば」（巻二）。這個時候萬葉假名裏的「うつくし」是「愛」的意思，用來表示卡哇伊。之後，日本最古物語《竹取物語》（九世紀後半）的開首部分也有三寸法師的「うつくし」的記述。竹子裏有幼小的藏姬，是「うつくし」的，當然這裏作可愛用。

所以在《枕草子》之前，「うつくし」就表示卡哇伊，特別是用於幼孩。

而《枕草子》中的開首有「うつくしきもの、瓜に書きたる稚児の顔」，「メロンにかぶりついてる子供の顔。雀の雛にチュンチュンと呼びかけると、こちらにやってくる様子。」——這裏的「うつくし」本質上就是幼小美和幼稚美。如小孩、雛鳥、浮萍、葵花等。

之後十三世紀開首成立的《平家物語》，如卷二的那須與一的「十八九歲的女房，真的很優美」。這裏「うつくし」充當了漢字的「美」。這種場合，美麗和可愛在兩方面的意義上使用。

卡哇伊從詞源上說與「かはゆし」有關聯。原本「かはゆし」由來於「かほはゆし」，漢字表示為「顔映し」。從現代語義來看的話，就是發出美麗的光輝，很注目等。也就是說，臉色發光，意味着健康樣子的用語就叫「かはゆし」。

但是「かはゆし」初出文獻是十二世紀後半成立的《今昔物語集》。按照《古語大辭典》（小學館）的說法，かはゆし是目不忍睹的凄慘，可憐可悲的意思。而「かほはゆし」是良心苛責臉色變得赤紅，不好意思難為情的狀態。在用法上好像都具有負面的意思。這是為什麼？

原來在當時的日本，這種語言屬於下層階級的俗語。當時是除貴族以外都不是人的時代。這種下品的語言，貴族階級是不使用的。但貴族認為下品的語言，對平民來說未必。「かはゆし」或許就當作卡哇伊的意思來使用。但是貴族再「高貴」，卡哇伊所屬的語言也是需要的。這就是「うつくし」的最初誕生。

到了平安時代的後期，天皇家和攝關家開始出現家業紛爭，貴族權威下降。不得已開始使用已經嶄露頭角的武士。結果就是平清盛掌握了政權，開始了武家政治。這與至今為止出現的卑賤和蔑視的語言有聯繫。「かはゆし」也是這樣。從「かはゆし」出生的可憐等否定意思開始稀薄，可愛的意思開始浮出。可能從這個時候生出了「可愛い」的漢字。與「うつくし」（愛し）相融合。

一六〇三年耶穌會刊行的小冊子裏，有「cauaij」的項目，表示催生同情、憐憫的情感，或抱有同情之念等。這樣來看，在那個時點，成為今日的卡哇伊原型的意思已經得到了確定。到了江戶時代就生出很多

派生語的用例，如「可愛さ餘って憎さが百倍」（愛得越深恨得越深）這是句日本人誰都知道的歌舞伎中的名句。從「かはゆし」派生出「可愛い」的新語，或許就是在這個時代登場的。

總之，先是用「うつくし」（美し、愛し）表示幼小和幼稚，然後再從「かはゆし」派生出「可愛い」。這裏可以看出卡哇伊變化發展的內在邏輯：首先是害羞，因為害羞臉熱得像火燒一般。其次變成可憐，臉紅起來很害羞的樣子讓人覺得可憐。最後變成可愛，招人喜歡。而這些內在性的東西，正是我們今天談論卡哇伊的一個最重要的支點。

㈣ 幼小的就是可愛的

在四方田犬彥的筆下，卡哇伊原是一種近似嬰兒體態，外貌和心理特徵的一種心緒。常具有圓胖雙頰、大眼睛、小鼻子、酒窩、高額頭、短下巴。在身體的比例上，則是不成比例的大頭小身體與粗短的四肢。在心理特徵上，則表現出無助、天真、撒嬌、脆弱、孩子氣和好奇心。（參閱《卡哇伊論》筑摩書房，二〇〇六年）

窺視着鏡子，臉頰顯得紅潤，嘴唇小小地泛着紅光豔澤。脱下眼鏡，淺淺地笑着。眼睛也好看，清清澄澄的。

哇——卡哇伊。

穿上粉紅色長裙，開着大襟領的衣服，戴着黑絹蕾絲長手套，在寬帽沿的帽上，別上紫堇花，迎着深綠的季節前去餐館吃早餐。手上還有一把老氣橫秋的長柄雨傘。

哇——卡哇伊。

一個未滿週歲的嬰兒，掙脱媽媽的手，如同一個笨拙的舞者，踉踉蹌蹌，讓人忍俊不禁。天真無邪中持有的生命光輝。

哇——卡哇伊。

當然最為經典的是清少納言《枕草子》的一段話：

三歲左右的幼兒急忙地爬了起來，路上有極小的塵埃，給他很細緻地發現了。他用很可愛的小指頭撮起來給大人看，實在是很可愛的。留着沙彌髮的幼兒，頭髮披到眼睛上邊來了也並不拂開，只是微微地側着頭去看東西，也是很可愛的。

而《竹取物語》中的女主人公赫映姬是個只有三寸大的女孩。當竹取翁在竹子中發現她時，感歎到只有三寸大的小女孩真是惹人憐愛。

永遠長不大的《蠟筆小新》，在第十八部劇場版《超時空！呼風喚雨之我的新娘》中，小新首次以成人形象亮相。一大批小新迷失落不已，大叫「小新也有新娘了，不好玩。」為什麼不好玩呢？因為長大了，因為成熟了，因為五歲的小新更讓人喜歡。這也是十七歲的柯南為什麼始終是七歲模樣的道理。

《源氏物語》裏最美的女性都在二十歲前死去。如夕顏，這位已故三位中將的女兒，在十九歲死去。三公主，這位朱雀帝的三皇女，在十八歲死去。故事中唯一寫了一位上了年紀的宮中老侍女源內侍，但她人老心不老，主動接近男色，尋找異性的樂趣，全無羞澀之意。這裏，紫式部分明是把她當小頑童來寫了。

而井原西鶴《好色一代女》中的女主人公，在年老色衰後隱遁山中不再見人。原因是不再卡哇伊。留下老醜，是女人最大的不卡哇伊。

川端康成的小說《睡美人》則警示上了年紀的男人，不要把手指伸進睡熟女孩的嘴裏。因為卡哇伊有時是個結晶體，容易破碎。

谷崎潤一郎的《瘋癲老人的日記》裏，瘋癲老人再癡呆，就是不忘女孩一雙嫩白的卡哇伊小腳。這也真奇怪，莫非小女孩的卡哇伊，能治老人的癡呆？

而江戶俳人小林一茶，在中晚年寫了大量充滿孩子氣的俳句。如：

沒有爹娘的小麻雀，來跟我一塊玩吧。

瘦青蛙，莫敗退，有我一茶在這裏。

表示出對老醜的恐懼與抵抗。

所以有日本文學評論家說，日本文學就只有兩個範疇：少年文學與老人文學。或者說是「枯竭文學」與「乳臭文學」。除永遠的「稚態」與永遠的「老耄」之外，我們不會看到中年成熟的文學。

日本學者鐮田茂雄在《華嚴的思想》（講談社，一九八三年）一書中說：

被日本人接受的華嚴，就自然地定着在日本人的自然觀裏。無名的東西，微小的東西中有無限的東西，偉大的東西寄宿於中。一即多的思想很是符合日本人的生活感情。野地裏盛開的一朵紫羅蘭，能感受其自然生命力的是日本人的直感力。華道，茶道的理念中也復活着這種精神。

這裏，日本人的卡哇伊是否來源於華嚴的佛教思想，是個有待研究的課題。但是用華嚴思想來審視日本人的自然觀，就可找到日本人喜歡幼稚、小巧東西的精神心性。這還是有啟發意義的。

無論什麼，凡是小的就是可愛的。清少納言的這句話，使人想起泰戈爾說過的一句話：上帝等待着人在智慧裏重新獲得他的童年。

⑤ 卡哇伊的力量來自何方？

一般而言，卡哇伊在日常化的生活中有兩個含義：

一個是男性對女性，或者女性對比她年紀小的男性，懷有那麼一種卡哇伊的心情。這個心情夾雜了喜愛和迷戀。

一個是包含幼稚性在內的卡哇伊。女孩到十五歲，人們還能說她卡哇伊。但超過十五歲再說她卡哇伊就怪怪的了。這裏還要區分說對方卡哇伊，必須是比自己年紀小的人。如果是同年級或者是上級生就失禮了。說你好卡哇伊，就是你一定比我小。如果是同級生或者是上級生的話，只能說「素敵ですね」（好漂亮）。但可以說對方持有的東西卡哇伊，如卡哇伊的手袋，卡哇伊的手機貼圖等。

現在的問題是，卡哇伊似乎成了一個大籮筐，日本人什麼都往裏面放。

對剛出生的嬰兒可以說卡哇伊，對足超百歲的老人也可用卡哇伊來形容，連病中吐血的天皇都是卡哇伊的。

還有那些意象性的物品。比如卡哇伊的手、卡哇伊的胸花、卡哇伊的小貓、卡哇伊的校服、卡哇伊的避孕具、卡哇伊的髮夾、卡哇伊的小櫻桃印花等。

其實，卡哇伊有時是各唱各的調。如兩人之間的對話：

「這小狗很卡哇伊啊。」

「嗯，對啊。」

其實問的人是在説小狗的臉卡哇伊。回答的人則指的是小狗動作的卡哇伊。

有「詩壇貴公子」之稱的萩原朔太郎，多少年前寫有《青蛙之死》的詩：

青蛙被殺死了。
孩子們圍圈舉起手，
大家一起，
舉起可愛的
沾滿血跡的手。

異怪的詩句。顯然這裏的「可愛」是指純潔無瑕、幼小、脆弱的意思。他們正因為是純潔無瑕的、幼小的、脆弱的、所以表現出的殘酷性就有一種卡哇伊。你看，連幼小的手都沾滿血跡。典型而成功的卡哇伊逆用。

日本漢字研究家阿哲次説，女性人名用漢字

「苺」，讀音用假名的「いちご」，就顯得卡哇伊。「バラ」用漢字「薔薇」表示也顯得可愛。雖然筆數很多，但是醞釀了餘情。為什麼文字能感覺卡哇伊？這與日本語的表意文字（漢字）和表音文字（平假名、片假名）混合使用的構造有關。這樣的構造容易產生餘情。有意味的漢字與作為假名的讀音，相反的東西能自然地同處，給人的感覺就是好玩。

但卡哇伊還可以是這樣。

一塊綠油油大草坪用鐵鎖鏈圍住，形成一個涇渭分明的界線。日本人這一機敏的小小幽默，彷彿在警告人們不得越雷池一步。這比任何強硬的語言或高牆更具效果，因而也是卡哇伊的。

日本人無視前後左右的均衡亦即幾何學的美，他們喜歡的是殘缺美，不合諧，卻具有玄妙的意蘊。因此，一種自然的均衡感反倒油然而生，保持着某種靜謐的、無法言傳的晦暗。但也顯現出了「無思想」的卡哇伊。

京都龍安寺的「枯山水」，不用實際的清水與樹木，而以簡素的沙石與苔蘚來表現大自然中的山水。這是「無哲學」的卡哇伊。

茶室鋪上榻榻米，室內只有一枝插花，其他全無。但是主人和客人「一期一會」的無常感會彌漫這一靜謐的空間。這是「簡素更加有力」的卡哇伊。

東京大學三浦公亮教授，在一九七〇年發明新的平面摺疊方法。用四個菱形反復摺疊，這其中兩個是山的摺疊，兩個是谷的摺疊。專門用語叫「二重波形可展面」。英國折紙協會被這可愛的手工品所打動，便認定這種摺疊法為「三浦摺疊」。「三浦摺疊」的一個最大魅力就在於一張很大的紙，可摺疊成很小的便於攜帶便於收納的東西。另外由於用這種摺疊法摺疊的物品，只需沿一條軸的方向拉伸即可展開，因此，被用於摺疊後發射升空，升至軌道後再展開的太陽能電池板等。包括還有巨大地圖的摺疊，商品目錄的摺疊，以及還可以實用化到耐壓容器上、罐頭的製作上等。由大往小的摺疊，便於攜帶。這是日本文化王道上的延長發明。一個大學教授還在玩紙藝，這是「幼小稚氣」的卡哇伊。

因此如果要問卡哇伊的力量來自何方，不就是來自於幼小、懷舊、稚氣這構成卡哇伊的三種要素嗎？日本學者四方田犬彥在《卡哇伊論》（筑摩書房，二〇〇六年）一書中就持這個觀點。

這也反映出日本文化的特質之一的「縮」。而且是很細工的「縮」。平安前期從中國傳來漢詩。日本人見識了什麼叫短小。但到了平安後期，日本人將漢詩短縮成五・七・五・七・七韻的和歌。到了江戶時代松尾芭蕉更是將其縮短為五・七・五的俳句。

飛鳥時代日本從外面帶進將近六千卷的龐大佛經，日本人叫「一切經」。但到了室町末期法然將其縮短為六個字「南無阿彌陀佛」，並倡言每天只要唸這六個文字即可。茶人竹野紹鷗創建四貼半茶室，他的弟子千利休再把它縮小成二貼半。

成長、成熟、強大，這是全球近代化以來的普遍價值觀。但是進入二十一世紀日本倡導的未成長、未成熟、幼稚、弱小，給後現代的人們帶來了重新審視潮流文化的機會。藝術家村上隆二〇〇二年在巴黎，二〇〇五年在紐約，企劃展示日本現代美術的展覽會，高揚「幼稚力」大旗，獲得西方人的認同。自己等身大的作品《Missko2》也拍出了五十萬美元的高價，它屬於日本現代美術的最高價。

㈥ 從大正到昭和：卡哇伊模樣的變遷

一 薔薇的卡哇伊

花中女王是薔薇，過去和現在都是這樣說的。從大正到昭和初期的年代，日本的便箋和信封上有很多薔薇的圖案。在那個時代流行的銘仙綢的和服上也有薔薇的圖案。當時和服圖案的設計家從信封上的圖案吸取靈感。薔薇以它的華豔、甘香、不張揚的荊棘，奪取了少女之心。如昭和二十年（一九四五年）代松本勝治畫的《薔薇的華爾茲》信箋用紙和信箋封面。如昭和五年（一九三〇年）竹久夢二畫的化妝品景品信封等。

二 心的卡哇伊

花季少女的戀愛，心就是戀愛的代表。大正十一年（一九二二年）廚川白村寫《近代的戀愛觀》一書，首次談論戀愛至上主義的話題，在日本社會興起了戀愛論的風潮。這個時代酷的代表就是心——一顆跳動的心。當時的代表作品有高畠華宵畫的《紅葉》，刊登在大正十五年十一月雜誌《少女國》的封面上。畫面是少女將纖細柔嫩的玉手，輕放在心臟的位置上。引人注目。再如水森亞土畫的《手帕》，佔據畫面的是一顆大大的心。還有內藤瑠根的《熊貓的手帕》，在熊貓的周邊畫了十九顆心。

三 鈴蘭的卡哇伊

從大正末期到昭和十年這期間，日本又開始流行鈴蘭。在信封與和服上，出現了鈴蘭的圖案。大正十二年（一九二三年）發生關東大地震。在復興之後的街市上，出現了鈴蘭形狀的街燈。如昭和十年（一九三五年）佐藤洋子的《信封》圖案，畫面上就是一朵鈴蘭花。此外還有高畠華宵的《鈴蘭的和服》等作品。但是鈴蘭的花卉圖案熱潮只是流行了一陣便自然退燒。其命運與百合花一樣，也是短暫消失。根本的原因在於這兩種植物的形象，給人有點垂頭喪氣的感覺。用來表現朝氣的美少女，不夠陽光。

四 孔雀的卡哇伊

日本古來就在和服上畫上孔雀的圖案。十九世紀末西方人為日本文化的異國情調所傾心，孔雀的意匠就是一方面的原因。這下更刺激了日本人對孔雀的喜歡。從大正末期到昭和初期，與日常生活有關聯的和服與信封信箋上，都大量的採用孔雀圖案。其代表作就是高畠華宵的《跳舞的孔雀》和《雪日》。但是在今天美少女的酷字典裏，已經見不到孔雀這個詞了。

五　貓的卡哇伊

高貴、可愛、任性的貓的形象，與少女的形象重疊。小白兔、小狗、小鳥等也深受日本人的喜歡，但是最為酷的形象、最為人氣的動物還是貓。今昔相同，沒有變化。日本人在大正與昭和期間信封上所畫的貓，即妖又兇。這是因為當時沒有把消費對象細化，沒有專門面向少女的消費理念。以致男女老幼都在使用同樣的信封。如田村節子便箋用紙上，畫的是貓在睡床的圖案。還有內藤瑠根手袋上的眾貓形象圖等。

六　草莓的卡哇伊

日本最早流行草莓圖案是從竹久夢二開始的。他的圖書裝幀、綢帶、千代紙等，經常畫有草莓的圖案。戰後最早導入草莓圖案的是內藤瑠根。草莓形象

日本人很喜歡，故也一直流行至今。

七　蝴蝶的卡哇伊

翩翩起舞的身姿，可愛優雅，深受少女們的喜愛。原本日本人是「蝶呀花呀」的語順。但是清少納言在《枕草子》有「花呀蝶呀」的句子，於是顛倒了過來。但是這一顛倒，倒也把日本人的心向給顛倒了過來。

八　小熊的卡哇伊

日本布娃娃的最初誕生是在一九〇二年（明治三十五年）。但至少在昭和三十年代為止，小熊可愛的模樣還沒有深入人心。作為主人公的小熊在外國文學和畫冊裏為日本人所接受，是在昭和四十年代的時候。小熊憨厚、親近的形象開始流傳。

九　緞帶的卡哇伊

從明治到昭和初期，女學生們喜歡在發結上繫上緞帶。戰後的再度大流行是從一九五五年內藤瑠根設計開始的。一直流行至今。內藤作為藝術家，為少女的酷帶來了很大的影響。

㈦ 為卡哇伊作出貢獻的畫家們

從日本卡哇伊文化史來看，卡哇伊少女髮誕生於竹久夢二。成長於中原淳一和松本勝治。確立於內藤瑠根。發展於水森亞土。

一 天才畫家竹久夢二

天才畫家竹久夢二（一八八四至一九三四年）出現以後，少女雜誌裏人氣很高的插圖畫家也叫做抒情畫家。從明治到大正，竹久夢二的作品之所以比一般畫家要來得有影響力，就在於他的畫裏有卡哇伊的元素。他描畫女性和少女的時候，擅長用S形的曲線。華奢的溜肩膀的身體，少許有彎曲的站立姿勢，或拿傘，或持扇，令人想起S文字，婀娜可人。另外他是第一個把女性的眼睛畫得大大的畫家，素有「夢二眼」之稱。以前浮世繪的畫家都是畫直線的眼睛。當時江戶流行細長而清秀的眼睛。但是從明治到大正，隨着西洋文化的引進，日本人的美意識也發生了變化。這正如周作人所說：「夢二所作除去了諷刺的意味，保留着飄逸的筆致，又特別加上豔冶的情調，所以自成一路，那種大眼睛軟腰肢的少女恐怕至今還蠱惑住許多人心。」

大正浪漫的畫家竹久夢二還自己開店。一九一四年（大正三年），他在日本橋開「港屋繪草紙店」。店裏有千代紙、信封、襯領、扇子、浴衣、緞帶、人形、版畫等藝術品。這些都是夢二自己設計和創作的作品。面向小女孩開雜貨店，夢二可謂是元祖卡哇伊第一號。「港屋」在設計採用了西洋的感覺，於原本日本的小間物屋，畫上了一根不同的線。特別是夢二自己設計的信封、便箋、明信片，更受女孩子們的歡迎。在那個沒有電話和電腦的時代，通信是傳遞愛情的唯一手段。信封也就特別為女孩所注重。他的木版千代紙上畫紅天狗蘑菇和紫萁（薇菜），黑底赤紅，很是鮮豔。蘑菇的傘下，白色水玉模樣裏能看到很好玩的節韻。像漩渦捲起來的紫萁，顯然是受到了西洋流行的新藝術派的影響。在襯領圖案上殘留的番紅花和鈴蘭的模樣，也能見到新藝術派特有的曲線美。這在以前的千代紙的世界裏是沒有的。

夢二的兒童詩也寫得卡哇伊。如《火爐前》：

外面一片雪白，
山也白了，
路也白了，
草也白了，
樹也白了。
而家裏卻通紅通紅，
火爐和媽媽的臉，
是紅紅的。
蘋果和糕點，也是紅紅的。

二　中原淳一的登場

從竹久夢二開始的抒情畫裏的卡哇伊，到中原淳一（一九一三至一九八三年）的登場，日本的卡哇伊進入了一個新的階段。中原用變形的手法，將畫中少女穿戴的服裝，變得更像少女的樣子。在他的抒情畫裏，卡哇伊依存度有所增加。更為重要的是中原普及了「少女服」。在一九三二年他就在雜誌裏，將日本女性的和服轉變成洋服。他在《少女之友》的雜誌裏開設「女學生服裝帖」，畫上各種美少女洋服。顯然中原提高了卡哇伊要素中的「未成熟」的魅力。

三　松本勝治的新元素

松本勝治（一九〇四至一九八六年）對卡哇伊的貢獻在於：在抒情畫裏開始畫「明朗歡快型」的少女。使得少女漫畫得以普及。到松本為止的抒情畫，憂愁沉悶的少女較多。松本畫上了笑顏的少女。日本最初的長期連載少女漫畫也是他。《繞着核桃畫圓圈》，一九三八年在《少女之友》上連載，戰爭期間停止。到一九四九年再開，一直到一九五四年。屬於長壽漫畫，日本第一號。漫畫中的主人公核桃女出現在信封上、明信片上、剪影畫上、毽子板上、紙牌上、各種粘貼紙上。昭和十年開始商品化。線條是輕巧中的動感，他導入了輕巧，為卡哇伊注入了新的元素。

四　內藤瑠根決定雜誌發行量

內藤瑠根（一九三二至二〇〇七年）活躍於戰後的一九五〇年代。日本正走向經濟高度成長期。內藤瑠根最大的一個特點就是用幼兒的身體比率來畫少女。他畫的少女，頭很大很圓，目鼻口集中在臉的下方，額頭寬廣，身體是三頭身，手足有華奢的幼兒型感覺。濃密的頭髮五顏六色，紮滿蝴蝶結。當然是未成熟的，當然是幼稚的。但在未成熟、幼稚中又隱透出成人般的媚惑。卡哇伊的語言在日本普遍使用也是從這個時期開始的。因為以前卡哇伊只是在妹妹和對下級生的表揚時使用，同級生和上級是不能用的。內藤瑠根是日本卡哇伊史上的重要人物。從一九五八年到一九六五年他為少女雜誌畫畫。非常有人氣。他的畫決定雜誌的發行量。

五　水森亞土的情色卡哇伊

水森亞土的作品初期與內藤瑠根相同，屬於三頭身的幼兒體形少女。後來在他的畫裏有了性的感覺。未成熟魅力的卡哇伊，被性感成熟魅力所替代。可以說他是「情色卡哇伊」的元祖。從竹久夢二開始，到中原淳一、松本勝治、內藤瑠根，卡哇伊基本上是排除性感要素的。高中畢業就去夏威夷遊學的他，比一般日本人看到的更多，觀念上也更前衛。未成熟的美——卡哇伊與成熟的魅力——性感，這種矛盾的感覺在他的作品中同時有了很好的表現出。

㈧《弗蘭德斯的狗》的長年之謎解構

二〇〇七年，比利時製作了一部非常奇特的電影，查證《弗蘭德斯的狗》的電影。查證什麼呢？這就是有趣的地方了。

因為在一九七五年，日本動畫公司將其改編為動畫作品《弗蘭德斯的狗》，收視率達到了百分之五十的超高水準，這令西方人困惑不解。

原作是英國作家薇達在一八七二年所著的童話，故事發生在比利時北部的弗蘭德。

住在弗蘭德的一個小村裏的少年耐羅，從小父母雙亡，和他的爺爺以及一條叫做帕特拉什的狗住在一起。他的夢想是當一名像魯本斯那樣的畫家。在他的爺爺死後，他被人嫁禍，被當成是縱火燒了村子裏的風車小屋的犯人，被村人趕出了村子。之後他為了獲得獎金，參加了一個繪畫比賽，不過他的畫落選了。在雪中，喪失了住所和希望的耐羅，到了位於安特衛普的大教堂。這時，村人們澄清了對他的誤解。另外，認識到了他的才能，想要收養他的繪畫比賽的評委也來找他，不過一切都已經太遲了。在大教堂的魯本斯的畫的前邊，耐羅和帕特拉什一起升上了天堂。

導演查證《弗蘭德斯的狗》電影的鮑爾卡魯特說，在歐洲這個故事只被當作「都輸了的狗」來上映，絕對得不到好評的。因為從歐洲人的價值觀出發，本作只是表述了一個失敗者的死亡。之後這部電影在美國也上映過五回，也未有過積極的評價。帶有悲劇的原作故事，為什麼能在日本取得共鳴？為什麼在日本具有這麼大的反響？日本在很多動漫中都有提到過這部作品。例如，在《撲殺天使》中，多庫羅給睡不着覺的草壁櫻講故事，讀的書叫做《弗蘭德斯的狗》。歐洲人認為這是「長時間之謎」。

導演用了三年的時間試圖解明這個謎。通過資料的發掘，通過對世界六個地方超過一百人的採訪，浮上的是一種美學。一種潛伏在日本人心裏的「毀滅之美」。這部影片的贊助商龐迪特姆說，在日本人的視野裏，為了信義和友情而遭受挫折和不幸的，從中可以發現崇高。耐羅的死，正是體現了日本人價值觀。

這也就是說，日本人長年培育而出的「幽玄」、「侘」、「寂」、「卡哇伊」等文化上的情緒，滋生了「毀滅之美」的美意識。用這樣的美意識去欣賞《弗蘭德斯的狗》，當然會引起共鳴。引起怎樣的共鳴呢？

請聽：

而今，一切都老了，風車，磨坊，鐘聲……一切都死去了。但老人、孩子、狗……這個故事卻不曾老去、死去。正因它裏面深藏的愛與勇氣，信念與忍耐……在這個不完美的世界上，比什麼都活得更長。

再聽動畫主題歌：

有一位堅強好兒童　他的名字叫龍龍
有一條聰明的小狗　它的名字叫阿忠
龍龍和阿忠　做一對好朋友
龍龍疼愛阿忠　阿忠信任龍龍
為了追求理想　同心協力向前衝
立定決心　有始有終
最後一定會成功

是從「毀滅之美」生出卡哇伊？還是從卡哇伊生出「毀滅之美」？境界已經模糊了，視線已經朦朧了。

但是這其中的文化意義，還是被慧眼識珠的歐洲人給發現了。他當然不是從康德出發，也不是從黑格爾出發。而是從東洋的《源氏物語》出發，從《平家物語》出發。

㈨ 卡哇伊與低智商

在日本，從母親典範（二十世紀六十年代黑澤明電影《最美》就是一位「無害母親」形象的典範）的色彩慢慢淡去到美少女卡哇伊的確立，大概是在二十世紀的六十年代。在日本具有極高知名度的莉卡娃娃，自一九六七年首次登場以來已經締造了五千五百萬個的銷售量，可以說是獲得了日本國民娃娃的地位。不同於美國芭比娃娃的性感路線，卡哇伊美學在莉卡娃娃的髮色、髮長、眼色、膚色、臉型等都有很好的表現。她是小學五年級女生的代表。當然更是未成熟少女的代表：胸部扁平，苗條瘦弱。為此，日本經濟學家森永卓郎曾在他的《萌經濟學》著作中宣稱：這個世界上唯一不會衰退的市場，就是戀愛與身體消費市場。

這種日本流行文化中作為主流意象的無辜少女和無害少男，推而廣之而言，近乎全民在生活中所表現出的幼稚病和退化性，有日本學者敏銳地注意到了卡哇伊與低智商之間的內在性問題。如大前研一在二〇一〇年出版的《低智商社會》一書中，就抨擊日本人集體不學習，集體不思考，沒有成功慾望，頭腦簡單，看到電視中的廣告就會馬上衝動購買，人云亦云，做什麼事總願意隨大流。

大前研一所言有在理的一面。卡哇伊在其氣質上是時有表現出拒絕成長、拒絕成熟的狀態。整個日本社會也瀰漫着想親近、想庇護的慾求。

但問題都具有兩面性。卡哇伊導致低智商社會。但低智商社會就一定是不好的社會？就一定是落後的社會？不一定。低智商社會它的最重要的一個看點就是能導致有素養的職人和匠人誕生。換句話說，職人、匠人是低智商社會的產物。因為職人、匠人需要忍耐單調、重複、枯燥、無味。每天重複一個動作，每天從事同一生產對象，在一個智商發達的社會，職人、匠人會不安分守己，會跳槽，會放棄自己的專長投其金錢的所好。總之如果智商不低，職人、匠人將難以維繫。

其實，日本的職人、匠人在某種意義上説，也是卡哇伊的。他們一輩子就為了製作一雙筷子，一輩子就是為了製作一把和傘，一輩子就是為了製作一雙木屐，一輩子就是為了在他人的高跟鞋鞋底下面，敲上一塊小小的鞋掌。這不就是執着的卡哇伊？這不就是死心眼的卡哇伊？正是因為有了他們的存在，日本人才得以自豪和驕傲地説，我們這個國家的工藝品，有誰能抗衡？日本卡哇伊文化流行至今，未見國力下降，也未見國民素質下降。大地震後的井然有序，大賽後的球場不留一紙一罐就是很好的明證。

馬路工事的交通疏導員可能是日本社會最低層的人了。年紀大、皮膚黑、老實巴交是他們共同的特點。他們絕對是低智商社會的產物，所以他們揮起小旗，嘴裏喊起提醒語，才是那樣的認真和到位。因為他們沒有分外的遐想，更沒有「我又不是傻瓜」的「高智商」的妄想。所以他們看上去也是卡哇伊的。

看來不成熟、孩子氣、無辜和純真性格，更多的能轉化為持之以恆、萬事用心、不往複雜處去想問題的情性。而這種情性，恰恰是社會原動力的主要支點。

⑩ 卡哇伊與文化的無臭性

著有《動漫文化外交》（筑摩書房，二〇〇九年）和《世界卡哇伊革命》（PHP研究所，二〇〇九年）的作者櫻井孝昌聲稱，日本的卡哇伊宛如一場靜悄悄的全球革命。

二〇〇九年三月，日本外務省推出三位十八九歲的美少女做「可愛大使」。這在世界上是沒有先例的。

一九七四年，日本三麗鷗設計師清水侑子，推出可愛的Hello Kitty，贏得了全世界的消費者。

原宿是「萌」的發源地；涉谷一百零九是流行發源地；秋葉原是宅男發源地。六本木是美少女發源地。少女制服更是漂洋過海受青睞。

再聯想到四方田犬彦在《卡哇伊論》中也這樣説，卡哇伊的硬件有卡拉ok和隨步聽。卡哇伊的軟件有村上春樹的小説和押井守導演的《攻殼機動隊》的動畫片。

為什麼只供消遣的卡拉 ok 和隨步聽能漂洋過海？為什麼具有「無國籍舞台」裝置的村上小說能被翻譯到數十個國家。而土著性很強的中上健次的小說為什麼在海外沒有人氣？為什麼韓國連續劇《冬日之戀》中的主演者裴勇俊能奪走日本中高齡層女性的心？

這樣思考的話，民族和地方性文化記號的消失，或者至少不顯著，這個遮斷的掩口還是有說服力的。《海邊卡夫卡》中的少年，讀者不知其國籍，也不知其住所何在，但這並不影響讀者對他的言行舉動所投入的關注。這就表明，人類對於所謂的「可愛」這個形態的認識，其實是有其普遍性的。而這種對可愛形態之共同認知的基礎性和普遍性，又是從何而來的呢？其實是建立在對於嬰兒形象的轉化之上的。嬰兒身形中，相對於全身的比例較大的頭，相對於全身較短的身軀，相對於身軀較短的四肢，手掌以及腳掌趨於肉乎乎的圓形特徵，最能召喚出人類可愛的感覺。這是卡哇伊所謂的文化無臭性的認識論基礎。

此外對失去的童年美好時光的回憶，通過回憶喚起的是一種喪失感，從而發酵出一種較為痛苦、較為鬱悶的心理情感。這種情感也可稱之為對過去（時間）的鄉愁。如枯了的葵葉；在書本中看到那發黃的書籤；雨天無聊之際，找出以前好友的來信；去年用過的紙扇；月光明亮的晚上聽到琴聲。這都是使人回憶過去，很可懷戀的事。為了消解這種對過去不可復現的鄉愁，人們就用物化的媒介將其抽象化。布偶、玩偶、卡通等「物質化」的誕生，就是試圖再現童趣和純粹的一種文化努力，將人類普遍共有的深深的鄉愁對象化於卡哇伊中。

但問題似乎還有另一面。卡哇伊真的是不分國籍、不分語言、不分民族的陽光普照嗎？這裏面是有疑問的。實際上卡哇伊只能喚起人們對未成熟、幼稚的童年時期的美好光景的回憶或再現。它最多是在喜劇的世界裏喚起人們的一些共鳴。但卡哇伊並不能替代悲劇美學和崇高美學。所以村上春樹的致命性也在這裏。他第五次與諾貝爾文學獎擦肩而過，不能都說是不走運或是評委們的偏見。而是評委們有對文學評價的相對尺度。確實，村上作品的文化無臭性帶來的是暢銷。暢銷確實是衡量一個作家底氣的一個方面，但絕不是唯一的方面。暢銷不等於有純度有精度。這次諾貝爾文學獎授予加拿大八十二歲的女作家門羅，最好不過地表明了文學「純度與精度」的重要性，而不是卡哇伊的暢銷不衰。

實際上，卡哇伊也並不是日本民族性永恆的主題。這是地球上唯一一個經受過核彈打擊的國家，而且它的位置又位於地震帶和火山帶。這個列島似乎總是在準備着經受一場毀滅性地震的打擊。悲劇不可避免地會發生，只是時間和場所的問題。因此悲劇性才是這個民族永恆的主題。《日本沉沒》才是日本式的，《千與千尋》才是日本式的。而作為可愛文化代表的Kitty貓、皮卡丘、機器貓等卡通形象，以及不願成長的美少女形象，只不過是這齣歷史悲劇中，心情放鬆的點綴或心緒轉換的裝飾而已。

卡哇伊與悲情。對這個國家來說，更具有持久力的應該是悲情，更具有民族認同性的也應該是悲情。

責任編輯 俞笛
書籍設計 吳丹娜

書名 另類日本文化史
著者 姜建強
插圖 吳丹娜
出版 三聯書店（香港）有限公司
香港北角英皇道四九九號北角工業大廈二十樓
Joint Publishing (H.K.) Co., Ltd.
20/F., North Point Industrial Building,
499 King's Road, North Point, Hong Kong
香港發行 香港聯合書刊物流有限公司
香港新界大埔汀麗路三十六號三字樓
印刷 中華商務彩色印刷有限公司
香港新界大埔汀麗路三十六號十四字樓
版次 二〇一四年十一月香港第一版第一次印刷
二〇一五年六月香港第一版第二次印刷
規格 特十六開（150 × 220mm）二百八十面
國際書號 ISBN 978-962-04-3608-6

Published in Hong Kong

本書為上海交通大學出版社有限公司授權香港三聯書店在大陸以外地區出版發行的繁體字版本。